U0478635

梦 山 书 系

"梦山"位于福州城西,与西湖书院、林则徐读书处"桂斋"连襟相依,梦山沉稳、西湖灵动、桂斋儒雅。梦山集山水之气韵,得人文之雅操。福建教育出版社正坐落于西湖之畔、梦山之下,集五十余年梓行之内蕴,以"立足教育、服务社会、开智启蒙、惠泽生命"为宗旨,将教育类读物出版作为肩上重任之一,教育类读物自具一格,理论读物品韵秀出,教师专业成长读物春风化雨。

"梦"是理想、是希望,所谓"梦想成真";"山"是丰碑,是名山事业。"积土成山,风雨兴焉",我们希望通过点点滴滴的辛勤积累,能矗起教育的高山;希望有志于教育的专家、学者能鼓荡起教育改革的风雨。

"梦山书系"力图集教育研究之菁华,成就教育的名山事业之梦。

海峡出版发行集团 | 福建教育出版社　　　　　梦山书系

智慧·教法·感悟

——小语名师课堂教学集锦（4）

陶继新　主编

图书在版编目（CIP）数据

智慧·教法·感悟. 小语名师课堂教学集锦. 4/陶继新主编. —福州：福建教育出版社，2017.3
 ISBN 978-7-5334-7650-2

Ⅰ.①智… Ⅱ.①陶… Ⅲ.①小学语文课－课堂教学－教学研究 Ⅳ.①G623.202

中国版本图书馆 CIP 数据核字（2017）第 038483 号

Zhihui·Jiaofa·Ganwu
智慧·教法·感悟
——小语名师课堂教学集锦（4）
陶继新　主编

出版发行	海峡出版发行集团
	福建教育出版社
	（福州市梦山路 27 号　邮编：350025　网址：www.fep.com.cn
	编辑部电话：0591—83779615　83726908
	发行部电话：0591—83721876　87115073　010—62027445）
出 版 人	江金辉
印　　刷	福建省金盾彩色印刷有限公司
	（福州市晋安区福光路 23 号　邮编：350012）
开　　本	720 毫米×1000 毫米　1/16
印　　张	17.75
字　　数	272 千字
插　　页	2
版　　次	2017 年 3 月第 1 版　2017 年 3 月第 1 次印刷
书　　号	ISBN 978-7-5334-7650-2
定　　价	39.00 元

如发现本书印装质量问题，请向本社出版科（电话：0591—83726019）调换。

目　录

序 ……………………………………………………… 陶继新 1

课堂实录
《对联》课堂教学实录 ………………………………… 孙双金 1
听课回响
　　享受情智语文之美 ………………………… 河北　王东青 27
　　字字珠玑，魅力《春联》 …………………… 山东　赵小梅 30

课堂实录
《月光启蒙》课堂教学实录 …………………………… 管建刚 33
听课回响
　　明快　流畅　含蓄　风趣 ………………… 江西　谢李英 45
　　浸润文字的表达 …………………………… 山东　孟宪石 48

课堂实录
《父亲和鸟》课堂教学实录 …………………………… 焦丽辉 51

听课回响
  一节"别样"的语文课 …………………………… 河南 陈燕晓 57
  真朗读 真训练 真语文 ……………………… 河南 骆新杰 59

课堂实录
  《我的发现》课堂教学实录 ……………………………… 贾志敏 63
听课回响
  彰显语言之美，实现语文之责 …………………… 四川 段增勇 72
  教真语文，做真教育！ …………………………… 山东 吴 健 77

课堂实录
  《诗经·秦风·无衣》课堂教学实录 …………………… 胡汉丽 79
听课回响
  有力量的课 ………………………………………… 山东 彭兴奎 84
  气质美如兰，才华馥比仙 ………………………… 山东 耿兆华 85

课堂实录
  《成语接龙》课堂教学实录 ……………………………… 韩兴娥 87
听课回响
  海量阅读 乐在读中 …………………………… 湖北 潘利琴 95
  生活，是语文的外延 ……………………………… 山东 王利勇 98

课堂实录
  《滥竽充数》课堂教学实录 ……………………………… 赵俊友 101
听课回响
  从"目中有人"到"独具匠心" …………………… 安徽 杨 敏 115
  "经师""人师"一树开 …………………………… 安徽 夏自兰 116

课堂实录

  《黄果树瀑布》课堂教学实录……………………………薛法根 119

  《给学生新的生长点》讲座实录……………………………薛法根 129

听课回响

  巧取一个点，打开一扇窗………………………………山东 房世雪 132

  目睹名师风采　享受名家课堂…………………………山东 常国云 135

课堂实录

  《说话接龙大PK》课堂教学实录…………………………丁惠臻 139

听课回响

  精彩纷呈，震撼心灵……………………………………内蒙古 王艳杰 152

  你若精彩，天自安排……………………………………山东 闫书英 154

课堂实录

  《天籁》课堂教学实录………………………………………王崧舟 157

听课回响

  大道至简致达道…………………………………………江苏 孙春福 175

  天籁无声　道法自然……………………………………浙江 赵远利 178

课堂实录

  《临死前的严监生》课堂教学实录…………………………杨修宝 185

听课回响

  精确定位　精准预测　精妙设计………………………黑龙江 郭　聪 200

  精品细读　深挖探底……………………………………山东 徐　华 203

课堂实录

  《树上的那只鸟》课堂教学实录……………………………虞大明 206

听课回响

  走近名师课堂　感受生命厚重…………………………河北 杨艳荣 229

3

创新务实　大气灵动 …………………………… 山东　孙　鹏 231

课堂实录
　　《诗经·小雅·鹿鸣》课堂教学实录 ………………… 陈　琴 236
听课回响
　　呦呦鹿鸣　悠悠古韵 …………………………… 河北　师兰宁 267
　　士不可以不弘毅 ………………………………… 湖南　胡庆永 268

序

　　这本书是"第八届名家人文教育高端论坛暨名师课堂研讨会"（小学）主体内容的结晶，也是应广大与会人员的要求结集成书的。

　　人文教育是将人文精神，通过教育活动、环境熏陶等方式和途径，内化为人的品格因素，实现对人的精神世界全面塑造的教育。它是健康人格塑造、人性境界与人生理想提升以及个人社会价值实现途径等方面的教育，目标是人的精神素养。正是基于这样一种思考，连续八年来，我们举办了"名家人文教育高端论坛暨名师课堂研讨会"。

　　当下语文教学人文性存在问题是毋庸置疑的，课堂上教师与学生的状态不佳，课堂教学的量与质存在问题，精神品质很难有效地形成。本来，语文应当是教师最爱教与学生最爱学的学科，可事实却恰恰相反。语文教师是需要高品位的文化支持的，没有对经典文本的大量阅读甚至背诵，就不可能形成属于自己的优质语系。可是，现在的一些语文教师，平时很少读书，特别是很少阅读与背诵经典文化；教学参考书成了他们必备之书，甚至成了教学的唯一依靠。结果，教起学来没有自己的思想，没有自己的语言，也没有生命的激情，只是成了教学参考书的传声筒。这样的教师，并不是说备课不认真，可是，由于没有文化积淀，只是鹦鹉学舌，当然就没有了人文的色彩。更重要的是，教学若干年后，甚至连在大学里学到的一些文化也丢掉了。于是，上课不再快乐，也不会精彩，而是一种应付，甚至是一种痛苦。其实，更苦的是学生，他们不喜欢教师的课，可又要正襟危坐在教室里，迫不得已地听下去，而且从小学入学到高中毕业，整整十二年。于是，学习语文就成了一场又一场的心力交瘁的苦役，非但不能形成真正意义上的语文品质，甚至连心理也很难健康起来。

教师如何才能教得精彩？如何才能乐在其中？关键不是备课备到深更半夜，也不是将教参书背得滚瓜烂熟，而是用爱心与已有的文化积累，激活每一次教学。备课要备学生，这是一个不争的事实；可是，为什么在"名家人文教育高端论坛暨名师课堂研讨会"上执教的一些名师，此前并不认识当时所教的学生，课上得依然精彩纷呈？其实，人们一般所谈的备学生已经步入了误区。备学生并不只是认识了每一个学生，知道各个同学的名字，对他们的性格清清楚楚，它还有一个极其重要的元素，那就是真正了知学生生命的潜能，以及深埋在他们心中的对语文学习的无限渴望，特别是如何将这种潜能开发并满足学生的这种渴望，从而让课堂成为师生生命交互的快乐场。教师如果对这些问题一无所知就备学生，只是一种表层的备课，根本没有抵达备课的高层境界，甚至有可能备得越认真，教是越不好。"名家人文教育高端论坛暨名师课堂研讨会"的一些名师则不然，他们用自己的智慧，很快激活了学生求知与乐学的内在需求，让他们感到学习语文原来还可以如此富有情趣，自己竟然还有如此之大的潜力。看来，不是学生不行，而是教师没有认识到学生的内在能量。当然，如果自己没有足够的文化储备与智慧能量，即使认识到了，也不可能触摸到学生那根本来就很敏感的生命琴弦。其实，教师自身的教育观念与文化积淀，才是激活学生生命的本质所在，才是学生课堂学习高质多量且又快乐的源泉。

"名家人文教育高端论坛暨名师课堂研讨会"一些名师的课堂教学，不只是当场激活了学生的思维，其中还有其他重要的因子在活跃。因为所有技巧的背后，都有一种深厚文化与大爱之心和谐而成的"道"的力量在活动。当然，这种"道"也并不是一直处于隐蔽状态，有时也显见于课堂教学的场景中。他们在课堂上的"见机行事"，以及处理突发事件的能力，往往是点燃课堂教学之火的最美妙的"瞬间"。它让学生及听课的老师感到妙不可言的时候，惊叹其超越常人的智慧，以及学生智力超常发挥的不可思议。而这本书中的一些"课堂实录"，则生动地还原了这种精彩，从而让更多听过他们课的教师重温其中的生动场景，让未曾听过他们课的老师也能深入其中品味其中的奥妙。然后，进行自我反思，再考虑如何"学而时习之"，让自己的教学起死回生，并焕发出生机来。

也许有人说，这本书中收录的13位名师，课堂教学风格不同，水平不一；然而，正是这种"起伏"与"节奏"，才有了"横看成岭侧成峰，远近高低各不同"的妙道。这样，读者在阅读的时候，才能各取所需地进行研讨，才能"化而裁之""变而化之"地形成自己的东西。

正是基于这种思考，在本书编排的时候，没有根据讲课教师知名度的大小排序，而是依据"第八届名家人文教育高端论坛暨名师课堂研讨会"（小学）讲课先后的顺序编排的。先是某个名师的课堂教学实录，后面附以两篇当时听课老师所写的体会文章，称之曰"听课回响"。这些文字，也许更真实，更受读者欢迎。我深信基层教师是最有发言权的，也相信他们"听课回响"文章有着不小的价值。

需要说明的是,"名家人文教育高端论坛暨名师课堂研讨会"(小学)都是每年举办一场会议,而今年由于报名人数太多,只好安排了两场。第一场临时有事未到而第二场讲课的虞大明老师的课堂实录及其"听课回响"文章,只好排在了倒数第二篇。

"第八届名家人文教育高端论坛暨名师课堂研讨会"(小学)除了上课的名师,还有一些知名教育名家报告,质量非常高,影响非常大,但并未收入本书。至于如何将他们的报告汇集起来出版,我们将会认真研究并会有一个理想结果的。

从 2009 年到 2016 年,"名家人文教育高端论坛暨名师课堂研讨会"已经办了八届,而且人气越来越旺,以至到了"人满为患"的地步。所以,万分感谢历届为我们会议上课的语文界的名师,也感谢众多参会的语文教师、校长和科研人员,以及支持他们学习的教育行政部门的领导。是他们让会议有了品质,有了影响,有了更好的发展前景。在此,作为主持举办这一会议的我来说,真诚地向你们说一声:"谢谢了!"

作为"第八届名家人文教育高端论坛暨名师课堂研讨会"主办单位的中国教育报刊社宣传策划中心,在全国享有很高的威望,其"宣传策划"的意义之大是可想而知的;作为协办单位的福建教育出版社有限责任公司、江西人民出版社有限责任公司、辽宁少年儿童出版社有限责任公司、河北省冀州市信都学校、长沙"诺贝尔摇篮"教育集团对会议给予了大力的支持,让会议拥有了更加丰富的精神食粮;作为承办单位的北京中教鸿兴文化传播有限责任公司和北京东方德尚文化传媒有限公司,为办好会议作出了很大的努力,显现了高端会议的品质;而媒体支持单位《教师博览》杂志社、《基础教育课程》杂志社也一一送来了精神佳品。这不由得让我想起了《周易》中的一句话:"二人同心,其利断金;同心之言,其臭如兰。"会议的成功,是一种合力的结果,也是一种共赢的事业。这本书的出版,则记载了这种合作共赢的美好。在此，一并表示深深的谢意。

  2017年上半年，又要举办"第九届名家人文教育高端论坛暨名师课堂研讨会"（小学），这本书将作为这次会议的会议材料赠送给每位代表，希望大家能够喜欢并学有所得。同时，同样要有新的"课堂实录"与"听课回响"结集出书，我们期待这一成果的结晶能有"更上一层楼"的品质。

  这本书得以出版，福建教育出版社功不可没。作为在全国很有影响的教育类出版社，多年来一直是"名家人文教育高端论坛暨名师课堂研讨会"坚强有力的支持者。在市场经济大潮的冲击中，他们也不可能不关注出版的经济效益，可是，他们更注重了社会的效益，这令我很是感动。不管是黄旭社长，还是成知辛主任，以及我所接触过的其他编辑，他们身上散发出来的，更多是社会担当精神，"以文会友"的真诚，以及视读者需求为生命的服务意识。这让我在对他们深表感激的同时，也自然而然地对他们有了一份敬意。我在福建教育出版社出过十几本著作，留存下来的，不只是文本成果，还有感情与精神的丰盈。而这本书尽管不是我的著作，我只是主编，可是，它依然为我与出版社之间架起了生命融通的桥梁。

  我突然觉得，当感恩在我心里回旋的时候，我也就幸福起来了。

陶继新

2016年8月26日于济南

·课堂实录·

《对联》课堂教学实录

执教：孙双金

一、谈话导入，走近春联

师：同学们，上午好！
生：老师，您好！
师：真有礼貌，请坐！你们来自哪所学校？
生：纬二路小学。
师：纬二路小学几年级几班？
生：四年级二班。
师：我们生活在济南，老师想调查一下，在座哪些同学的祖籍是济南的，请举手。祖籍不是济南的也请举手。（查看举手情况）看来，祖籍非济南的多，这说明咱们济南是一个移民的城市，也是一个包容的城市。咱们班有来自国外的学生吗？（有一个学生举手）真有一个呀！来，你给我们介绍一下自己。

生：老师，我听错了。

师：你真好玩，听错了没关系。我想问大家，外国人和我们中国人有什么区别呢？

生：外国人大多讲英语，而我们中国人是讲汉语的。

师：语言不同。

生：有的外国人是黑人。

师：肤色不同。

生：有些外国人的头发是黄色的。

师：发色不同，这也是外在的。

生：眼睛的颜色也不同。

师：肤色不同、发色不同、眼睛的颜色也不同，听起来语言不同，这些都是能看出、听出的外在的不同。除了这些，外国人和中国人还有什么不同呢？

生：有的服装不同。

师：这也是外在的。

生：外国人和我们的节日不同。

生：我们中国人有的习俗是外国人没有的。

师：文化习俗不同，你知道我们中国人过春节时有什么习俗吗？你说给我听听。

生：贴春联。

生：看联欢晚会。

生：中国人贴"福"字。

生：过春节的时候还要把家里的房间都打扫一遍。

生：过春节的时候我们还要放鞭炮。

师：放鞭炮，贴"福"字，贴春联，还要收红包等等，这些都是和外国人不一样的习俗。我们判断一个人是不是真正的中国人，是根据什么呢，看外在还是看内在的文化习俗？

生：我觉得是看内在的文化习俗。

师：你说对了。很多在美国的中国移民生下第二代，从外表看这些孩子依旧是黑眼睛、黄皮肤，但他对中国的文化习俗几乎不了解，我们就说他其实已经不是真正意义上的中国人了，他已经是美国人了。就如香蕉一样，皮虽是黄的，但芯却是白的。看是否中国人，要看他内在有没有一颗中国心。今天我们就走近中国的文化习俗——春联。

二、师生赏读春联，探讨春联特点

师：大家都贴过春联，你对春联有多少了解？我们先来看第一副，一起来读一下。

生：又是一年芳草绿，依然十里杏花红。

师：我想向你们请教请教，谁来告诉我"芳草绿""杏花红"写的都是什么？

生：它们写的应该是植物。

师：没错，是植物。春天来了，春风又绿江南岸；春天来了，花红柳绿，姹紫嫣红。原来春联里可以写春天的美景，我们再好好欣赏下。（师引读"又是一年——"）

（学生齐读春联"又是一年芳草绿，依然十里杏花红"）

师：除了写春天的景色，春联还可以写什么呢？（出示春联）来，男生读上联，女生读下联。（师引读"春回大地——"）

男生：春回大地千山秀。

女生：日照神州百业兴。

师："业"是什么意思？你能组个词来解释它吗？

生：我觉得"业"就是职业。

生：我觉得这个"业"是事业。

生：我觉得这个"业"是业务。

生：我觉得这个"业"是行业。

师：你们的词汇真丰富。在这么多的解释中，她讲得最准确，这里的"业"是指行业。学校属于教育行业，医院属于医疗行业，各行各业都兴旺发达，这就叫做——"百业兴"。我们一起来读读。（师引读"春回大地——"）

（学生齐读春联"春回大地千山秀，日照神州百业兴"）

师：看来，春联不仅能写春天的美景，还能歌颂祖国各行各业兴旺发达。还可以写什么内容呢？（出示春联）我读上联，你们读下联，"勤劳门第春光好——"

生：和睦人家幸福多。

师："勤劳"对什么？

生："和睦"。

师："门第"对什么？

生："人家"。

师："春光好"对什么？

生："幸福多"。

师：谁能告诉我，"门第"是什么意思？

生：我觉得"门第"是家庭的意思。

师：其实就是下联当中的哪个词？

生："人家"。

师：对，"勤劳门第"就是指勤劳人家。这副春联劝导人们做人要怎样？

生：做人要勤劳。

师：家庭要怎样？

生：家庭要和睦。

师：对，勤劳的人家春光好，和睦的人家幸福多。中国文化的寓意就在其中。这些都是七字春联，还有五字联。（出示春联）我来读上联，"梅开春烂漫——"

生："竹报岁平安。"

师：现在你们读上联，齐——

生：梅开春烂漫，

师："竹报岁平安。"这里"梅"对什么？

生："竹"。

师："开"对什么？

生："报"。

4

师："春"对什么？

生："岁"。

师："烂漫"对什么？

生："平安"。

师：刚才这些都是比较简单的问题，真正有思考价值的问题来了，看着上面的四副春联，你能概括出春联的特点是什么吗？

生：上下联的字数相同。

师：第一个特点是"字数相等"，第二个特点是什么，最好也能用四个字来概括，这就叫做会学习，谁来试试？

生：我觉得它们都有内在的含义。

师：内在含义也是四个字，暂时放一放。

生：我觉得是词类相当。

师：你举例说说看，为什么说"词类相当"？

生：这副对联里"梅"对"竹"。

师：这是名词对名词。

生："开"对"报"。

师：这是动词对动词。

生："春"对"岁"。

师：这还是名词对名词。

生："烂漫"对"平安"。

师：这是形容词对形容词。你能发现词类相当，看来不是小学生，是中学生。我来请教下这位"中学生"的名字，敢问您尊姓大名？

生：我叫雷子倬。

师：子倬，卓越的卓还要加个单人旁对不对？雷子倬，雷子倬这个名字是有水平的。雷子倬这个"中学生"概括出来的第二个特点叫"词类相当"。除了"字数相对""词类相当"，春联还有什么特点？如果你还能概括第三个特点，我看你就不是中学生，是大学生，想不想挑战一下？

生：我觉得上联的意思和下联的内容是相对的。

师：内容相对，可以换一个更准确的词。

5

生：应该是内容相似。

生：我觉得是上下联内容是相反的。

师：相反？能说"梅"和"竹"是相反的吗？你看，大家笑了，相反肯定不恰当。中国的汉字很丰富，你要找到准确的说法。

生：我觉得应该是内容相连。

师：你把这个词写到黑板上去。

（生板书"内容相连"）

师：你写了这个"连"。（师手指黑板上课题《春联》）要不再想一想？

（学生改板书为"内容相联"）

师：这个"联"，说明上下联内容有什么？

生：有关联。

师：有关联，有联系。你上联写的"梅"是"四君子"，下联我就写"竹"，也是"四君子"，内容要有联系，要有关联，所以才叫"春联"。"内容相联"也可以叫做"内容相关"，有关系，有关联，这是春联的第三个特点。如果你们能说出第四个特点出来，我就拜你们为师。我们先把这副春联读一读。绿柳舒眉辞旧岁，齐——

（生齐读"绿柳舒眉辞旧岁，红桃开口贺新年"）

师：你看，上联写"绿柳"，下联写"红桃"；上联"辞旧岁"，下联"贺新年"，内容都是彼此有关联的。"绿柳""桃红"读起来有什么特点啊？

生：我觉得读起来很押韵。

师：读起来押韵，有点味道了。中国古代把第一声、第二声叫做"平声"，第三声、第四声叫做"仄声"。我们来看，"绿柳"是仄仄，"舒眉"是平平，"辞旧岁"的韵律是平仄仄。我们来看下联，"红桃"是平平，"开口"是平仄，"贺新年"是仄平平。这样，上联"仄仄平平　平仄仄"对下联"平平平仄　仄平平"，读起来抑扬顿挫。你读外语没有这感觉，只有中国汉字读起来才有这个感觉啊。（师指板书"平仄相"三字后问学生）平仄相什么呢？这个字如果你能填上，我也拜你为师。

生：我觉得是"平仄相对"。

师：填得好！奖励你把这个词写到黑板上，这就叫做"平仄相对"。我们再来读一读这副春联，好好体会一下。

（学生齐读"绿柳舒眉辞旧岁，红桃开口贺新年"）

三、聆听趣味故事，巧填春联，感受文字之妙

师：现在，我们知道中国的春联有四个特点，分别是字数相等、词类相当、内容相联、平仄相对，这就是"对仗"。我们学春联，要懂得春联的知识，了解春联的特点，但仅仅懂这个知识是远远不够的，学春联最先可以尝试对春联。我们来听个故事好不好？

生：好。

师：想听故事吧？

生：想。

师：没有表示，想听故事怎么表示？来点掌声吧！

（学生鼓掌）

师：这是想听了。中国古时候神童很多，明朝的时候有个神童叫解缙，6岁的时候，有一天他"吱嘎"一声把门推开，发现门口有片片的青青翠竹，于是写下了"门对千根竹，家藏万卷书"。——门前对着千根青青翠竹，家里藏着万卷书籍。写好后往门上一贴，准备过年。他家隔壁住着一个地主老财，也"吱嘎"把门一推，哟，看到解缙家春联都贴好了，一读，"门对千根竹，家藏万卷书。"这副春联写得确实够气派。但地主老财想，这竹林明明是我们家的，怎么变成你家的风景了呢？一不做，二不休，赶紧让他的手下过来把竹子"咔嚓咔嚓"全砍断，心想这下我看你还对什么"千根竹"！过了一会啊，这解缙把门推开，哎呀，被眼前的情景惊住了——竹子全部都砍断了，地上只剩下光秃秃的竹桩了，哪里还有什么"千根竹"呢！不过，神童就是神童，他脑门一拍，在春联"千根竹"的后面加了一个字，"万卷书"后面也加了一个字，成了一副新的春联。同学们，猜猜看他加了哪两个字？

生：我猜他加了"短"和"长"，变成"门对千根竹短，家藏万卷书长。"

师：有道理！你不是把竹子砍短了嘛——那就"门对千根竹短，家藏万卷书长"，家里的万卷书长存。你叫什么名字？

生：李鹏飞。

师：李鹏飞，这个名字太厉害了，姓李，李白家的后代；还要腾飞呢，你不愧是我们班上的当代神童。神童的名字不能一说就忘掉，必须写到黑板上，让大家都记住。（学生上台写名字）看神童写字也是一种享受啊。写得工整清秀，好！今天这堂课的黑板大部分留给你们的，就是留给神童写名字的。中国的语言文字有巨大的丰富性，这里绝对不是只能添一个"短"和"长"，还可以添别的字。如果你添的跟李鹏飞不一样，那你也是神童，我更佩服你。你想添什么？

生：我添成"门对千根竹短，家藏万卷书多"。

师：前面说的"短"和"长"是相对的。那"多"应该和什么相对？你重新改一下？

生：门对千根竹少，家藏万卷书多。

师：对，"少"对"多"才合适。你叫什么名字？

生：我叫王圣男。

师：圣男啊，第二个神童诞生了，上去写名字。下面我再请几位同学。

生：门对千根竹断，家藏万卷书……（学生犹豫中）

师：门口的千根竹"咔嚓"断掉了，这个动词"断"用得好，下联用什么动词跟它对。这是有挑战的，只有神童能想出来，门对千根竹断——

生：家藏万卷书……

师：他有点兴奋，我也很兴奋，又有一位神童又要诞生了，家藏——

生：家藏万卷书整。

师：整，完整的"整"，完整的"整"和"断"相对吗？这里用"整"不大合适。"断"，"咔嚓"断掉了，那它对应的是什么？谁来帮帮他？

生：门对千根竹断，家藏万卷书连。

师：一个"断"，一个"连"，万卷书是连在一起。（指两位学生）你上来，你也上来。（问第一个回答的学生）你叫什么名字？

生：刘高玮。

师：高玮，你不是一个神童，你是半个神童。（问第二个回答的学生）你叫什么名字？

生：孟眱达。

师：眱达，因为你是借了人家的半句，你也是半个神童。你们两个加在一起就是一个神童，好不好？因为这副对联是你们两个共同创作的，所以你们两个上来写名字的时候，占的地方要跟人家一个神童留的地方是一样的，看你们两个怎么写？（学生板书）好，三个神童出现了！还有神童吗？我看下面有人急得眉毛都竖起来了，你来！

生：我想的是"门对千根竹乱"。

师：怎么就乱了呢？

生：因为竹子是乱七八糟的。

师：乱七八糟，的确是乱。

生：家藏万卷书整。

师："一个"乱"，一个"整"，不太相对。"乱"应该对什么？

生：对"齐"。

师：连起来说说。

生：门对千根竹乱，家藏万卷书齐。

师：家里的书多整齐啊，这是你自己改过来的，你也是一个神童！你叫什么名字？

生：我叫闫洪涛。

师：闫洪涛，一个洪啊，一个涛，滔滔不绝啊。李鹏飞，王圣男，孟眱达，高玮，闫洪涛，除了这几个神童，咱们班一定还有神童。谁来？

生：门对千根竹矮，家藏万卷书高。

师：掌声在哪里？

（学生鼓掌）

师：你叫什么名字？

生：我叫张圣文。

师：圣文，圣人的圣，文化的文，圣人都是有文化的。圣文，上去写你的名字。还有吗？

生：我改的是"门对千根竹稀，家藏万卷书厚。"

师："稀"对什么？想想它的反义词，谁能帮他加上去？

9

生：门对千根竹稀，家藏万卷书密。

师：家藏万卷书密，好！（指两位学生）你上来，你也上来。"门对千根竹稀"，一砍不就稀了嘛，家里藏的万卷书是密的。你改了个上联，你对了个下联，两人合成一个整联，你们两个站在一起，还蛮般配的呢！来来来，把名字写上。看，中国的汉字是多么的丰富！（学生仍有举手，老师做吃惊状）可不能骗我啊，我都想不出来了，你们还能想出来，你说？

生：门对千根竹散，家有万卷书密。

生：我还想出来一个，"门对千根竹没，家藏万卷书有"。

生：门对千根竹弯，家藏万卷书直。

师：千根竹弯？万卷书直？这儿我有点不懂，我的脑子有点笨，请你解释解释。

生："弯"就是竹子长得歪七扭八的。

师：歪七扭八的？竹子一般都是很直的，你什么时候看见过歪七扭八的竹子，好像没有啊。

生：砍得歪七扭八的。

师：倒在那里歪七扭八的，这就能解释通了。那"直"呢？

生："直"，就是书很直，堆放得很整齐。

师：可以，上去把名字写上。哎哟，这么多神童了！你还想来？

生：门对千根竹……（学生支吾想不出）老师，我好好想想。

师：看来激动得忘掉了。

生：门对千根竹散，家藏万卷书齐。

生：门对千根竹密，家藏万卷书整。

师："密"和"整"不是相对的。你等一等，不要着急冲动，一冲动，站起来想不起来了，一冲动站起来也说不出来了。冷静一点，做学问需要冷静。你来。

生：门对千根竹薄，家藏万卷书厚。

师：一个"薄"，一个"厚"。可以，上去写名字。

生：门对千根竹倒，家藏万卷书立。

师：一个"倒"，一个"立"。可以！上去写。

生：门对千根竹无，家藏万卷书有。

师："无"和"有"，这个可以，但是你跟前面人家的"没"和"有"有点近似。为了鼓励你的创造性，我建议你这个名字也应该写上去，但是写在想出"没"和"有"那位同学的后边吧。好不好啊？有一点点借鉴的意思，我希望你创造的是跟人家完全不一样的。还有吗？

生：门对千根竹倒，家藏万卷书竖。

师：一个"倒"，一个"竖"，可以，写上去。

生：我觉得还可以这样，"门对千根竹低，家藏万卷书高"。

师："低"和"高"，与前面的"矮"和"高"太近似，委屈你一下好不好？就暂时不上去。如果写得跟人家完全不一样，这才叫创造。

生：我创作的是"门对千根竹落，家藏万卷书升"。

师：一个"落"，一个"升"。"落"，一砍倒落下去了，可以。那为什么说"万卷书升"呢？我有点不太明白。

生：因为家藏万卷书，一本一本摞起来，一直在上升。

师：（问全体学生）你们同意不同意啊？

生：同意。

师：掌声给他！（学生鼓掌）你太棒了！你跟人家不一样，有创造性。

生：我说的是"门对千根竹横，家藏万卷书立"。

师："横"怎么解释？

生：竹子砍倒后都横在一块了。

师："立"字前面讲得很多了，有重复之嫌。不过越到后面越难，我真佩服你的勇气。（见仍有学生举手）你还敢举手，我真想不起来了，你来？

生：门对千根竹失，家藏万卷书得。

师：竹子失去了，但是我的书得到了，对不对啊？

生：对。

师：这就叫创造，你叫什么名字？

生：田博文。

师：博文，田博文，他的博文都种在自己的田里。请你上来写名字。

生：门对千根竹折，家藏万卷书长。

11

师："折"和"长"不相对。家里的书在不断地增长，可竹子都怎么样了，都消亡了。你看，一个"亡"，对一个"长"或一个"生"可以吗？（面向全体）我觉得接下来不可能还有人能想出来。

生：老师，还有！

师：重复的不要举手，只要前面有一个字被说过的，就不能再说。（有学生举手，老师做惊讶状）你说的这两个字一定是前面没有说过的，你没骗我吧？

生：没有。"门对千根竹下，家藏万卷书上"。

师：一个"下"，一个"上"，你是怎么想的？请你解释解释。

生：这里不是说竹子全倒了嘛，是从上边往下落的；家藏万卷书上，就是家里的书慢慢摞起来往上增长。

师：这倒也能自圆其说。

生：门对千根竹减，家藏万卷书增。

师：一个"减"，一个"增"，好极了！真的，孩子们，你们的创造力原来这么大！

生：门对千根竹灭，家藏万卷书生。

生：门对千根竹平，家藏万卷书乱。

生：门对千根竹绿，家藏万卷书黄。

师：当别人都向"密""生""长"方向去想的时候，有人换到色彩的词；当你们都讲动词的时候，我讲名词；当你们讲名词的时候，我讲形容词。这就叫创造性。

……

师：好，同学们都把手放下，我们班了不起啊！那我们看看解缙写的哪两个字呢？如果解缙跟你写的一样，就请站起来，你就是当代解缙。（出示"门对千根竹短，家藏万卷书长"）哪位同学对得和这副一样？你叫什么名字？

生：李鹏飞。

师：李鹏飞，孙老师再给你一个姓，你可以姓解，叫解缙。是啊，当时解缙加了这两个字后，地主把门推开一看又不干了，立刻叫人把竹子连根刨掉，他心想现在竹根都没有了，我看你还怎么"竹短"！过了会解缙再一看，哟，这次连根都没有了，看来"短"字不行了，神童就是神童，于是再一拍脑门，在"短"和"长"后面各加了一个字。你们猜猜看他加了什么？

生：门对千根竹短无，家藏万卷书长有。

师："门对千根竹短无，家藏万卷书长有。"你对得真是太好了！当时地主再一看这联子，实在没办法了，总不能把土也刨了去吧，最后不得不认输。历史上解缙是神童，21世纪的2016年，在济南的纬二路小学四年级二班也出现了这么许多神童，这是一个出神童的班级，太厉害了！同学们，对春联好玩吗？

生：好玩。

师：这叫玩得有文化，对不对？我们中国人要玩就要玩中国文化，我们再玩一个好不好啊？

生：好。

师：扬州八怪之一的郑板桥做过县官，也是画家、书法家，是一代才子。有一年过年的时候，他经过一个村子，发现一户人家贴了这么一副春联。上联是：二三四五，下联是：六七八九，横批是：南北。这春联看起来是不是好奇怪呀！结果，郑板桥一看到这副春联，立刻掉转屁股就往家跑，他手下的人跟着直喊："老爷，你等等我们，老爷你跑了干吗？"同学们，你们知道郑板桥跑到家里去干吗了？

生：回去又写了一副对联。

师：恭喜你，答错了。

生：我觉得他看到这副对联，是"缺一少十"，我觉得他回家是拿一些粮食给这户人家。

师：恭喜你，答对了，上联少了一个"一"，下联少了一个"十"，说的就是"缺衣少食"嘛！再看横批。

生：横批只有"南北"，没有"东西"，说明那户人家没有东西。

师：郑板桥跑到家里，又是食物又是衣服的，带了很多出来。带来之后，敲开这户人家一看，一家人都蜷缩在床上面冷得直哆嗦。揭开锅一看，一粒米都没有，空空如也。郑板桥把那些吃的、穿的、用的送给他们家，他们家人感恩不尽。同学们，为什么这春联郑板桥能看懂呢？因为郑板桥有什么？

生：有学问，有才华。

师：有学问，有才华。这家主人虽穷，但穷得有什么？

生：有文化。

师：穷得有什么？他说有文化，你可以换一个词。

生：有智慧。

师：有智慧，还有什么？

生：我觉得应该是有志气。

师：有志气，有才气，对不对啊？穷没关系，但只要有文化，有才气，将来会有办法。这家主人过了几年就考取了举人。我们可不能富到最后家里只剩下什么了？

生：钱。

师：只剩下钱了，富得只剩下钱的人叫什么人？

生：叫土豪。

生：叫富翁。

老师：富翁说不上，叫土豪，叫暴发户。我们中国人要有文化，要有才气。知识改变命运，文化改变命运，有文化的人才能写出这样的对联，有文化的人才能读懂这样的对联，好玩吧？

生：好玩。

师：中国的春联有没有文化？

生：有。

师：你们现在有没有文化了？

生：有。

师：真的有还是假的有？

生：真有。

师：那考考你们。"春回大地"，谁来对下联？

生：福满天下。

师："天下"，我给七十分。

生：福满新春。

师：八十分。

生：福满乾坤。

师：一百分！这个"乾坤"用得有文化。还有不一样的吗？我告诉你，语文没有标准答案，答案不是唯一的。当人家说完一句后，你就想跟别人不一样的说法，这叫学语文。如果一个人说出了一个答案后你就把手放下来，那不叫学语文。还有不同的对法吗？

生：福满天堂。

师：福满天堂，福都到天堂里去了，那我们人间不要福吗？

生：福满中华。

师：福满中华，可以。

生：福满校园。

师：福满校园也可以。

生：福满人家。

师：可以。

生：福满长空。

师：福都到天上去了，空中去，那我们大地不要了吗？再想想。

生：福满人间或者福满世界。

师：福满人间、福满世界、福满神州等等，中国的词语多丰富啊，学语文就要这样学。我再来考考你。（出示"寒尽桃花嫩，春归_____新"）"寒尽桃花嫩"，对春归什么新？这个可更有文化了。

生：寒尽桃花嫩，春归大地新。

师："桃花"对"大地"，给个六十五分吧。大地那么大来对"桃花"，这帽子显得太大了。

生：寒尽桃花嫩，春归绿柳新。

师："桃花"对"绿柳"，"花"对"柳"，"桃"对"绿"，给九十分，不过还没有到满分。

生：寒尽桃花嫩，春归杨柳新。

师："花"对"柳"，"桃"对"杨"，九十五分。再想想想，"桃花"对什么？

生：寒尽桃花嫩，春归竹叶新。

师："花"对"叶"，对得很好，但"桃"对"竹"这里你想改一下吗？

生：春归柳叶新。

师：春归柳叶新，"桃"对"柳"，"花"对"叶"，满分！这就对得工整了。春天来了，柳树叶子是长得最早的，所以春归从柳叶中看到新意。对对子，就要讲究工整，这才叫工整对。第三个考你们的是——"刀子嘴"，怎么对？

生：豆腐心。

师：答"豆腐心"的我只给八十分，因为地球人都知道这个。你说一个我们不知道的。"刀子嘴"是俗语，"豆腐心"也是俗语，俗语对俗语，除了对"豆腐心"，还可以对什么有创造性的？

生："刀子嘴"对"瓜子头"。

师：瓜子头？我没有听说过，这不叫俗语，没有瓜子头，有个瓜子什么啊？

生：瓜子脸。

师：对上去了。还可以对什么？

生：我不太确定，刀子嘴对鹰钩鼻。

师：刀子嘴对鹰钩鼻。什么叫人品好？他就叫人品好，他说我不确定，这就叫谦虚谦恭的人品，这种谦恭的人往往能走得很远很远。

生：刀子嘴对国字脸。

生：刀子嘴对顺风耳。

生：刀子嘴对千里眼。

生：刀子嘴对飞毛腿。

生：老师我觉得这个有点不大好，刀子嘴对癞子头。

师：他已经感到有点不大好，这个词可能有点贬义的意思。还有吗？

生：刀子嘴对啤酒肚。

师：哈哈！对"啤酒肚"，好，很接地气！

四、赏析诵读对韵名联，感悟中华文化，鼓励学生整句对联

师：同学们，你们已经对中国的对对子有点入门了。我想让你们再提升一步，如果你再读一读中国传统的对韵，你对对子就更有水平，就能提升一个高度了。《笠翁对韵》读过吗？我们一起来读一读。（师打节拍引读：天对地，雨对风，大陆对长空）

（师生齐读：天对地，雨对风，大陆对长空。山花对海树，赤日对苍穹，雷隐隐，雾蒙蒙。日下对天中。风高秋月白，雨霁晚霞红。牛女二星河左右，参商两曜斗西东。十月塞边，飒飒寒霜惊戍旅；三冬江上，漫漫朔雪冷渔翁）

师：读得很有节奏，很押韵。大家看，这里面有一字对，"天"对什么？
生："地。"
师："雨"对什么？
生："风。"
师：有一字对，有二字对，"大陆"对什么？
生："长空。"
师："山花"对什么？
生："海树。"
师："赤日"对什么？
生："苍穹。"
师："日下"对什么？
生："天中。"
师：有三字对，"雷隐隐"对什么？
生："雾蒙蒙。"
师：有五字对，"风高秋月白"对的是？
生："雨霁晚霞红。"
师：有七字对，"牛女二星河左右"对的是？
生："参商两曜斗西东。"
师：有十一字对，"十月塞边，飒飒寒霜惊戍旅"对什么？

17

生:"三冬江上,漫漫朔雪冷渔翁。"

师:今天你们争取把它背下来,如果这样的内容你背十段,二十段,三十段,以后别人出上联,你的下联就脱口而出了。这就是中国文化,如果这样做,你就是中国才子。有同学说这实在太难了,改一改吧,改成当代的,简单一点的。你别说,还真有。(出示文字)请跟我读,打起节拍来,预备齐——

(师生打节拍齐读:天对地,室对家,落日对流霞。黄莺对翠鸟,甜菜对苦瓜。狗尾草,鸡冠花。白鹭对乌鸦。门前栽果树,塘里养鱼虾。有时三点两点雨,到处十枝五枝花。优对劣,丑对佳,肃静对喧哗。光明对黑暗,谨慎对浮夸。瓜子脸,葡萄牙。异卉对奇葩。知己存海内,朋友遍天涯。黄梅时节家家雨,青草池塘处处蛙)

师:好玩吧?

生:好玩!

师:瓜子脸对什么?

生:葡萄牙。

师:不动脑筋咯!瓜子脸对什么?

生:葡萄牙。

师:你们把牙齿露出来我看一看,葡萄牙就是像葡萄籽那样的牙,顶端尖尖的。你们把牙齿露出来,我看都不是葡萄牙,你们都是珍珠牙,好看。那"白鹭"对的是什么?

生:白鹭对乌鸦。

师:再来读一遍,我就要让你们背了。(师引读"天对地——")

(学生齐读)

师:谁能背出来,就是天才。你来试试?

生:天对地,室对家,落日对流霞。

师:背出了一句,你叫"一句天才"。

生:黄莺对翠鸟,甜菜对苦瓜。狗尾草,鸡冠花。白鹭对乌鸦。门前栽果树,塘里养鱼虾。有时三点两点雨,到处十枝五枝花。优对劣,丑对佳,肃静对喧哗。光明对黑暗,谨慎对浮夸。瓜子脸,葡萄牙。异卉对奇葩。知己存海内，朋友遍天涯。黄梅时节家家雨，青草池塘处处蛙。

师：掌声在哪里？

（学生鼓掌）

师：（问前一名学生）你服不服？

生：服。

师：你只背一句，人家全背下来，是不是有点小巫见大巫。这才是才子呢，厉害！是啊，如果你把这些都背熟了，理解了，对对子还有什么难呢？

师：中国传统文化源远流长，不仅有对韵，还有春联、对联。春联和对联有什么区别，谁能告诉我？

生：我觉得春联它的内容是很相近的，而对联它的意思是反着的。

师：不对。

生：我觉得对联它没有横批，春联有横批。

师：对联也有横批。

生：春联是在新年的时候贴的，对联什么时候贴都可以。

师：说得对。对联什么季节都能贴，春节时候贴的对联叫春联，对联里边包含着春联。用一个通俗的说法，对联是老子，春联是儿子，就是这样的关系。对联中特别有名的联叫名联，我们来走近几副名联。这是国父孙中山的一副名联，上联是——

生：革命尚未成功。

师：下联是——

生：同志仍需努力。

师：大声读，齐——

生：革命尚未成功，同志仍需努力。

师：当你一件事情没有做结束的时候，我们可以说你是革命——

生：尚未成功。

师：同志——

生：仍需努力。

师：对。当你们集体要做一个活动，做了一半，另一半还没有完成的时候，你可以用什么话来勉励大家？

生：革命尚未成功，同志仍需努力。

师：对，这就是国父孙中山的名联"革命尚未成功，同志仍需努力"。我们再来看一副古人的。（出示对联，师引读"风声雨声——"）

生：风声雨声读书声声声入耳，家事国事天下事事事关心。

师：我想把它改一改，（出示：雨声风声读书声声声入耳，国事家事天下事事事关心）你们看行不行？

生：不行。

师：为什么？

生：我觉得不行，因为"家事"是小事，"国事"是大事，所以"家事"要在前面。

师：嗯，那为什么"风声"在前，"雨声"在后呢？

生：风完了才下雨呢。

师：先刮风后下雨，自然规律。家事小，国事大，由小到大。春联还要讲究顺序美。有人说，写对联字不能重复，但你看这副对联重复了多少个字？"风声"一个"声"，"雨声"两个"声"，"读书声"三个"声"，"声声"四个五个"声"。五个"声"重复，五个"事"也重复。有时候重复也特别美，所以不在乎你重复不重复，关键在你重复得好不好，对得工整不工整。我们再来读一遍。风声雨声，齐——

（学生齐读"风声雨声读书声声声入耳，家事国事天下事事事关心"）

师：我们来看一副李大钊撰写的对联，预备，齐——

生：铁肩担道义，妙手著文章。

师："铁肩"担起的是什么？

生："道义"。

师："妙手"写下的是什么？

生："文章"。

师："铁肩"对什么？

生："妙手"。

师："担道义"对什么？

生："著文章"。

师："肩"对的是"手"，"铁肩"对的是"妙手"，对得非常工整。一个人，一个男人，一个共产党人不仅要担当起革命的道义，还能写下美妙的文章，这就是李大钊的自我写照。我们再来感受一遍，铁肩担道义，齐——

生：铁肩担道义，妙手著文章。

师：再看这一副。在庙里，有一尊佛叫弥勒佛，弥勒佛的肚子特别大，耳朵也大，嘴巴也大。你看，有人出了这样一个上联，叫"大肚能容，容天下难容之事"。这里面"大肚能容"为一个"容"，"容天下"为第二个"容"，"难容之事"为第三个"容"。上联有三个"容"，下联对的时候应该有三个什么？谁来对对看？

生：耳肚能容……

师：耳肚能容？大肚能容，不是耳肚能容，这可不行，出错了。

生：我不知道对不对，就是大耳能听。

师：大耳能听，"肚"是"容"，"耳"是"听"，已经成功一半了，大耳能听什么呢？

生：听天下难听之事。

师：上联有"事"，下联还"听事"吗？听的是什么？

生：大耳能听，听天下难听之音。

师：掌声给她，下联出来了。除了对"耳朵"，还可以对什么？

生：大嘴能说。

师：上联已经有"大"了，下联最好不要再用"大"了，我们就说"开口能说"，怎么样？

生：开口能说，说天下难说之话。

师：说天下难说之言。第二副下联也出来了，太棒了！还有吗？

生：大眼能看，看天下难看之物。

师：大眼能观，"难观之物"？有好看的吗？换一个词，再想想。

生：美妙之事。

师：上联有"事"了，我们可以说"大眼能观，观天下美妙之景"，可以吗？第三副下联有了。还有不同的吗？

生：大嘴能吃。

21

师：大嘴能吃什么？

生：吃天下好吃之食。

师：确实是这样，美味之食，美味之肴。嘴巴除了说、除了吃，嘴巴还可以干什么？

生：大嘴能吸，吸天下难吸之事。

师：No no no no，这个水平有待提高，要不听听人家的？

生：大手能包，包天下难包之物。

师：手可以用来"写"，我想提示一下"妙手能写"，谁来接下去？

生：妙手能写，写天下美妙之字。

生：大脚能走，走天下难走之路。

生：大鼻能闻，闻天下难闻之气。

师：对是对上了，但是人家笑你了，为什么总要闻难闻的味呢？前面也有同学说过大嘴能吸，大嘴能吹牛皮，这些都不够有文化。老师提醒一下，开口能念——和尚能念什么？

生：念经。

师：开口能念，谁来接下句？

生：开口能念，念天下难念之经。

师：听到吗？念天下难念之经。那开口能笑呢？

生：开口能笑，笑天下好笑之事。

师：笑的其实不是事，笑的是什么？

生：人。

师：连起来说，就是？

生：开口能笑，笑天下可笑之人。

师：还有啊，我都想不出了。你来？

生：我不知道对不对。宽心能容，容天下难容之人。

师：宽心能容，容天下难容之人。好极了！掌声在哪里？

（学生鼓掌）

师：这就叫文化，这就叫奇妙的才华。"铁肩能担，担天下难担之责；大脚能行，行天下难行之道。"你看，有很多美妙的下联等着我们去对啊，所以，语文的答案不是唯一的。

五、联系生活，活学活用，巧对"名字联"

师：现在黑板写不下大家的名字了。（看黑板板书）黑板写不下了，该擦哪里好呢？擦"李鹏飞""王圣男"我舍不得，才子才女的名字不能擦掉。今天这堂课主要讲春联，我擦去春联的四个特点，看你们记住没有啊？

生：记住了。

师：可以擦掉吗？

生：可以。

师：擦了，第一个是什么？

生：字数相等。

师：第二个是什么？

生：词类相当。

师：第三个是什么？

生：内容相联。

师：第四个是什么？

生：平仄相对。

师：我所在的学校，北京东路小学四一班有个女生，亭亭玉立，名字也很有特点，叫夏商周。你能不能帮夏商周对出一个新的名字？对之前，咱们首先要把人家的名字搞懂。"夏商周"是中国的三个什么？谁知道？

生：朝代。

师："夏商周"是三个连在一起的朝代。那你可以用什么给她对？

生：我觉得可以用"春夏秋"。

师：三个季节对三个朝代，这就叫才女，写上黑板。其他同学听好了，人家对了季节，你就不能再对了，你不能说"夏秋冬"，要有创造。

生：草花树。

师：没有姓草的，不过有姓花的，可以叫"花草树"。花草树三种植物可以对上去。三种植物对三个朝代，并且第一个都是姓氏。

生：东西南北，我对"东西北"。

师：东西北？有没有姓东的？姓西的？姓南的？有姓南的是吧，那就叫南——

生：南西北。

师：南北西，南北东。好，三个方向，再来一个！

生：不知道对不对，海陆空。

师：他对的是海陆空，姓海的我还没听说，但是有姓陆的，那就改一下？

生：陆海空。

师：写上去，陆海空对上了。你来？

生：魏吴蜀。

师：三国的三个国家，有姓魏的，魏蜀吴，对上了！济南的孩子太厉害了。还有人想回答呀，请你来说。

生：中日时。

师：中日时，怎么解释？

生：就是一周的时间、一日的时间和一个小时。

师：日时，一天一个小时，但中好像不是一个时间的一个名词，你换一下？

生：分时日。

师：分时日，有姓分的吗？不过有姓时的，你可改成"时分秒"，写上去。

生：我不大确定，我对"上左右"。

师：上左右，三个方向，有没有姓上的？我没有听说过，不过有姓左的，不如改成"左中右"，

生：年月日。

师：年月日，确实有姓年的，写上去。

生：雪风雨。

师：雪风雨，好，你上去写。

生：天地人。

生：早中晚。

生：宋明清。

师：宋朝下来的是元朝，元朝下来的是明朝，叫宋元明。你们太厉害了，你们怎么想了这么多，我想不出来呢！还有啊？

生：还有日月星。

生：鼠牛虎。

生：牛虎鼠。

生：晴阴雨。

生：赵钱孙。

师：赵钱孙，三个姓氏。（师看黑板上板书的学生姓名）哎哟，天才太多，黑板太小。看来难度还不够。我们来一个有难度的好不好？我出一个名字，如果你将这个名字对上另一个名字，我今天就带你走。到哪里去？到清华大学。因为有一年清华大学的文科本科生的考试就有这个题目——给名字对上下联。你对上了，你就达到北京清华大学中文系的水平。（全场笑声）

师：（师板书"孙"字）接下来写什么，孙什么？（全场笑）孙双金啊，那可不行哟！（板书"孙行者"）你来对一下？

生：者行孙。

师：你啊，只能留在四二班继续学。

生：行者孙。

师：你也留在四二班继续学。

生：孙者行。

师：不能瞎说啊，瞎说要降级的，清华大学哪能就这么容易就上成了呢。

生：我不知道对不对，有可能是对"猪八戒"。

师："孙行者"对"猪八戒"，可能上中学。

生：唐玄奘。

师：还是中学。

生：如来佛。

师：你能上高中。

生：吴承恩。

师：讲讲你的理由？

25

生：因为是吴承恩写的《西游记》这本小说。

师：哦，她这样可以上高中。好了，孩子们把手放下，把手放下，清华大学哪这么容易上啊，我看到你们的小尾巴有点翘起来了。听听孙老师启发一下，"孙"对什么？我们都有爷爷，爷爷又可以称呼为？

生：祖父。

师：那"孙"可以对什么呢？

生：祖。

师："孙行者"又该对什么呢？

（有学生说"祖师爷"，其他同学纷纷跟风）

师：别人挖坑叫你跳下去，聪明的人绝对不会这样跳进去。

生：我觉得应该是"祖冲之"。

师：好！写上去。当你们都跟风说"祖师爷"的时候，聪明的人则坐在那里静静思考。真理，有时候就掌握在少数人手里，不在大多数人手里。我们来仔细看，"孙"对"祖"，祖孙相对；"行"对"冲"，都是动词；"者"对"之"，之乎者也。刚才前面没有一个人说对，后面这个也是我启发的，所以今天我就暂时不带你去清华大学了。（全场笑声）我再来举一个例子，假如我们给"王圣男"通过对对子找另一个名字，该是什么呢？"男"该对什么？

生：女。

师："圣"对什么？

生：贤。

师："王"对什么？刚才有人说对"白"，白贤女。好，就算对了，王圣男，这是你的另一个名字。我再来问问你，你爸爸叫什么名字？

生：我爸爸叫王超伟。

师：伟对大，超对越，超伟对大越，怎么样？妈妈叫什么名字？

生：高红梅。

师：红对绿，梅对李，妈妈的另一个名字也快出来了。今天给大家布置一项作业，中午一家人吃午饭时，把每个人另一个名字都对出来，这顿饭吃得那叫一个有文化呀！明天早晨把对出来的名字交给你们的老师，然后你们在班里评选出十个对得最好的家庭，就叫"十佳文化家庭"吧。到时候你们老师会把对好的名字发给我,我也来看哪个家庭是最有文化的书香门第。这节课就上到这里,下课!

生:起立!谢谢老师,老师再见!

师:同学们再见,谢谢大家!

·听课回响·

享受情智语文之美

河北省唐山市丰南区岔河中心小学　王东青

陶继新老师曾说,读经典近天道,不熟背经典你的话语系统里就没有"天语"。带着对经典的渴望、对天道的虔诚,2016年6月,我有幸参加了"第八届名家人文教育高端论坛暨名师课堂研讨会"。名家名师荟萃,一堂堂课精彩纷呈,一个个讲座直抵心灵,经典对天道的诠释蕴含其中,我时而热泪盈眶,时而静默沉思,时而会心一笑。

参会中,如果说陶继新老师的报告是从理论上对人文教育的诠释,那么全国著名特级教师孙双金老师的《春联》一课,则是从实践上进行了演绎,让人文教育浸润心底。孙老师的课可谓有情有趣,思考时学生静若处子,交流时师生笑语欢声。一路走来,整堂课结构清晰,充满哲学之思和辨证味道。

情趣性是课堂的主调。情智语文首要任务是激发学生的情感,调动学生的兴趣,学生兴致勃勃,兴趣盎然。孙老师开篇激趣,从读法的引导入手,开启"春联"这一经典的诠释之路。学生在会读春联的基础上观察讨论,概括出春联四大特点为:"字数相等、意思相联、词性相当、平仄相对。"然后教师讲述解缙儿时的故事,师生共同推敲对联如何"生长"。接着讲述郑板桥的故事,体会对联中的深刻意蕴。最后把春联、对韵和名联串起来研究,为学生推荐传统经典《笠翁对韵》,鼓励学生传承对联文化。

课中,孙老师带领学生思考、揣摩、比较、分析,补写春联,辨析深意。

孙老师尊重学生的意见，让学生充分表达，在辨析中倾听学生的思考，让学习自然地发生，践行着"不愤不启，不悱不发，举一隅不以三隅反，则不复也"的教育真谛。

课堂结尾颇具禅意。师生将"大肚能容，容天下难容之事"对出了若干个答案，如"慧眼能观，观天下难观之心""张口便念，念天下难念之经"……细细思考，每一个答案都是对学生精神成长的引导，是人文讲堂最好的诠释。大肚能容，是宽以待人；慧眼能观，是洞悉世事；张口便念，是知难而上。一个个答案的呈现，学生不仅体会到对联的韵味，而且积淀着成长的智慧。而当孙老师提出"孙行者"这一题目时，他说哪位学生对出下联，他将带这个孩子去清华大学。一位女生说出了答案"祖冲之"，孙老师问她是否愿意和自己去，女孩想了想说不愿意。

课后我问孙老师，如果女孩回答愿意，您会如何做？他微笑着说，不能说，遇到这种情况你就知道了。我不禁莞尔，课堂的情趣性延伸到课外，而且延伸到听课教师心中。我相信无论学生去或者不去，孙老师都会在尊重学生的基础上做好这项承诺，这又何尝不是人文教育的内涵呢？

课堂上，孙老师幽默诙谐，寓教于乐，让学生在轻松愉快的学习氛围中感受春联这一传统文化的独特魅力，研究春联对仗的方法。学生们在孙老师的循循善诱之下，生发了真挚的情感，绽放了灵动的智慧。与会老师也如沐春风，如入臻境。

思维性是课堂的主体。情智语文课堂总是充满有趣的、有挑战性的和有张力的问题，在各式各样的追问中，孙老师把学生思维引向深入，探寻到问题的本质。课堂上他们大胆举手，朗声发言，互相切磋，对比辨析。没有最好，只有更好，语文答案的多元性、对联用语的推敲方法不用教师语重心长地告诫，而是在一次次体验中成为孩子最真实的活动经验，潜移默化地润泽儿童心田。特别是当学生说出答案时，孙老师会请学生到黑板前写出自己的名字。学生一笔一画写下自己的名字，这不仅成为课堂的素材，而且激发了学生强烈的自豪感。在课堂上，孙校长对于孩子们的答案都不吝赞美，评价妙语连珠：

"你是北京大学的！"

"你和郑板桥一样的智商，一百六！"

"你是南京大学的！"

"你就是清华大学的本科生！"

……

　　孙老师这些举措成为激发孩子思维发展、树立孩子自信最有效的催化剂。

　　思维发展凸现在智慧的生长里。课堂初始，孙老师给学生充分的时间思考，想不好不是问题，说得不好也不是问题，只要你愿意参与，只要你能有自己的想法，这就是思维在动，这就是智慧在生长。如让学生补充解缙的春联，下面听课的教师都着急了，孙老师却不急不躁。以第一个发言的学生为例，从展示到引导，从交流到辨析，一点一点通过生生互动披沙沥金，对联补充方法一一呈现。课堂末尾，用姓名、用朝代、用国家等来练习，更促进了学生的思维发展："夏商周"对出了"魏蜀吴"，"亚欧非"对出了"韩美日"……最大程度激发学生的想象力，创造力，让智慧生长起来。如此巧妙的课堂设计、趣味十足的活动内容，怎能不让孩子积极完成？怎么能让他们不爱上语文，不在经典的诠释中享受语文？

　　发展性是课堂的源泉。情智课堂是学生成长、发展的地方，每堂课都要让学生的知识、情感和思想有新的成长。正如孙老师所说，情智课堂让学生的大脑"流汗"。回顾课堂，哪里凸显发展性呢？我突然想到哪里又没有发展性呢？从引入到课中，从练习到拓展，可谓处处皆发展。从知识到能力，从思维到情感，从道德到精神，从一课到一生。孙老师宣布下课时，学生依依不舍，那是一种人文教育的种子已经扎根于儿童心田。

　　听课的教师掌声久久不息，为什么学生那么喜欢孙老师的课？他幽默、他风趣、他睿智、他的课充满欢乐……是啊，这也是我们的答案，孙老师用智慧情智诠释了经典，让人文教育润泽了与会师生的心田，更让与会者享受了情智之美的经典盛宴。

字字珠玑，魅力《春联》

山东省滨州市滨城区第三小学 赵小梅

2016年4月14日～17日，为期4天的"第八届名家人文教育高端论坛暨名师课堂研讨会"在美丽的泉城济南举行。我有幸前往参加，聆听了全国知名教育专家孙双金等十几位名师的课。这次盛会，我是真正地一睹大师的风采，感受到了人文教育的魅力。其中，孙双金老师的《春联》字字珠玑，更让我回味无穷。

一、依托教材，循循善诱识春联

孙老师一上台，就和学生进行了亲切的互动，他和同学们聊"同学们是哪所学校的？哪个班级的？""哪些同学祖籍是济南的？""咱班同学中有外国人吗？""看一个人是不是中国人，主要看什么？是外在的皮肤还是内在的文化？""中国人过春节有什么习俗？"一个个和学生们生活密切相关的问题，拉近了老师和学生们的距离，还渗透了中华民族文化。在一派轻松的氛围里，孙老师开始了上课。孙老师先是出示了课文中的四副春联，通过学生自己的朗读欣赏、观察比较，引导他们总结出春联的前两个特点：字数相等、词类相当。到第三个特点"内容"时，学生们一时想不出恰当的词，有个同学说："内容相同。"孙老师耐心引导："如果是内容相同，那么'梅开春烂漫'的下联就应该还是'梅开春烂漫'而不是'竹报岁平安'了。"学生们又继续说出了"内容相似""内容相符"等答案，直到有个学生说出"内容相联"，孙老师马上高兴地说："你再大声说一遍，并把这个字写到黑板上去。"孙老师是多么善于及时抓住机会鼓励学生啊！第四个特点"平仄相对"则是由孙老师讲给学生的，并告诉学生以上四点就是"对仗"。就这样，在孙老师循循善诱的引导中，学生们轻松地掌握了春联的特点，为后面的学习夯实了基础。

二、借助名人故事，小试牛刀补春联

孙老师借助名人给学生们创设了两个故事情境进行语言运用的练习。一是解缙小时候巧对的故事：明朝的解缙是洪武进士，官至翰林学士，5岁应口成诵，7岁能文，有"神童"之称，在历史上是个在诗文和书法方面颇有造诣之人。解缙家门前，是某员外家的竹林。一年春节，解缙放眼门外：员外家的竹园里绿竹春松，苍翠欲滴，便灵机一动，挥笔写一副对联道：门对千根竹，家藏万卷书。员外一看，自己的竹林倒成了他写对子、显示才学的材料，一气之下，把竹子全砍掉。谁知解缙又在对联下边添一个字，添一个什么字呢？看看咱们班有没有"神童"，今天我们将要把神童的名字也写在黑板上，让所有人来记住他的名字。

这时候同学们都积极动脑、跃跃欲试，想出了"门对千根竹短，家藏万卷书有""门对千根竹少，家藏万卷书多""门对千根竹断，家藏万卷书连""门对千根竹矮，家藏万卷书高"等十几种答案。孙老师又补充讲完故事：解缙在春联的末尾又各添了一个字，变成：门对千根竹短，家藏万卷书长。第二天，员外出门一看，更加气得吹胡子瞪眼，索性叫人把竹林连根带泥统统刨掉。哪知道聪明的解缙提笔蘸墨，在那春联的下面各加上一个字：门对千根竹短无，家藏万卷书长有。

孙老师通过这个故事使学生们明白对联也会"生长"。

孙老师还讲了一则郑板桥的故事：一日，郑板桥出门，看到一户人家的对联上联是"二三四五"，下联是"六七八九"，横批是"南北"。郑板桥看到后立刻往家跑，这是为什么呢？学生们马上猜出这副对联说的是"缺衣少食无东西"。孙老师就是用这使学生们知道对联也会讲故事。在孙老师创设的故事情境语言运用练习中，两个故事训练，由浅入深，由易到难，不断开掘学生的思路，学生们只要回答正确，孙老师都称他为"小神童"，学生的自信心就这样被建立了。他们大胆地举手发言，全身心地投入到课堂中，在一次次自我突破中超越自我。

三、巧用经典，书声琅琅传"对韵"

孙老师趁热打铁把春联、对联和名联串起来教学，和学生们玩了个游戏"考考你"。孙老师出示"春回大地，福满＿＿＿＿"。学生积极举手，"春回大地，福满中华""春回大地，福满校园""春回大地，福满天下""春回大地，福满神州"，一句句对子脱口而出。孙老师还出示了"刀子嘴"这一俗语，学生们对出了"豆腐心""瓜子脸""鹰钩鼻""顺风耳""啤酒肚"等。接着，孙老师为学生推荐传统经典，出示一段《笠翁对韵》的节选带领学生们诵读，使学生们从琅琅的读书声中感受《笠翁对韵》的魅力并明白《笠翁对韵》也是一本关于"对对子"的工具书，为学生们更深层次的学习打开了一扇窗。

四、学创结合，大显身手对对联

讲得精，还要练得精。为"大肚能容，容尽天下难容之事"对下联的活动更是激发了学生的对联兴趣，学生们对出了"大嘴能言，言尽天下难言之语""大耳能听，听尽天下难听之声"等等，这可是培养学生的气度情操啊！为同学"夏商周"对名字，人人迫不及待地举手，对出了"春夏秋""周日时""时分秒""海陆空""年月日""天地人""早中晚""宋元明"等。为"孙行者"对出了"祖冲之"达到了本课的最高潮，这可是"考清华的水平"啊！孙老师还把"为爸爸妈妈的名字配对"作为家庭作业，如此巧妙的、趣味性的作业，怎能不让孩子积极完成，又怎能不让他们爱上语文呢？

《语文课程标准》强调语文的工具性和人文性，孙老师的课堂重情趣、重激励，处处有爱心，整节课字字珠玑、妙语连珠，充分运用自己的教学机智把课堂带入一个个的高潮，像一杯浓茶，让人回味无穷。

·课堂实录·

《月光启蒙》课堂教学实录

执教：管建刚

（一）检查预习

师：检查一下预习，谁来读这三个多音字？

生₁读：混沌、嫦娥奔月、莲花落。

（"嫦娥奔月"的"奔"读成了第一声，有学生小声提醒第四声，生纠正读了一遍）

师：你怎么读正确了？

生₂：有同学提醒了。

师：很多时候，同学、同伴就是我们的老师，三人行必有我师啊。请你推荐一个同学来读第二组词，推荐一个你认为可能会读错的同学。

师（对生₂）：你有压力吧，在这种情况被人推荐？（众笑）

（生点头，读第二组词"篱笆、时辰"，没有读出轻声）

师（对生₁）：你的眼光不一般，两个都读错了，都没有读出轻声。（众

33

笑）

师（对生₂）：现在你有一个选择：是把难题转移给别人，还是把难题留给自己，再试一试。

生₂：自己再试一试。

师：掌声，为你的勇气。

（生读对了轻声）

师：怎么读正确了呢？

生₂：刚才你说没有读出轻声，我就想里面有轻声的。

师：这就叫用心。用心的人，就会留心，留心的人就会格外机灵。——最后一组四个词，都会念，一起读。

生：明快、流畅、含蓄、风趣。

师：这样的读，就叫"明快、流畅"。请"明快、流畅"地读第一组三个词。

师：请"明快、流畅"地读第二组的两个词。

师：请"明快、流畅"地读第三组的四个词。

师：风趣的意思都知道，就是幽默对吧？——什么叫"含蓄"？猜猜看。

生：就是害羞。

（师否定）

生：就是迂回。

师：用大白话讲，就是不直接说，对吗？——有一次，我带女儿上街，路过肯德基，女儿对我说，老爸，我肚子有点饿了。（生笑）谁知道我女儿其实想说什么？

生：你女儿想吃肯德基。

师：这样说，就是叫"含蓄"。——继续检查预习：《月光启蒙》，谁启蒙谁？

生：母亲启蒙文中的"我"。

师：正确，这个"我"，就是作者孙友田。

（出示图片）

师：这就是著名诗人孙友田先生。孙友田先生，原是挖煤的工人，后来成了著名的诗人，出版了11本诗集，获得了很多的奖项。成为诗人的孙友田，感谢不识字的母亲对他的启蒙教育，说是母亲给他文学启蒙，让他展开想象的翅膀，飞向了诗歌的王国。

（二）把握全文

师：请问，不识字的母亲是怎么启蒙"我"的？做了些什么呢？请大家默读一节，再回答。

生：母亲给我唱歌谣。

师：是的。请你再给大家说一遍。其他同学仔细听，这句话里最关键的是哪三个字。

生：唱歌谣。

（师请学生在书上圈画这三个关键字）

师：请你继续往下默读，母亲还做了三件事，也用圈画关键字的方法，找出来。

生：第二件是"讲故事"，第三件是"唱童谣"，第四件是"猜谜语"。

师：也圈画这些的请举手。（很多学生举手）看来，圈画正确并不稀奇。稀奇的是他才用20秒钟就完成了。我们知道，读完全文至少要两三分钟吧，为什么你20秒钟就完成了呢？

生：我不是从头到尾读的，而是选一些重点读的，比如那些童谣、歌谣就不用读，那里不会有关键的字词。

师：他用的方法叫"跳读"。（师演示散步走，快步走）——同学们，走路，有的时候适合慢慢走，有的时候却要快点走。上课铃响了，你还在慢吞吞地散步，老师见了——

生：肯定不开心，要批评你。

师：读书也是，有的时候要慢慢读，有的时候却可以快点读，"跳读"。——请你用符号标示出文中的"歌谣""童谣""谜语"。

（师生校对。几乎所有的同学都对了）

师：然而我最欣赏的是他（生起立），他画得最快。不少同学用横线画啊画的时候，他早就好了。——请问，你为什么这么快？

生：我不是用横线画的，我在歌谣、童谣、谜语前，用三角形标出来，就快了。

（三）朗读理解

师：方法决定速度啊。——来，一起明快、流畅地读第一首歌谣。

生：月亮出来亮堂堂，打开楼门洗衣裳，洗得白白的，晒得脆脆的。

师：对对对，这就是明快、流畅。再明快流畅地读第二首歌谣。

生：月儿弯弯像小船，带俺娘俩去云南。飞了千里万里路，凤凰落在梧桐树。凤凰凤凰一摆头，先盖瓦屋后盖楼。东楼西楼都盖上，再盖南楼遮太阳。

师（拉起一女生）：她读得最投入，你们不知道，你们看不到，她的脚都在不由自主地打拍子。（生笑）我们帮你打拍子，你来读。

（师示范打拍子，众生一起打拍子，生读）

师：这个是四拍子，歌谣每一句7个字加一个标点，刚好两个字符一个拍子。谁也能跟着拍子读？

（两个同学读）

师：谁能跟着我的拍子读第一首。

（生读）

师：前两句对了，后两句，5个字，1个标点，6个字符，4拍，怎么读？

生：空一拍。

（生读，念到"白白的"，师喊"空"，众笑）

（师生打拍子再读第二首）

师：那时候的日子很苦，吃都吃不饱啊。"不长五谷，却长歌谣"，哪有出远门去云南，哪能盖什么楼房啊，瓦屋都没有住，只有泥打墙、茅草屋啊。母亲不说"明天总会好起来"这样的话，母亲用甜美的歌谣让小时候生活清苦的我，心中充满了美好的希望。再读：月儿弯弯像小船……

（生齐读）

师：这就叫"含蓄"。

师：童谣也可以打拍子读。请问几拍？

生：四拍，哦不，三拍。

师：你的音乐细胞跟我一样少。（生笑）

生：两拍。

（生练读）

（男生打拍子，女生读第一首童谣：小红孩，上南山，割荆草，编箔篮，筛大米，做干饭。小狗吃，小猫看，急得老鼠啃锅沿）

师：这三首中，有一首是"含蓄"的，哪一首？

生：第三首。那时候并没有这样的生活条件的，只是心中美好的希望罢了。

（师打拍子，生齐读第三首：毛娃哭，住瓦屋。毛娃笑，坐花轿。毛娃醒，吃油饼。毛娃睡，盖花被。毛娃走，唤花狗，花狗伸着花舌头）

（生读完，老师又补了三拍。）

师：再来。读完后，我会追三拍，看有谁能接上来。

（生读后，师三拍：汪汪汪。众笑）

师：第二首谁来合作，我也要追加三拍，看你怎么读！

生：小老鼠，上灯台，偷油喝，下不来——老鼠老鼠你别急，抱个狸猫来哄你。

（师追加三拍，生：吱吱吱。众乐）

师：请问，什么叫狸猫？

生：就是长得像狐狸的猫。（生笑）

师：有道理。一只猫一旦长成狐狸的样，你猜，会怎样？

生：很狡猾。

师：对谁狡猾？

生：对老鼠。

师：对啊。老鼠怕猫，老鼠最怕狸猫。抱个狸猫去哄老鼠，老鼠什么感受？

生：吓死了。

师：放在今天，这只老鼠一定说：吓死宝宝了。（众笑）

师：谜语就一个，一起读。

生：麻屋子，红帐子，里边睡个白胖子。

师：我们来个高难度组合。快慢结合。

（生快读"麻屋子，红帐子"，师慢读"里边睡个白胖子"；师慢读"麻屋子，红帐子"，生快读"里边睡个白胖子"）

（四）指向写作

师：刚才读了歌谣、童谣、谜语。——还有故事，哪两个故事？

生："嫦娥奔月""牛郎织女天河相会"。

师：这是两个故事的题目。故事的内容，有没有像歌谣、童谣、谜语那样写出来？

生：没有。

师：母亲唱的歌谣、唱的童谣、给我猜的谜语，都有一个个具体的例子，这算详写；讲故事，只写了个题目"嫦娥奔月""牛郎织女"，这叫略写。请问，为什么"故事"要略写啊？

生："嫦娥奔月""牛郎织女"的故事太长了。

师：是的。这是略写的理由之一。"嫦娥奔月""牛郎织女"的故事都写下来，那就不是写作文，而是抄作文了。

生：这两个故事，大家都有点知道的。

师：是的。这又是略写的理由。这两个故事，不像那些歌谣、童谣，读的人有新鲜感。——那么，为什么"歌谣、童谣、谜语"都要举例子，都要详写呢？

生：有新鲜感。

师：你这是现场贩卖。（生笑）

生：课文最后一节写："她在月光下唱的那些明快……"

师：请等一下，还有同学没翻好书呢。——好了，请你读。

生：她在月光下唱的那些明快、流畅、含蓄、风趣的民歌民谣，使我展开了想象的翅膀，飞向诗歌的王国。

师：读得真好。说理由。

生：作者后来成为了诗人。这些歌谣、童谣、谜语，对他的影响大，所以要详写。

师：你看，这四个内容里，歌谣、童谣、谜语跟诗歌长得最像，对作者成为诗人影响最大，所以要——

生：详写。

师：其实啊，还有一个原因。歌谣、童谣、谜语，都有节奏，能打拍子半唱半读，"故事"行吗？

（师打拍子读"很久很久以前，有个孤儿跟着哥哥嫂子过日子"。生笑）

师：不行啊。而歌谣、童谣、谜语，行。

（生再次打拍子读歌谣、童谣、谜语）

师：从节奏上讲，歌谣、童谣、谜语是同一类的。故事，跟它们不是同一类的。——同学们，文章要有详有略，这不难；难的是，哪里要详，哪里要略。详略不是随便的，详略一定是——

生（读板书）：详略有原因。

师：有句老话，叫"文章不厌——"

生：百回改。

师：《月光启蒙》，我也改了一回。只是我不敢确定，我是把课文改好了，还是改坏了。

（下发修改的那篇）

师：请你帮我判断一下，是改好了，还是改糟了。

（生专心默读，判断）

（师逐个问男生：改好了，还是改糟了）

生₁：改糟了。

生₂：改糟了。

生₃：改糟了。

师（对女生）：他们一定是看我长得帅，故意气我的。——生笑）

（师逐个问女生：管老师是改好了，还是改糟了）

39

生₁：管老师，说实话吧，您改得也不错。

师：谢谢，谢谢，女生就是善良。

生₁：不过呢，您改的那篇，还是没有课文好。

师：哦，到头来还是我的糟。（生笑）

生₂：我也觉得改糟了。

生₃：我也觉得改糟了。

师：课文不就是写母亲对我的启蒙，不就是写"唱歌谣、讲故事、唱童谣、猜谜语"，我改的那篇，这些有没有？

生：有。

师：我的那篇，是不是详写了"唱歌谣、念童谣、猜谜语"，略写了"讲故事"？

生：是。

师：那凭什么都说我改的那篇糟呢？——是不是我删掉的那些话，你觉得不该删？

生：是的。

师：我改的那篇，到底删掉了哪些不该删掉的呢？

生：第一节有不该删掉的。

师：哪一节里也有不该删掉的？

生：第六节。

生：最后一节。

生：第五节里也有。

师：好，我一共删了几个地方？

生：3个。

生：4个。

生：5个。

师：我很不服气。你们连我删了几个地方都不知道，就说我不好、不好、不好。——请你们看我修改的那篇，听课文的录音朗读，一边听，一边找出我删改的地方。删改的地方，用符号标示出来。

（录音朗读）

生：5处。

（PPT出示，师生校对）

暑热散去了，<u>星星出齐了，月亮升起来了，柔和的月色立即洒满了我们的篱笆小院。</u>

师：第一节删去了画线部分，画对的，请举手。

（生举手，齐读画线部分）

母亲用歌谣把故乡的爱，伴着月光给了我，让一颗混沌的童心豁然开朗。

师：第五节，就删去了四个字。

生：伴着月光。

<u>此时明月已至中天，母亲沉浸在如水的月色里，像一尊玉石雕像。</u>

师：第六节，主要删去了这一句话。

（生齐读）

是母亲用那一双勤劳的手为我打开了民间文学的宝库，<u>给我送来月夜浓郁的诗情。她让明月星光陪伴我的童年，用智慧才华启迪我的想象。她在月光下唱的那些</u>明快、流畅、含蓄、风趣的民歌民谣，使我展开了想象的翅膀，飞向诗歌的王国。

（生默读画线部分）

师：我承认，我改的那篇，是删去了画线的部分。课文800多字，我删了85个字，不过十分之一。假设课文是100分，请问，我改的那篇，你给我打几分？

生：我看，真的只能给你打几分了。（众笑）

生：50分。

师：不及格啊。

生：60分。

师：总算遇到一个心慈手软的。——我不服，为什么呀？给我理由啊。

生：没有了这些话，就不能说是"月光启蒙"了。母亲是在月光下给作者启蒙的，所以才能叫"月光启蒙"的。

师：哦，有道理的，有了这85个字，才能叫——

生（读课题）：月光启蒙。

41

师：我删去了85个写月光、月色的话，是不能叫"月光启蒙"；那我把我改的那篇，叫"母亲的启蒙"，是不是和课文一样好了呢？

生：也不是。作者这样的写法，是借景抒情。

师：请问，作者借的是什么景？

生：月亮、月光。

师：请问，作者抒的是什么情？

生：母亲的爱。

师：哦，你从写月光、月亮的句子里，读出了母亲的爱。——请你读第一句话。

（生读）

师：经他这么一提醒，这洒满了篱笆小院的柔和的月光，不只是纯粹的月光了，还好像——

生：母亲对我的柔和的爱。

师：原来有这个奥妙啊，咱们一起读。——请看图，什么？

生：玫瑰。

师：象征什么？

生：爱情。

师：这个都懂啊。（生笑）——这是什么花？

生：康乃馨。

生：象征母爱。

（师出示图片）

生：百合花，象征纯洁的友谊。

师：小学毕业，你想给同桌送一束花，表达你们的友谊，结果你送了玫瑰，可以吗？

生：不可以。因为玫瑰象征的是爱情，不是友谊。

（师出示图片）

生：图中的太阳是爸爸，月亮是妈妈，星星是孩子。

师：课文里的月光仅仅是月光吗？

生：不是。

师：月光是柔和的，其实是写——

生：母爱也是柔和的。

师：月光是永恒的，其实是写——

生：母爱也是永恒的。

师：月光是有光的，其实是写——

生：母爱也是有光的。

师：月光伴随我一生，其实是写——

生：母爱伴随我一生。

师：月光是柔和的，母爱也是柔和的，因此作者这么写——

生：暑热散去了，星星出齐了，月亮升起来了，柔和的月色立即洒满了我们的篱笆小院。

师：月光是永恒的，母爱也是永恒的，因此作者写——

男生：此时明月已至中天，母亲沉浸在如水的月色里，像一尊玉石雕像。

女生：此时明月已至中天，母亲沉浸在如水的月色里，像一尊玉石雕像。

师：月光有光照亮我，母爱有光照亮我。因此作者写——

生：母亲用歌谣把故乡的爱，伴着月光给了我，让一颗混沌的童心豁然开朗。

师：永恒的月光照亮我一生，永恒的母爱照亮我一生。因此作者写——

生：是母亲用那一双勤劳的手为我打开了民间文学的宝库，给我送来月夜浓郁的诗情。她让明月星光陪伴我的童年，用智慧才华启迪我的想象。她在月光下唱的那些明快、流畅、含蓄、风趣的民歌民谣，使我展开了想象的翅膀，飞向诗歌的王国。

师：同学们，写月光其实就是写母亲，这样的写法，也有一个专门的名称叫"象征"。

师：同学们，有了这 85 字，课文才叫——

生：月光启蒙。

师：有了这 85 字，才叫文章，不然只能叫习作；有了这 85 个字，就叫文学作品，不然只能叫作文。《月光启蒙》，充满了诗意。一小半的诗意，来自母亲所做的事——唱歌谣、唱童谣、讲故事、猜谜语。要是晚上妈妈陪你

43

"三国杀""撕名牌",有这么诗意吗?

生(笑):没有。

师:而另一半的诗意,就来自那神奇的85个字。

(师找给自己打低分的同学)

师:我删了85个字,少了十分之一,你给我只打"几分"。请问,你自己写作文的时候,除了把故事写好,会不会像课文那样,写上那85个字?

生:我也不会。

师:哈哈,我们都是直通通地把事情写下来,对吧?

(生点头)

师:每天晚上,妈妈都在灯光下一旁陪你练琴。——作文就写这件事。除了事情本身,你还可以写什么?

生:写灯光。

师:你准备写几个字的灯光?

生:也要写85个字吧。(生笑)

师:作者为什么不直接写"母爱啊,真伟大啊"之类的话呢?

生:含蓄。

(生齐读板书"含蓄"两字)

师:作者用月光给课文营造了美好的意境,仿佛给所有的歌谣、故事、童谣、谜语,都镀上了一层柔美的月色。——然而,作者还不满足,请读歌谣——

(生读)

月亮出来亮堂堂,打开楼门洗衣裳,洗得白白的,晒得脆脆的。

月儿弯弯像小船,带俺娘俩去云南。飞了千里万里路,凤凰落在梧桐树。凤凰凤凰一摆头,先盖瓦屋后盖楼。东楼西楼都盖上,再盖南楼遮太阳。

师:现在你明白了吧,开篇的歌谣,为什么选了这两首?

生:都和月亮有关的。

(师出示)

母亲唱累了,就给我讲嫦娥奔月的故事,讲牛郎织女天河相会的故事……

师：现在你明白了吧，为什么所举的两个故事是"嫦娥奔月""牛郎织女"，而不是"后羿射日""女娲补天"？

生：因为这两个都和星星、月亮有关的。

师：读着这样的课文，满屋子的星光、月光啊，满屋子的诗意啊。今天的课就上到这里，下课。

板书设计：

象征　有诗意——
　　　　有母亲

唱歌谣
讲故事　　略：太长、熟知
唱童谣　　详：影响大、新鲜
猜谜语　　有原因
明快、流畅、含蓄、风趣

· 听课回响 ·

明快　流畅　含蓄　风趣

江西省赣州市赣县城关第四小学　谢李英

"一年大病、二年养病、三年经商、八年村小。1998年起安心做老师，'十年磨一剑'，2008年成为江苏省语文特级教师⋯⋯"是不是很熟悉？拜读过管建刚老师大作的同仁一定会记得作者上面的简介！读过不少管老师的作品：《不做教书匠》《一线教师》《我的作文教学革命》《一线表扬学》⋯⋯对管老师这自嘲式的介绍，已然倒背如流。这些年，管老师和他的作文教学革命可谓是风靡小语界，成了众多小语教师模仿的对象。近两年，管老师又把目光转向了阅读教学，他的阅读教学革命，无异于在小语界池水里掷下一块巨石。很高兴，这一次能在现场听管老师的指向写作的阅读教学课，这是我第一次听管老师的课，借用课文中的四个词来表达自己内心的感受：明快、流畅、含蓄、风趣。

一、明快

有了明快的民歌民谣，注定了管老师这节课的节奏也会是明快的。一看就懂，一读就会的歌谣、童谣，要教吗？答案是肯定的，一篇八百多字的文章，却花了四分之一的篇幅写民歌民谣，足见其重要性。问题是怎么教呢？管老师自有他的办法，那就是半唱半读。看似普通的方法，体现的却是名师的课堂理念。内容易懂，难的是感受，要让学生感受到，为什么这些通俗的民歌民谣会对"我"产生如此大的启蒙作用，最好的方法就是读、唱。从读正确、读出节奏到打着拍子读，管老师带着学生不断地变化方式，一遍又一遍，直到台下听课的老师都不自觉地小声地念着："月儿弯弯像小船……"试问，有比这更好的感受民歌民谣特点的方法吗？有这样的民歌民谣启蒙着"我"，"我"能不飞向诗歌的王国吗？有这样明快的课堂，学生能不理解作者当时的心情吗？

二、流畅

管老师这一课，从学习三组词语开始，正音、释义、识记，然后是了解启蒙的内容：唱歌谣、讲故事、唱童谣、说谜语，接着理解母亲是怎么启蒙"我"的。为什么略写讲故事、详写唱歌谣童谣和猜谜语？最后理解月光的象征意义。整个过程如行云流水般明快、流畅、自然。

三、含蓄

管老师的阅读教学课最大的特色是指向写作，但是，一节课听下来，你会发现，课堂中连写作这个词都没出现过，课后再细细回味其中的环节，你才发现，管老师不说写作，却处处都指向写作。试看几个环节：

（一）

　　师：读课文第一段，妈妈为"我"做了什么？

　　生：唱歌谣。

　　师：再读读后面几个自然段，还做了什么？

　　生：讲故事、唱童谣、说谜语。

　　师：闭上眼睛复述。在书上标记。

第一感受：这不过就是在了解课文写了什么。细细一想：这不就是文章选材吗？标记是为了什么？不就是为了能一眼看出哪里是详写，哪里是略写吗？

（二）

　　师：找出讲故事的这一部分。为什么只有题目？内容呢？千万不要告诉管老师这叫有详有略。

　　生：因为太长了，而且大家都知道。

　　师：那为什么详写童谣？

　　生₁：大家都不知道。

　　生₂：对作者影响大。

乍一看：似乎还是在分析文章内容。但，进一步思考：详略之间，不就是文章选材的安排吗？读者不知道的详写，读者知道的略写。再深入思考：为什么不写两个读者不知道的民间故事？太长了，那就选两个短一点的，或者写写其中的精彩片段？联系上下文可知，民歌民谣的影响大，影响大的详写。这即是写作中主次的取舍。

（三）

　　师：学到这里，只有启蒙，没讲月光。老师删掉月光可能会更好，你们来验证一下。

　　（发放删除课文中写月光的句子后的文字）

　　师：听录音，把老师删减的文字添上，在文旁打分。如果原文是一百分，老师改后你打多少分？（师生交流评分）

　　师：一起来读读这四句描写月光的句子，感受一下。

第一感受：依然是理解课文，联系文章内容，理解题目为什么用"月光启蒙"。细一琢磨：这就是告诉学生写文章要紧扣题目！而且，管老师在这里

47

采取了听原文录音、对比改写后的材料、打分的方式，让学生体会文中描写月光的句子的作用。只不过少了四个句子，就从一百分降到了六十五分，有的学生甚至打了不及格，原因何在？有了如此真切的感受，学生以后在自己的写作中，是不是也会学习这样的写作方法呢？

四、风趣

管老师的课堂，幽默、风趣、笑声不断。听听管老师风趣的语录："这个问题语文科代表肯定知道。你是音乐科代表吧，这个问题，音乐科代表要比语文科代表专业。千万不要告诉管老师这叫有详有略。你给老师打不及格？老师改得有这么差吗……"再看看管老师丰富的表情、惟妙惟肖的肢体语言：转身、弯腰、再悄悄往学生这边看一看，"不要偷看哦，老师也给自己打个分。"……不仅是台上的同学，台下的老师也不自觉地扬起嘴角。这样的课堂，这样的学习氛围，谁不喜欢呢？

感谢管老师，给我们带来一节明快、流畅、含蓄、风趣的课堂，他的指向写作的阅读教学也让我对小学语文课堂有了新的思考。

浸润文字的表达

山东省阳谷县寿张镇联校　孟宪石

2016年6月，参加"第八届名家人文教育高端论坛暨名师课堂研讨会"，有幸聆听了管建刚老师执教的《月光启蒙》。管老师的课，以渗透文字的表达，影响着学生，浸润着学生，折射着阅读教学指向文字表达带来的力量。

一、传承文字的基本学法

管老师在指导学生学习时，时刻注重传统学习方式的指导。管老师为让学生整体把握课文的主要内容，引导抓住第1自然段思考："妈妈为作者孙友田做了一件什么事？"学生在找出相应句子"妈妈给孩子唱起了动听的歌谣"后，管老师接着追问："如何从这句话中提炼成三个字？"学生立刻缩句——唱歌谣。管老师让学生将这三个字在课文上圈画出来。方法需要指导，正如管老师所讲，读书要学会寻找关键的部分，一定能事半功倍。圈画关键，是有效的学习策略。后三件事找关键句子、提炼关键词也就水到渠成。"讲故事、唱童谣、说谜语"，精准提炼，效率之高，让人叹服。管老师由扶到放，循序渐进，学生在圈画中习得了基本学习方法。

当前阅读教学中，尤其是优质课比赛中，许多教师放弃了传统方式的细致化指导，认为这样的指导没有亮点，不能体现阅读教学的创新。这样的"怪思想"，也影响着教师公开课中对学生真正的实质性指导效果。语言学习的指导缺失，也使公开课逐渐失去了"传统的魅力"。管老师深谙语文学习的"道"，抓语文学习的小点，用圈画提炼关键词、大括号标注内容等来"帮扶"指导学生学习。这样的传承是对阅读教学基本学法的坚守，更是对以读为主、品味感悟式阅读模式的"反思考"。

二、优化文字的创新表达

作文离不开阅读教学，阅读教学也需要不断借助语言本身的特点，培养学生对写作的兴趣，形成并提高写作技能。写作能力的提高，应借助指向写作的有效阅读，不断对文字进行"推敲"，形成创造性的表达。

管老师在让学生标画有关歌谣、童谣、谜语的基础上，鼓励学生用自己的方式读。读，就是要学生关注表达，关注语言中标点的停顿、语句的节奏感。如"小红孩，上南山，割荆草……"中语言本身就具有强烈的节奏感、韵律感。管老师以"颈律操"为手段，引导学生在点头游戏中按节奏朗读，促进了学生对文字排列形式尤其对标点的关注。学生也在"小老鼠，上灯台，偷油喝，下不来——老鼠老鼠你别急，抱个狸猫来哄你"表达中有了创意。如反复型的"来哄你"，承接型的"吃掉你"。管教师示范性的创新版——"喵喵喵"将课堂推向了高潮。

类似这样的创新表达，管老师本课中还有含蓄美的渗透、故事详略原因的追问、逻辑表达需要关联词语的串联等等。学生在管老师的指导下，语言表达逐渐有条理，优化了借用语言的能力。

三、架构文字的对比视角

对比，作为语言训练的一种策略，管老师让学生听原文读音，边听边标画删除的部分。然后追问学生，删改后的文字与原文的差距，进一步判断语言中多处月光描写的精妙原因——月光就是母亲的爱，写月光就是写母爱。月光与母亲的对比，也是象征写法的含蓄美。学生原本朦胧的认知逐渐清晰化。

管老师丰富的人文情怀，寓教于乐的教学情趣，关注文本写作特点的阅读教学，体现出来的文字熏陶、浸染的策略，值得我们不断效仿。反思自身，如何通过深入独特的教材解读与设计来提高课堂效率，是我们永远要备的课，永远要追随的路。

·课堂实录·

《父亲和鸟》课堂教学实录

执教：焦丽辉

一、课堂导入

（师生问好）

师：电视上有一个非常火的亲子节目，叫：爸爸去……

生：哪儿。

（师提示要把话说完整）

生：这个节目叫《爸爸去哪儿》。

师：这个节目的主题歌的歌词写得非常有趣。认真听。

（师朗读《爸爸去哪儿》歌词：我的家里有个人很酷，三头六臂刀枪不入，他的手掌也有一点粗，牵着我学会了走路）

师：歌词里的"他"指的是——

生：爸爸。

师：答对了，但说话不完整。再说一遍。

生："他"指的是爸爸。

师：爸爸是家里的顶梁柱，有爸爸在，我们什么都不怕。谁知道爸爸的书面语是什么？

生：爸爸的书面语是父亲。

师：回答问题就要像这位小朋友一样，把话说完整。请小朋友认真看老师把这个神圣的词写在黑板上。

（老师板书"父亲"）

师：齐读。

（生齐读，师提醒读书不拖腔拿调，要像说话一样自然，并示范读。生改进）

师：再写一个字，认真看。（板书：鸟）它可是我们的好朋友。我会说"可爱的鸟"，你会说——

生：漂亮的鸟。

生：聪明的鸟。

生：爱唱歌的鸟。

师：（指板书）再读这两个词。

（生齐读）

师：看老师再写一个字（板书：和）三个字变四个字，谁会读？

（生齐读课题）

师：这就是我们今天要学的一篇课文。这篇课文一共有 16 个自然段，302 个字。请你读课文，遇到不认识的字，借助拼音把它读会。读完的小朋友用亮亮的眼睛看着老师。

（生自由读课文）

二、字词教学

师：老师把这一课的词语都写到黑板上了，谁来借助拼音读一读第一行。

（第一行词语：猎人、黎明、一瞬间、气味）

（生拼读声母带调、拖音，师帮助其纠正并指导正确拼读，师示范读。生

读第二次）

师：非常好，有进步，谁能像她一样读第二行？

（第二行词语：喃喃地、浓浓的）

（生读第二行词语）

师：你读得非常好，两个"de"读得短而轻。

师：看第三行，这两个词语不容易读对，看看谁的本领大。

（第三行词语：雾蒙蒙、热腾腾）

（生读）

（师指导ABB式词语的读法，大多数ABB式的词语后面的叠词会发生变调，读第一声。师示范。生学读）

师：你还知道哪些ABB式的词语？

生：冷冰冰。

生：黄澄澄。

生：绿油油。

生：红彤彤。

师：来看这两个词，"喃喃地""浓浓的"，两个de一样吗？

生：不一样。

师：土也"地"，后面我们要加什么词？

生：喃喃地说。

师：对，书上的句子，"说"是动词。老师把你说的词写到黑板上。

（将"喃喃地"补充为："喃喃地说"）

师：喃喃地说是怎样地说？

生："喃喃地说"就像自言自语一样。

师：你说得真好！"喃喃地说"就是指小声地、连续地说，就像自言自语一样。

师：白勺"的"，后面要加名词，你看黑板上哪个词跟它加起来是一个词组？

生：浓浓的气味。

师：真好！

师："一瞬间"的近义词谁知道？

生："一瞬间"的近义词就是"一转眼"。

生："一瞬间"的近义词就是"一眨眼"。

师：（指"猎人"一词）猎人是干什么的？

生：猎人是捕杀动物来换钱的。

师：太可恶了，你想对猎人说什么？

生：我不想让猎人再打小动物了，动物们太可怜了！

生：动物和我们是生活在这个世界上的，是我们的朋友，猎人为什么要伤害这些动物呢？我们要保护我们的朋友。

生：猎人，请你不要伤害小动物了，它们是人类忠实的好朋友。

师：这篇课文中还有一个多音字。（板书：打中）

（请一位学生在黑板上注音，并写出另一个读音的词语）

（生领读多音字）

师：会读的字我们都认识了，我们还要把这一课笔画最多的一个字写一写。

师："群"，这个字在本课生字中笔画最多，它是左右结构，左边一个"君"字，右边一个"羊"字。它们就像好朋友一样，以竖中线为界各占一边，互相谦让。我们来写一写。（师板书范写）

（请一生在黑板上的生字卡中学写，其他学生在练习本上练写。老师巡视，并提醒写字姿势：头正肩平身直脚放好，做到"一尺一寸一拳"）

（点评学生写的生字并给"群"字组词）

师：现在会读的、会认的、会写的生字词语我们都掌握了，下面我想听听小朋友们读课文读得怎么样。课文一共有16个自然段，老师请16位小朋友来接读课文。

（教师指出学生读课文中存在的错误和问题，并指导朗读）

师：老师请读得最好的一个小男孩，再把3~15自然段读给大家听。

（生读3~15段）

师：真棒！读课文就要这样，自然流畅，读人物对话时语气要有变化。

三、研读课文

师：从"我"与父亲的对话中，你了解到哪些鸟的知识？

生：（读）我知道了在树林里过夜的鸟总是一群一群的，羽毛焐得热腾腾的。

师：能不能不看书，用自己的话说一说？

生：我知道了早上林子里有鸟味，是因为在树林里过夜的鸟总是一群一群的，羽毛焐得热腾腾的，所以父亲闻到了鸟味。

师：说得真好，就像她这样说。你还知道——

生：我还知道了黎明时的鸟翅膀潮湿，飞起来重，这个时候最容易被猎人打中。

师：你能不能用"因为……所以……"把刚才的句子再说一说。

生：因为黎明时的鸟翅膀潮湿，飞起来重，所以这个时候飞离树枝时，最容易被猎人打中。

师：你真会说话。还有吗？你还知道了——

生：我知道鸟会唱歌，所以很喜欢树林。

生：我知道了鸟在唱歌的时候，是父亲和鸟最快活的时候。

生：我知道了没有风，树叶在动，就可以断定林子里有鸟。

生：我知道了在鸟最快活的时候，在鸟飞离树枝的瞬间最容易被猎人打中。

生：根据课文我知道了，早上在树林里看不见鸟不一定没有鸟，没有风的时候看见树叶在动，那里一定有一群鸟。清晨的树林里还可以闻到鸟的气味，还知道在鸟最快活的时刻，在鸟飞离树枝的那一瞬间最容易被猎人打中。

师：哪一位小朋友能够把刚刚小朋友们总结的鸟的知识全部说出来，焦老师可以帮你。

生：我知道了父亲不是猎人，（师：他却很了解鸟）他很了解鸟，（师：他知道……）他知道鸟喜欢在清晨唱歌，这是它最快活的时刻，也是父亲最快活的时候。（师：但是……）但是鸟儿唱着歌飞离树枝的那一刻，最容易被猎人打中，因为黎明时的鸟翅膀潮湿，飞起来重。（师：父亲是怎么断定林子里有鸟呢？）没有风的时候，却看见树叶在动，说明林子里有鸟。清晨在树林里还可以闻到鸟的气味，因为鸟儿过夜的时候总是一群一群的，羽毛焐得热腾腾的。

师：小姑娘说得真好。向你学习！

四、回归升华

师：再读课题。

（生齐读）

师：父亲那么了解鸟，是有原因的。请一起读读第1自然段。

（生齐读第1自然段）

师：原来父亲那么了解鸟是因为父亲喜欢鸟。（指板书）如果我们把"和"这个字去掉，找一个喜欢的近义词，我们可以换成……

生：爱。

师：（师板书：爱）一起读。

（生齐读：父亲爱鸟）

师：这是一位什么样的父亲？

生：这是一位有爱心的人。

生：这是一位爱鸟的父亲。

生：这是一个保护动物的父亲。

师：如果你是小鸟，你会对这位父亲说什么？

生：我会说"谢谢您保护我们"。

生：我会说"您是天底下最好的人，我要每天唱歌给您听"。

生：我想说"我们鸟族深深感谢您！我要把我最美丽的羽毛赠送给您，您每天看到它就像看到我一样"。

生：如果我是小鸟，我会对父亲说"您对我们真好，等到了秋天，我们一定给您摘果子吃"。

生：我想对父亲说"希望那些猎人能像您这样做我们的好朋友，那该多好呀"！

师：再读课题。

（生齐读课题）

师：读这个词（指"父亲"，生读）这是一位知鸟爱鸟护鸟的父亲。（擦掉"父亲"）

师：读这个字（指"鸟"，生读）我们了解了一群活泼可爱、爱唱歌、需要我们保护的鸟。（擦掉"鸟"）

师：人和动物都是大自然最可爱的生灵，只要我们心中有爱（画爱心圈起"爱"字），相信人和动物会和谐相处的。

（下课）

· 听课回响 ·

一节"别样"的语文课

河南省许昌实验小学　陈燕晓

济南学习虽然已经结束很长时间，但专家和名师们在会场上的精彩呈现就像一杯杯香茗，越品越有味道，让人回味无穷！而小学语文界的泰斗级人物贾志敏老师的高徒——焦丽辉老师执教的《父亲和鸟》，迄今让人记忆犹新！

《父亲和鸟》是人教版小学二年级的一篇感情真挚的课文。"我"和"父亲"关于鸟的对话，让我们了解到"父亲"对鸟的不同寻常的了解，体会到父亲对鸟超乎寻常的热爱。阅读文本，就好像走进了一个古老而真切的童话世界，让人领略到人与自然的和谐与融洽。

在焦老师的课堂上，我强烈感受到了一个字：真！没有多媒体，没有"声光电"，一支粉笔，一本书，一群孩子们，老师简简单单教语文，孩子们扎扎实实学语文。学生听、说、读的训练贯穿课堂，使人获益匪浅。这节课让我领略到了什么才是真正的语文课堂教学，什么才是本真的语文课堂！值得我们年轻老师学习的地方有很多，我觉得主要有以下几点。

一、营造自由宽松的学习氛围

　　焦老师一开始就以对话的形式与孩子们聊起了他们非常喜爱的一个电视娱乐节目《爸爸去哪儿》。孩子们的话匣子一下子就被打开了，灵性在课堂上飞扬。新课标倡导民主平等的对话，让学生从各种束缚、禁锢、定势和依附中超越出来。在师生、生生互动的对话过程中，学生充分展开思与思的碰撞、心与心的接纳、情与情的接触。这样，学生才会在课堂产生大胆的想法。当学生产生这些想法，教师除了大加鼓励，还可帮其一把，让学生享受成功的愉悦。如何体现语文学科的"人文性"，基点就在于"情感"。在整节课中，焦老师用饱满的热情，旺盛的精力以及积极与学生探讨的态度，用简洁明快而富有启发性的语言，让求知过程愉快化，活动化，为学生营造自由、宽松、和谐的学习氛围。课堂给我的感觉是非常"活"，学生的思维、语言、情绪，无一不在灵动地飞跃。焦老师处处对学生进行积极的鼓励，肯定学生的学习态度和思维。"老师听出了你也像父亲一样爱鸟。""你很会学习！"在课堂上，焦老师的评价与启发总是同时存在，她的评价灵活多样，给他们以启迪和赏识，激励着他们扬起自信的风帆，使学生时时感到温暖。

二、教师以情带读，读中悟情

　　新课标要求阅读教学要让学生"充分"地读，在读中整体感知，在读中有所感悟，在读中受到情感的熏陶。《父亲和鸟》一文是很好的阅读教材，如何深入文本？朗读训练如何落实？教师以情感一步步地推动文章的品读深入。焦老师从"从父亲和'我'的对话中我们知道了关于鸟的什么知识"入手，引导学生抓住关键词句一步步地品读，深入体会。不知不觉中，在焦老师的情感推动下，学生的朗读训练进入高潮。学生不仅读出了情感，读出了人的特征，还深入理解了文本。整节课很好地体现了"把课堂还给学生"的"大语文观"。

三、发挥教师在读中的引导作用

老师的作用是帮助学生读，而非代替学生读。因此，教师的作用首先是放手让学生读，还学生以读的权利和时间。让学生充分地读起来，这是前提。整堂课中给我印象最深的两句话就是"不要拖腔，读书要像说话一样自然""再读一遍"，焦老师不厌其烦地引导学生把课文读准确，读通顺，读出感情。在这个前提下，教师"该出手时就出手"：当学生读得提不起精神的时候，焦老师就调动学生读书的欲望和兴趣；当学生读得语气平淡、形象模糊的时候，焦老师就引领学生学得充分、读得细腻；当学生读不出文本的理趣、情味的时候，焦老师就点拨学生的思路、启迪学生的智慧、激活学生的想象。

总之，焦老师的这节课让我们经历了一次难忘的精神之旅，师生一起为情所动，为美所醉，为真所净，在课堂上一起感动，一起享受。焦老师仅用一支粉笔和一本语文书，简简单单，从生字新词的学习到课文内容的深入理解，循循善诱，将学生听、说、读的训练贯穿始终，让学生透过语言文字，在父亲和鸟构建的和谐美好的世界里受到震撼、感动！这节课让我不禁想到，在信息技术高速发展的今天，要想简简单单教语文，还给学生"本真"的语文课堂任重而道远，需要我们且行且思！

本堂课结构合理，教学目的明确，内容清晰，重难点突出，完成了预定的教学任务。但个人认为，生字教学中可以省略拼音部分，这样课堂结构会更紧凑些。

真朗读　真训练　真语文

河南省许昌实验小学　骆新杰

焦丽辉老师执教的《父亲和鸟》一课，让我再次领略了本真语文的魅力。

课堂上他对学生朗读的错误和表达的偏差，不拖延、不漠视、不纵容，并一遍遍纠正，直达完美。这才是真实的课堂，这才是本真语文。

一、指导朗读：像说话一样自然地读书

我们的语文课不仅要有"字、词、句、篇"，还要有"听、说、读、写"的训练，尤其是"读"，这是一项基本的语文素养。而现在的课堂中出现了学生不会读书的现象：拖音，不会停顿等等。针对这些问题，焦丽辉老师开出了一剂良药——像说话一样自然地读书。《父亲和鸟》这一课，焦丽辉老师就是这样一步步地引导学生学会读词、读句、读书的。

上课伊始，焦老师用当下最流行的娱乐节目"爸爸去哪儿"导入，进而引出"父亲"这个词，既引发了学生学习的兴趣也显得干净利索，然后让学生借助拼音自读课文。焦老师板书了三组词语，不难看出，这三组词语是焦老师精心设计的：第一组词语是本课所学生字的一些难读字和易读错的字；第二组词是叠音词（喃喃地、浓浓的）；第三组词是本课中出现的一些ABB式的词（雾蒙蒙、热腾腾），这些词在连读时是要变调的。"指读"是焦老师处理这些词语的第一个环节，就在这个环节，学生出现了一个共性的问题——不会读词语，有的是拖长音，有的是一字一顿地读。针对这个现象，焦老师及时给予纠正并教给学生读词语的方法：像说话一样自然地读书。在老师一遍一遍地纠正、示范，一个一个的手把手地教之后，同学们终于基本掌握了朗读的方法。这个环节，焦老师花了很多时间，当时我真替焦老师捏了一把汗，这么大的场面，这么多的听课老师，这么大型的一堂公开课，教师抓住"朗读"这么基本的一个问题，一遍一遍不厌其烦地纠正。现在想来，这就是本真语文的真谛——"真、实"，敢于直面课堂中存在的真实问题，做出及时准确的指导和纠正；其实这也是真正做到了"以生为本"。

"像说话一样自然地读书"还有一个重要的作用，那就是能帮助学生理解词语、读懂句子，加深课文的理解。文中出现了一个比较难理解的词——"喃喃地"，在引导学生说出这个词意思之后，焦老师又做了补充："喃喃地"这个词的意思是不停地小声说话。正是因为在这个环节，焦老师给学生渗透

了"像说话一样自然地读书",在接下来的朗读中,一个小男孩把父亲"喃喃地"的语气读得淋漓尽致,赢得了同学们和听课老师的阵阵掌声。

二、强化语言训练:像走路一样扎实

语言训练渗透在教学的每个环节。认识理解词语是基础,最后的落脚点还是语言的运用,如让学生知道了"喃喃地""浓浓的"的读法("地、的"要读得轻而快);接着,区分"地"后要跟表示动作的词语,"的"后要跟表示事物名称的词语;最后,看谁能给这两个词语后面加上合适的词。于是同学们纷纷说出"喃喃地说""浓浓的雾""浓浓的气味"等等。焦老师就是这样在一步步的引导学生学习和练习中,完成了语言运用的训练。

理解课文内容的环节更是突出了语言训练。每人一段朗读课文,然后,焦老师"奖励"一个小男孩读3~15段。因为这些段落都是"我"和"父亲"的对话,从这些段落中我们可以知道很多关于鸟的知识。读完了,焦老师问:"同学们,你们从文中都知道了哪些关于鸟的信息?"一个小女孩站起拿起课本来说:"树林里的鸟总是一群一群的,羽毛焐得热腾腾。"这时焦老师立刻指出:要把话说完整。除了给学生这样的语言表达原则,焦老师还给了学生具体的方法:你可以用这样的方法试一试:"我知道了树林里的鸟……"在焦老师点拨之下,这个女孩终于能把语言表述完整了。但是焦老师还是不满意,她又提出更高的要求"如果你能不看书把你刚才说的表达出来就更好了,并用上'因为……所以……'"。在焦老师鼓舞之下,小女孩的语言表达又上了一个新的台阶。

焦老师所作的一步一步的引导,其实是很有逻辑的,从能看着书说,到不看书说,这是学生语言表达的一个飞跃。因为要完成这个过程,学生必须把课本上的知识进行一番加工和整理,经过加工和整理后表达出来的知识自己才会记得更深刻。你能用上"因为……所以……"把刚才表达的内容再说一遍吗。看似简单的一句话,其实是想让学生的表达能力再上一个新台阶——表达得有条理,有逻辑。最后,焦老师又提出了更高的要求:能不能把刚才小朋友说的话,用自己的语言全部说出来?这个过程更是锻炼了学生整

61

合信息的能力，使语言的训练达到了更高的水平。

焦丽辉老师的课真实、朴实、扎实、高效，处处充满真情，让学生在潜移默化中感受到语言的魅力、学会表达。我想像焦丽辉一样做一个本真的语文老师，这需要我不断探索，不懈努力。

·课堂实录·

《我的发现》课堂教学实录
执教：贾志敏

（上课　师生问好）

一、导入新课

师：这个字居然有很多人不认识。你们认识吗？（板书"發"）怎么读？
生：真。
师：（不无遗憾地）真的不认识。有认识的吗？
生：发。
师：读发，（惊讶地）你怎么认识的？
生：查字典时看到的。
师：查字典，当然是一个好办法。还有吗？
生：麻将牌里有这个字。
师：是啊，144 张麻将牌里有 4 张写着这个字的牌。这个字是繁体字。（向生展示"發"字麻将牌）。现在，我们已经不用这个字了，难怪大家不认识它。简化成——（板书"发"）。撇折，撇，横撇，捺，点，一共五笔。这个字念——发。

生：发。

师：用它组成的词，可多啦，比如：发明——爱迪生发明了电灯。发生——2008年5月12日，汶川发生了特大地震。发达——日前，巴黎连续发生了爆炸案，英国、德国、法国等发达国家都风声鹤唳，草木皆兵。还有吗？

生：发现。

生：发誓。

师：对了，我们发誓一定要学好母语！还有吗？

生：发掘。

师：近年来，四川这个"天府之国"，发掘出许多文物。

生：发财。

师：发财，是人们众望所归。但是，一定要用正当的手段发财。还有吗？

生：发落。

生：发表、发起。

师：好吧，就说到这儿。刚才有一个学生说到"发现"（板书"发现"），一起念，发现。什么叫发现？

生：发现就是观察到的事物。

师：观察到的事物就是发现吗？

生：别人没有观察到的事物，我观察到了就是发现。

师：对了，比之前的学生说得准确。还有吗？

生：我想补充一下。发现就是某种东西不是人造的，而且你是第一个看到的。

师：说得不太清楚。不一定是客观存在的东西。比如真理，是看不到的，但可以说你发现了真理。所以，别人没看到的，你看到了；别人不知道的，你知道了；别人不明白的，你明白了，就叫做发现。一起读，发现。

谁能用"发现"说一句话？

生：我发现了一只蚂蚁。

师：当然可以这么说，那是小小的发现。还有吗？

生：我发现了写作的新方法。

师：写作没有新方法可言。学习写作唯一的方法就是多读，多思，多改，没有什么新方法。所以，这不算你的发现。

生：我发现我们家门前的树长高了。

师：对啊！你说？

生：我发现火星上有水，还有空气。

师：不是你发现的，那是美国人发现的。

好了，今天我们要学习的课文就与"发现"有关，课题是——（师板书：我的发现）。请四个同学分别读，看谁读得好。

生$_1$：我的发现。

师：读得一般。

生$_2$：我的发现。

师：你读得比他好。

生$_3$：我的发现。

师：真好，比她读得更好。

生$_4$：我的发现。

师：一起读，我的发现。

生：我的发现。

二、词语教学

师：这是一篇很有趣的课文，一共七个小节，598个字。请大家自读一遍。

（生读课文）

师：43个同学读得都很认真。生字要会读。我们有汉语拼音这个工具。8个生字，谁来读前四个？

生：伐、瘦、矮、辅。

师：第三声要读清楚。矮、辅。后面四个谁来？

生：撒、羔、聊、祟。

65

师：真好，播音员就是这么读的。哪位同学能将8个字读准？

生：伐、瘦、矮、辅、撒、羔、聊、祟。

师：不错，但不算最好。最好的——谁来？

生：伐、瘦、矮、辅、撒、羔、聊、祟。

师：字会念了，还有四个词，谁会念前面两个？

生：腿脚有疾、足音辨人。

师：对了，哪个同学能念后面两个？

生：深信不疑、措手不及。

师：哪个同学能把四个词一起读好？

生：腿脚有疾、足音辨人、深信不疑、措手不及。

师：真好，不但要会读，而且要明白它们的意思。比如说，疾就是指病，腿脚有疾就是指腿脚有病。谁来说？

生：辨就是辨别，足音辨人就是通过走路的声音能辨别出走来的是谁。

师：措手不及呢？

生：措就是措施。

师：可以这么说，看我的口型。（教师作说"办法"的口型）

生：办法。

师：措手不及是什么意思？

生：来不及想办法。

师：对呀！

师：会读，还要能写好字，这两个字特别难写。（板书：瘦、辨）瘦是病字部。辨字中加什么可以变成其他的字？

生：加个瓜字，变成花瓣的瓣。加个言字，变成辩论的辩。加个绞丝旁，变成辫子的辫。

生：（生向师提出意见）老师，你把"瘦"字写错了。

师：（生指正，师却不解）请你来修改吧。（生上讲台，将"瘦"字的一竖延伸，师颇泰然）老师写错字真不应该，你们千万别写错。写字时要坐正。字如其人，一般来说，字漂亮，人也漂亮。

三、读文析文

师：课文会读吗？七个小节，我读第一节，请六个同学读后面六个小节。读书要大声、要清晰、要连贯，还要读出感情。（师示范朗读第一段）

（六个学生相继朗读课文后面的六小节）

师：（赞叹）读得好极了，我没听过学生能读得这样好的，六个小孩读得都相当好。（指着两个学生）这两个同学读得尤其好。这一位声音华丽，听起来舒服。这一位虽然声音有点儿沙哑、毛糙，但很有感觉。我请这两个同学合作再读一遍。

（生合作朗读课文）

师：听到了吗？读到这里她的语调变了，因为读的是爷爷说的话，所以语速要慢一点，声音苍老一点。这是老人说的话，只有仔细听才能辨别出来。继续读。

（生再读）

师：听到了吗？又有变化了，因为这里读的是作者说的话。

（生继续读）

师：听到了吗？一点儿，句子里没有儿字，可是，她在读的时候就读出"儿"来了，这全凭自己的感觉。请把这句话再读一遍。

（生再读）

师：你听这四个"有时候"读得真好！

师：把掌声送给他们。这个女孩声音华丽，如果闭着眼睛听，还真以为是在听播音员读书呢，这个男孩虽然声音有点儿沙哑、毛糙，但是很有内涵。

师：一起读课题，"我的发现"。

现在，请注意黑板上的词句有变化了：

1. （师在课题上加了个书名号）变成《我的发现》。
2. （师板书）"我"的发现。
3. （师板书）我发现"我"。
4. （师板书）我发现。

师：（指着这四句话）你会读吗？

（师请四个学生读）是读对了，不过，说起来就不是这么说了。加了书名号的是：《我的发现》这一篇课文；二是课文中的"我"发现……

谁会接着说？

生：1.《我的发现》这一篇课文。2. 课文中的"我"发现——3. 我发现课文中的"我"——4. 我发现——

师：那么，现在我们学着说，课文中的"我"发现了什么？在课文中找，有好多答案呢！

生$_1$：课文中的我发现，可以按脚步声的轻重缓急来辨别走来的是哪个老师。

生$_2$：课文中的我发现，每个老师脚步声的特点。

师：不要这么说。每个老师的脚步声怎么样？

生$_3$：课文中的我发现，每个老师的脚步声不同。

师：是不同，然后他能猜测出什么？

生$_3$：猜测出走来的是哪一个老师。

师：请你把这句话完整地说一遍。

生$_3$：课文中的我发现，每个老师的脚步声不同，他能够分辨出走来的是哪一个老师。

师：谁像他这样再说一遍？

生$_4$：课文中的我发现，老师的脚步声不同，他可以猜测出走来的是哪一个老师。

师：第三个，我发现"我"，这个我（未打引号的我）是谁？

生：自己。

师：你发现课文里的我怎么样？

生：我发现课文中的我留心周围事物，能足音辨人。

师：还有吗？

生：我发现课文中的我好动、聪慧，留心周围事物，能以足音辨人。

师：我把数字1和2擦掉，在《我的发现》和"我"的发现之间加三个字："说的是"（《我的发现》说的是"我"发现……）这样，能说一段话吗？

我先提示一下，有三种情况，一般完成就行，只是说对了，说得深刻、全面一点，这当然是好的。有的同学不但说得全面、深刻，而且加上自己的认识，那是特别好了。你该怎么说呢？

生₁：《我的发现》这篇课文讲述了课文中的我，发现了可以从老师的脚步声判断出走来的是哪一个老师。

师：（不无遗憾）一般。

师₂：《我的发现》这篇课文讲的是，课文中的我，发现老师的脚步声不同，所以他能猜测出来的老师是谁，说明他是一个留心观察事物的孩子。

生₃：《我的发现》这篇课文讲的是，课文中的我，发现每个老师的脚步声不同，课文中的我从中判断出走来是哪一个老师。说明他是一个留心周围事物，能以足音辨人的孩子。

师：三个同学都说得不错。不过，最后一个同学说得最全面。

（师示范）"《我的发现》这篇有趣的课文说的是，课文里的我发现每个人的脚步声不尽一样，轻重缓急各不相同，他竟然能足音辨人。说明……"谁能用自己的话说一说？

生：《我的发现》这篇有趣的课文说的是，课文里的我发现老师的脚步声各不相同，所以他能猜测出走来的是哪一个老师。

师：能不能在他的基础上说得更好？

生：《我的发现》这篇课文说的是，课文里的我发现每个老师的脚步声不同，从而判断出走来的是哪位老师，然后让自己充分地做好课前准备。

师：课文中的我发现了这个有趣的现象。如果我们留意的话，那么，我们也会有所发现——比如：

1. "我发现天上乌云密布，蜻蜓低飞，就知道要下雨了。"

2. "字如其人。一个人字写得怎样，可以猜测出这个人的兴趣、爱好以及性格特点。"

3. "前些日子，我们的习主席访问英国，受到英国民众热烈欢迎，习主席从飞机舷梯上走下来，走过红地毯……礼炮齐鸣。想当初，1840年，英国侵略者用大炮轰开了我们中国的大门，从此，中国人民受尽灾难。这说明咱们中国是强大了，咱们中国人民站起来了。"

师：我们在平时听广播、看电视都会有发现……说得浅显一点也可以，深刻一点也可以，"高精尖"的则更好了，历史的、地理的、风俗的、人情的……都可以说。

四、拓展训练

生：我发现了每当要下雨的时候，蜻蜓都要低飞，这表明了蜻蜓在下雨之前就已经预料到了要下雨，所以它才要低飞。

师：蜻蜓不会预料，它是一种低级动物。为什么它要低飞，因为它的翅膀上凝结着水气，所以它飞不高。你犯了知识错误。

生：我发现苍蝇爱搓脚，我断定，其实它也是一种爱清洁的昆虫。

师：你真了不起！这么喜欢观察昆虫，长大了，做一个法布尔式的昆虫学家。

生：我发现，现在有些大人会随处乱丢垃圾，倒是很多小孩子会把垃圾丢进垃圾桶，也可以说明以后，咱们中国人的人文素质会不断提高。

师：这是一个伟大的发现！

生：我发现，只要小溪解冻了，春天就悄悄地来到我们的身边。

师：多有诗意的语言！小河里的冰融化了，小溪开始唱起动听的歌，叮咚，叮咚！啊，春天来了……你就是一个了不起的小诗人呀！

生：我发现从一战到二战之间，隔了30年左右，二战到现在隔了70年了。虽然一战和二战都是德国挑起的，德国那个时候处在一个不好的集团统治之下，目前不会再次发生世界大战，说明了同盟国已经强大起来，全世界在共同发展。

师：说得真好，你真了不起！你说的许多话语里的不少名词，我都听不懂。

生：我发现现在中国的化工厂越来越多，所以导致天上的PM2.5越来越多，生病的人变多，所以我们应打击化工厂，让人们不再受到PM2.5的侵害。

师：不是"打击"，而是限制化工厂的数量。

生：我想讲的也是跟空气有关的，但是与他讲的不一样。原来空气质量指数是100多，我身边的亲戚很多都有鼻炎，现在是60多。空气质量已经稳定上升了，现在空气质量越来越好了，以后，我们中国环境可能会越来越好。

师：真好，还有吗？

生：我发现，大风一来，雾霾就没了。

师：你的语言简练，一下子抓住了发现的本质。不过，治理雾霾，光靠刮风也不行。

生：我发现，在国内外的餐桌上川菜都属于一道名菜，从中可以体现出我们四川的文化历史是多么悠久。

师：你的前两句话可改为"川菜是一道名菜。"这样，语句简练多了。

生：我发现，古代的国家，匈奴太强大，人们不敢跟匈奴斗争，打不过就通过"和亲"——把自己的女儿嫁到匈奴，给他们送去很多的金银财宝，讨好匈奴。我发现这只是缓兵之计。飞将军李广真正是用实力去打击匈奴，使匈奴不敢蠢蠢欲动。我发现有一个好的领导人非常重要。

师：你的历史知识真丰富，见解也十分独特。

生：我发现自从贾老师您教我们之后，我们班发言人数越来越多，所以我知道您非常有感染力和亲和力，非常慈祥，是个好老师。（哄堂大笑）

生：有一个美食家吃遍世界各地菜品，就是不愿吃中国的。所以我发现咱们中国的食品还是有一点点不好的，还需要改进。

师：什么不好的？

生：添加剂太多了。

（再次哄堂大笑）

生：我看到大屏幕上有很多老师留言，我就发现，原来"真语文"不仅仅在有老师观摩的课堂上，其实，"真语文"就在我们身边。

师：说得好！

生：我发现，现在玩手机的人越来越多，同时，近视的人越来越多，所以我觉得人们应该少用电子产品，保护我们的眼睛。

师：我写的这三个字，（屠呦呦）谁会念？

生：屠呦呦。

师：屠呦呦是谁？

生：屠呦呦奶奶是诺贝尔医学奖获得者。

师：奶奶。看来你知道她是个女的。她是咱们中国获诺贝尔奖的第二人。（转移话题）第一人是谁？

生：莫言。

师：屠呦呦不是院士，她就是一般的科学技术工作者，在连篇累牍的介绍她的报道中，有一个导语引起了我的注意："一个人如果小时候能不断地发现，长大以后，他就会有伟大的发明。"屠呦呦在年轻的时候，对周围事物很感兴趣，她不断观察、不断研究、不断发现，养成习惯以后，大了，老了，终于有了伟大的发明，得到全世界的认可，终于登上了光辉的顶点。

（课就上到这里，下课。）

· 听课回响 ·

彰显语言之美，实现语文之责

四川省教育科学研究所　段增勇

听贾志敏老师上课，还是首次。但是，对贾志敏老师的了解，却是十几年前的事情了。身为小学语文教师而后成为小学语文教研员的妻子，常常以无限崇敬的心情向我介绍贾老师，介绍他的语文课堂，介绍他的为人处世。十几年后的今天，终于遇见贾老师。我饱满了精气神儿，以一种特别的心情期待着，似乎是接受一番洗礼。

课堂教学前，主办方播放了一段有关贾老师简介的影像资料。这不是应景渲染，而是精短简洁的语文人职业尊严的彰显、生命歌谣的吟唱。

贾老师的一句"教语文就是教做人"，激扬了我十多年来身为省级语文教研员在语文教育上的精神主张。"方正'人'的书写，昂扬'人'的姿态，追求'人'的存在"，让生命教育和做人教育根植于我们语文课堂上，生长于我们课堂教学里。这也让我联想起周正逵先生的语文教学主张：以语文能力为核心，以语文知识、生活体验、文化教养为基础，以审美情趣、思维品质、思想道德为目标；更让我想起吴桐祯先生在谈及"提高语文教育质量的根本途径"时，建构的"建立合理的知识结构，掌握自学方法，培养听说读写能力，培养学生健全的人格"四个根本途径。吴桐祯老师特别强调，"前三个'根本'要为第四个'根本'打基础，尽到语文学科的责任。"

前辈们积淀其丰富的生命阅历和深厚的人文学养，如此精粹而精要的概括提炼，既是语文教育的方向性引领和拨正，也是语文教育的优良传统，更是语文教育应尽的而且是必需尽的责任。

尚未听开讲，心肠已暖热。殷殷期待，深深震撼，点点滴滴，滋滋润润，珠玉流转，淋漓沉酣，返璞归真教语文，融会贯通真精神。

一、教学内容：字词句篇，点滴渗透

从贾老师的课堂教学整个流程看，字、词、句、篇、文，顺序而来，不枝不蔓，清爽通畅。

由繁体字"發"的辨认，引出简化字"发"的辨与用。贾老师出示了教学道具麻将牌"發"，巧妙地与生活联系在一起了，让学生有了一定的生活体认，更能于日常生活去牢记繁体字"發"。贾老师又"竖折，撇，横撇，捺，点"地规范板书"发"字，让学生跟着念。识字，正音，辨认……这是学习语文的基本功。同时，贾老师告诉学生，字典里"发"字组成了多个词语，让学生尝试用"发"字组词。贾老师示范了"发明"和"发生"的组词成句，顺势引导学生在"字词句"上的整体连贯和整体思维。学生组词，贾老师组句，这样做，加深了学生对词语的感受性理解辨识，同时也纠正学生对"发落"的非正确理解。字词落实，明确畅快。

通过组词，学生认识到"发"字的鲜活生动。在此基础上，贾老师引出了课题的关键词"发现"。通过学生的多种诠释和相互阐释，贾老师不断追问以深化学生的理解，不断纠谬以拨正学生的理解，形成关于"发现"的明确表述："别人没看见的，你看见了；别人不知道的，你知道了；别人不明白的，你明白了。这就叫'发现'。"简洁明了，通俗易懂。然后要求学生用"发现"造句，在具体的言语活动中活学活用，不断强化学生对"发现"的感受性记忆和理解性记忆。

随着学生对"发现"造句的进行，贾老师不失时机地引出文章题目"我的发现"，带领学生进入文章的阅读和思考。

8个字的认读和辨识，4个四字词语的理解和辨别，既是对语文基础知识的掌握，更是对汉语言文字具有的独特美感的体认。

六位学生依次朗读之后，贾老师选择了"声音亮丽，听起来舒服"的女生，还选择了"声音有点儿毛躁但很有感觉"的男生合作朗读全文，并对学生的朗读情况适时评点。在诵读和听读中，学生大致了解了整篇文章的内容。贾老师给出了四个短语"《我的发现》，'我'的发现，我发现'我'，我发现"，让学生读，让学生理解，辨别这四个短语间的不同。

这是一个自然天成恰又颇具匠心、巧妙绝顶的教学设计。

二、教学设计：精巧组合，妙趣横生

"《我的发现》，'我'的发现，我发现'我'，我发现"四个短语，粗看似乎是一个言语游戏，实质却暗含一种言语思维。在分析理解文章内容时，贾老师悉心而又精妙地设计了课堂教学的路径，引导学生不断深入阅读理解和思考辨析。

关键词"我"和"发现"的不同组构，指向不同的表达内容，指向不同的学习目标。即便是同样的第一人称代词"我"，在不同的句子里——抑或在同一个句子里，具体的人称指代也会转换，这是细碎深处的言语感知和言语辨析，让学生在具体的感知和辨析中，深刻理解言语的表达含意。意会于心，浸润于心，深植于心。

第一个短语"《我的发现》"，"我的发现"是文章的题目，加了书名号之后，则指"这篇文章"；第二个短语"'我'的发现"，是指"课文中的'我'发现了什么"；第三个短语"我发现'我'"，需要帮助学生辨清两个"我"的不同指代意义，并引导学生进入"你发现课文中的'我'怎么样"。这一层次的阅读理解教学可谓环环相扣，行云流水，滴水不漏。这三个短语，是贾老师引导学生全面理解文章内容搭建的思维平台，也是思维路径的开掘，顺理成章，水到渠成。这也吻合了刘勰《文心雕龙》里对于文章阅读所主张的"沿波讨源"和"披文入情"。

在学生理解了文章内容之后，贾老师的课堂教学又奇峰突起，打出一套"组合拳"，要求学生就"《我的发现》说的是，'我'发现——"说一段话。这个说话题，像是"天边飘来的一朵云"，投影在学生的心田。学生那些滔滔不绝的话语，便是理解和思考的和谐舞蹈，舞动在语言和思维的世界，舞动在理解和表达的世界，舞动在感知和发现的世界。伴随着心智活泼的智性舞蹈，贾老师顺势带领孩子们进入第四个短语："我发现——"的教学。

"课文中的'我'发现了'足音辨人'有趣现象，那么，生活当中，我们也会有所发现——"贾老师的铺垫性和支撑性点拨讲述，再一次开启了学生对于生活世界和身外世界的"发现之旅"：生物世界、动物世界、历史事件、环境保护、食品卫生、课堂当下、现代科技等等，学生们的"发现之旅"在一个广阔的世界里穿行，行走在阅读理解和思考表达的路上。学生通过言语表达，呈现出多姿多彩而又令人深思的"发现"景观，是自然风景，是审美世界，是人文风光，也是思辨天地。

三、潜移默化，润物无声

言语文字渗透着饱满的情思、情意和情理，对于学习者的启迪召唤，对于阅读者的涵蕴浸润，却是在一字一句的咀嚼涵泳里，点滴润心。

贾老师《我的发现》课堂教学，自然圆融，渗透深化，润物无声，泽溉生根，经由言语文字的品读品味，渗透于言语文字的内里，感知，熏陶，体会，领悟，积淀为内心深处的文化养分。

当学生组词"发誓"时，贾老师忠告："我们发誓要学好母语。"

当学生组词"发财"时，贾老师提醒："发财是人们众望所归，但是要用正当的手段发财。"

当学生说"我发现了写作的新方法"时，贾老师明确告诉学生："写作没有什么新方法，学习写作唯一的途径就是多读、多思和多写。因此，你不可能发现新的写作方法。"

当学生指出贾老师板书的"瘦"字写错了的时候，贾老师不仅让学生帮助修正，还谦和地对学生说："老师写错了，真不应该。你们千万别写错。写字，人要坐正，坐直。字如其人。"

在鼓励、激发和欣赏性评价中，贾老师的用语极简明，也极讲究，自然温和，贴切精准。即便在语速、语调及节奏上，也饱含着情真意切的爱，饱含关注和关心，真心和细心。对于那位"声音有点儿毛躁但很有感觉"的男生的激赏，让有欠缺的声音得到了个性化的发挥。赏识学生的长处，指出孩子的短处，也不因为短处的缺陷而漠视学生的长处的发挥。这是个性化成长和发展培养上的人性关怀和生命呵护。

课堂教学临近结束，却曲终奏雅，余音袅袅。贾老师在黑板上工整板书了"屠呦呦"三个字，和学生一起感受这个名字的生命存在和生命光辉。在学生了解的基础上，贾老师提示："她获得了诺贝尔奖，却不是院士，也不是模范和先进，她就是普普通通的科技工作者。在连篇累牍的介绍文章里，有一个导语引起我的注意：'一个人如果从小就能不断地发现，那么，长大了，他就可能会有伟大的发明'。屠呦呦就是因为在年轻时候，对各种事物倍感兴趣，细心观察，潜心研究，善于发现，养成习惯以后，大了，老了，终于有了发明，而且得到全世界认可，登上了光辉顶点。"

在板书"发现"以后，贾老师又添补了大大的"发明"二字。看着工整规范、端正醒目的"发现、发明"这四个字，我好像看到了贾老师通过《我的发现》的课堂教学给予学生的生命召唤和生命光照。这四个字的生命精神和生命力量，需要学生用一生的时光去诠释，去求证，去实现。

"教语文就是教做人。"贾老师的谆谆教诲言犹在耳，袅绕不散。

教真语文，做真教育！

山东省乐陵市教育局教研室　吴　健

当78岁高龄的贾志敏老师又一次站立在人文教育高端论坛的讲台上时，全场被深深感动了，很多老师甚至眼含热泪。热烈的掌声也表达不出内心的崇敬之情，舞台上似乎竖起了一座精神灯塔。是怎样的信念和力量，让身患癌症的贾老师在课堂上坚持了59年？我想，恐怕是对教育事业的无比挚爱，是对"真语文"的不倦追求。

贾老师从来不就课论课，言语中充满的是语文教学的思考，是对语文教师的深情嘱托。课前，贾老师对台下的老师们说：教语文，就是教做人，要扎扎实实，不能走捷径；语文教育要去除繁华、潜移默化、潜心育人，教师要带领学生进行实实在在的听说读写训练，不要陷于分析课文内容的怪圈。他还列举著名戏剧作家夏衍先生临终前改"叫"为"请"的故事，用"改动一个字，感动一幢楼"来说明夏衍先生深厚的文化底蕴和遣词用句的重要。"语文课拒绝精彩"，我认为贾老批评的是很多所谓的"名师"和盲目跟风的青年教师，喜欢借助课件的画面和音乐来渲染和煽情，追求外在的好看与热闹，尽可能多地展示教师自身"精彩"，让一些优势学生配合自己的表演，而对学生的学习和发展状态很少顾及。课堂流程看起来好像行云流水，实际上是不该做的做了不少，该做的事情没有做好，没有尽到教书育人的根本职责。

贾老师的言论更具体地表现在课堂细节上。对学生的听说读写训练，贾老师总是一丝不苟地指导。文中8个生字的认读，贾老师没有像一般教师上公开课那样蜻蜓点水地一带而过。他先是借助拼音带领学生读，每个字读四遍，然后又去掉拼音让学生读，读得不正确的及时指正，毫不敷衍和美化学生存在的问题；对于难写字"瘦"的书写，贾老师首先说明自己有一次写错了，是学生给他指出来的。然后他进行示范，并在最易出错的部分细心讲解，最后要求学生在纸上写两遍。这样一位泰斗级的小语界大师，在这样大的场合面对来自全国各地的老师，竟公开讲出自己曾经的失误，并不惜花费较多时间来进行细致入微的指导，这样的修为不能不让我们为之感佩。

贾老师是一位严师，他敢于直言，从不回避问题。在课堂上，他始终关注学生的说话，或及时肯定，或指出毛病，有时甚至是毫不留情，严厉的话语中透露出的是对学生的慈爱和期盼。在平时的教学中，不少教师因为给学生单独说话的机会较少，学生说话时的语病比比皆是，而教师也未能予以纠正，久而久之就会严重影响学生语言表达的水平。"口头说话为语，书面表达为文"，没有说话指导的课堂，就不能称为语文课。这些年，那些以分析课文内容为主的课堂确实让语文教学走入了误区，严重影响了学生语文素养的提升。

现在的很多学生不会读书，读文章时拖腔拿调、一字一顿，而老师有时却熟视无睹，这是一种非常令人忧虑的现象。贾志敏老师用自己多年锤炼的基本功，为大家全篇背诵了《雪地里的小画家》《惊弓之鸟》等课文，让听者如身临其境、为之折服。教师是学生的一面镜子，教师深厚的素养对学生的影响是潜移默化的，很多学生会刻意模仿他所崇拜的老师。如果老师对学生的朗读多关注指导，既有滋有味又不拖泥带水，学生朗读课文就会像说话那样自然、不矫揉造作。

贾志敏老师是语文界的一座精神灯塔，他对语文教育的理解和诠释，会帮助广大语文教师厘清困惑、走出误区，从而引领语文课堂的健康发展。"真语文"是他毕生坚定的信念和不懈的追求，而培养兴趣、养成习惯、教给知识、提高素养，是他从教五十多年探索总结出来的箴言，值得每一位语文教育工作者铭记在心。

教真语文，做真教育，这样的大师最令人景仰。

·课堂实录·

《诗经·秦风·无衣》课堂教学实录
执教：胡汉丽

教学目标：读出诗歌的气势，了解秦国的尚武精神，会背诵。

（上课，师生问好）

师：先自我介绍一下：我姓胡，你们可以叫我胡老师。我叫胡汉丽，汉族的汉，美丽的丽。我是汉水流域，汉中之地，美丽一枝花。来自于陕西汉中，我是三秦大地的女儿。陕西，秦地，是我的故乡，今天由我和孩子们一起学习一篇诗歌——《秦风·无衣》。它来自于一部经典——《诗经》。请同学们伸出手指，跟老师一起书空课题。

师：我曾经在一位老人的论著中读到过这样一句话："读书人要懂得地理、病理、命理。"此时此刻，我们就从地理，从一幅地图来说《诗经》。

（生看地图，师边讲边找地图位置。师介绍《诗经》的特点）

1. 时间长：《诗经》，就是诗歌，是当时周朝的诗歌，是我国第一部诗歌总集，是西周初年到春秋中叶，历时500多年而形成的诗歌总集，流传至今共305篇。

2. 跨度的地域广，内容丰富：有15国风，有邶风、鄘风、王风、卫风、郑风等等，相当于当今陕西、山西、河南、河北、山东和湖北一带。描写了当时周人的现实生活，表达人们的生活情感，也是千百年来人类共通的情感：爱恋、相思、离别、婚礼、宴会、祭祀、压迫、战争等等。正所谓"饥者歌其食，劳者歌其事，爱恋者歌其情，不平者歌其怨"。这些诗歌经过后来的收集整理，到西汉时期被儒家奉为经典，这就是《诗经》。子曰"诗三百，一言以蔽之，曰思无邪"。子曰："诗可以兴，可以观，可以群，可以怨。"

《诗经》有六艺，谓之风、雅、颂、赋、比、兴。"风土之音曰风，朝廷之音曰雅，宗庙之音曰颂"。秦风，就是秦地的风土歌谣，秦地的风土人情。秦，秦地，大概是当今的陕西、甘肃一带；风，风格的风，风土人情的风，风俗的风；它的名字正题一般是取自这首诗的某两个字，例如诗经中秦风中的——无衣。

（师生齐读课题）

（师生一起看地图，大屏幕投影《春秋形势图》。教师带领学生看秦、楚、吴、越、齐、鲁、晋等国家。中间离秦国最近的一个小点，那是镐京。师生找到犬戎、山戎、北狄、猃狁、羌、巴蜀、三苗、东夷）

师：同学们是济南人。告诉我，你们在地图的哪个位置？

生：在鲁国。

师：是的，咱们是齐鲁大地的子孙。（师依据地图讲解秦的历史背景）

秦的祖先非子在周孝王时养马有功，赐封秦地，赐姓嬴。公元前771年，周幽王骄奢淫逸，烽火戏诸侯，失信于天下，犬戎乘虚而入，攻入国都，镐京劫难，周室衰微，礼乐不复，宗庙宫室尽为黍离。周平王东迁洛邑，秦襄公，护送天子有功，得赐诸侯爵位，受封秦地，晋升贵族之列。自此，秦人居西都故地，毗邻犬戎、猃狁。几百年间，硝烟四起，烽火不断。所以《诗经》里有"靡室靡家，猃狁之故""昔我往矣，杨柳依依；今我来思，雨雪霏霏"，《无衣》就是在周幽王烽火戏诸侯、犬戎入侵的背景下产生的秦地风谣。

师：你认为它描写的内容大概应该是什么内容？

生：打仗的时候，国君为军士们鼓舞气势的。

师：既然是国君给军士们鼓舞气势的诗歌，那么我们应该用什么样的语气来读呢？

生：非常有气势的语气来读。

师：请同学们打开书，跟老师读。老师读一句，你们读一句，注意读音读准，读正确，听清楚了吗？（师带读）

（师点拨：正音　曰 yuē　王于兴诗——兴 xīng）

（学生注意教师纠正的字音，自由读，把重点的字音多读两遍）

师：好，孩子们读得真好，孩子们读得字正腔圆。好，接下来，再读第二遍，注意老师读的节奏、强弱、高低。准备好了吗？（教师带读。点拨：四言诗节奏为二、四节奏，教师带学生拍桌子，打节奏，找感觉）

师：我刚才是怎么读的？这样读有什么感觉？

生：我感觉它很有规律。有的是一样的，有的后面两个是不一样的。

师：她很善于发现。同学们用笔把规律找出来。把不同的字找出来。

师：同学们的习惯非常好，有的同学不仅把它们圈出来，还在它们的旁边又写一遍。

（师板书诗歌中的重点字词，让学生读）

师：聪明的孩子们，你们发现了什么？反复的，重章叠唱。（师板书　重章）

师：孩子们，竖着看，看老师板书的这些字，你们又发现了什么？

生：都属于一类字，衣服或者武器。

（师帮助理解字词）

师：袍——战袍。闻一多先生说：昼为袍，夜为被。所以，我们用"同袍之谊"来表达战友间的情义，"同袍之谊，同仇敌忾"。

泽——同"襗"，衣衫。

裳——战裙。

戈——化干戈为玉帛。

矛——古时候，有人卖矛又卖盾，真是：自相矛盾。

戟——话说三国时期，吕布胯下赤兔马，手持方天画戟。看，这些都是兵器。

王于兴师——修我甲兵：穿上铠甲，带上兵器。

同仇、偕作、偕行——是啊，因为有共同的仇敌，所以我们要起来，我们要行动。

师：这里有两个字需要同学们重视——偕同。（板书：齐心协力协同作战）

（板书：偕——比。讲字理）

师：皆，金文。比，两人一起。曰，言说，造字本义：异口同声。篆文将"曰"改成"白"（说明）。当"皆"的"异口同声"。

师：同，甲骨文。凡，众人夯地的多柄夯桩。口，劳动号子，表示夯地的号子。造字本义：众人在兴桩夯地时用号子统一用力节奏。

师：偕同，因为天子号令，因为王于兴师——因为兴师就要——动众，要倾全国之力，抵御外敌，我们岂能无衣？

师：孩子们，找到规律后，我们再来一遍。请听老师要求，这次男生读"岂曰无衣""王于兴师"两句。女生读"与子同袍""修我戈矛。与子同仇"。下面章节，依次类推。听清楚了吗？

师：你们觉得，你们刚才读的感觉，如果打仗，士兵们会赢吗？

男生：不会，因为没有气势。

男生：不会。因为听着感觉就像输了似的。

男生：我觉得不会。因为不激昂，没有士气。

师（指着女生问）：他们说你们要输掉了，是真的吗？

女生：不会，因为我们会更努力地读。

（师分配交换角色读：女生读相同的"岂曰无衣""王于兴师"两句。男生读不同的"与子同袍""修我戈矛。与子同仇"依此类推。前后比较，看谁打仗输了。谁最终胜利了）

师：诗经，秦风，无衣，岂曰无衣。女生起……

师：请同学们拿起书，我们再读课文。老师读原文，你们读译文。

（开始背诵。同桌互相检查）

师：咱们再次读课文。这次我们竖着读，老师读"岂曰无衣，王于兴师"，你读"与子同袍""修我戈矛。与子同仇"。我们把一、二声读长，把三、四声读短。比如：与子同仇，与子写作！听清楚了吗？好开始——

师：看啊，西北方向，烽火又起了，秦襄公倾全国之力，发号施令，秦人，厉兵秣马，整装待发，他们起来啦！（播放视频）。老师读里面的句子。孩子们，将士们，整装待发，跟老师一起诵读起来吧！

师：看，这里没有了青山，没有了绿水。战歌，起——

（生根据板书补充）

生：这里——阴云密布。

生：这里——黄沙漫天。

生：这里——硝烟弥漫。

生：这里——战火纷飞。

生：这里——只有秦人的声音——他们开口便质问自己，也质问战友——岂曰无衣。

师：孩子们，将士们，全体起立！狼烟四起，听，出征的号角一起奏起，天子被杀，家园尽毁，大敌当前，兵临城下；天子之命，正义之师，勇猛杀敌，保家卫国，舍我其谁？让我们一起回到古战场吧！回到秦人的古战场，与秦人并肩作战。此时，你是——你是——你是——是啊，大秦的将士们，我们告别了母亲，告别了妻子，告别了孩子，告别白发苍苍的祖母！走！儿子；走！父亲；走！兄弟！披上战袍，拿起武器，让我们一起唱着军中的战歌，奔赴杀场。孩子们，将士们，我们以桌为鼓，把鼓擂起来：岂曰无衣——（学生背诵，师带读）

师、生：这就是秦风，这就是秦人，热情互助，英勇抗敌，抵御外侵，一路东进，实现了"六王毕、四海一"的伟大梦想，几百年后，建立了大秦帝国！这是一种担当，这是一种责任，国家危难，匹夫有责！

师：下课！

· 听课回响 ·

有力量的课

山东省济宁学院中文系　彭兴奎

如果一名曲阜籍教师在异地教《论语》，或者一名川籍教师在他处讲李白，是否多一份感悟、理解、从容、自信和自豪呢？胡汉丽老师在济南执教《无衣》，上课伊始就说："今天学习《诗经》秦风中的《无衣》，我是三秦大地的女儿……"先声夺人，亮相抢眼，一出场就占据了制高点。但是《无衣》是一首"秦地战歌"，秦地弱女子教得好吗？讲台上，她声音洪亮，英姿勃发，大有"花木兰"代父从军之气势。伴着地图，她把场上的学生和教师带到了先秦时代，她并不"弱小"。是有意识地选择和设计吗？还是教师与课文的美妙相遇，抑或巧合？或者兼而有之？无论如何，胡汉丽老师的课，不仅基于得天独厚的文化基因，而且契合自身性格、气质，彰显出生命的力量。

这是胡汉丽老师这堂课成功的根本原因和最大亮点。

一切教学设计都源于此，比如，指导学生多种形式朗读：打着节奏朗读，起立朗读，变化语速朗读，男女分角色朗读，师生分角色朗读，伴随课件音像朗读……不仅说语气、重音、节奏应如何，而更强调："这样口气说话，打仗能赢吗？"胡老师把朗读贯通、融汇于领悟文本意蕴与形象，这是巧妙高效的设计与呈现。

胡汉丽老师的课，是生机勃勃的课，气场强大的课，有力量的课。所谓有力量，是就教师修养、教学风格、课堂呈现的精神气质和教学效果综合而言。或许可以认为，她与另一位优秀男教师管建刚执教的《月光启蒙》，可谓济南名师研讨会的双峰对峙，代表了当前中生代优秀小学语文教师的高度和气象。

气质美如兰，才华馥比仙

山东省青岛市黄岛区黄浦江路小学　耿兆华

诺贝尔文学奖获得者莫言在看过马尔克斯写的魔幻现实主义代表作《百年孤独》之后，心生感叹："原来小说还可以这样写！"从此，莫言在心灵深处将马尔克斯作为自己文学创作上的引路人，创造了一部又一部名篇。也许，任何一个领域的新人在与高人相遇以后，都会生发如此的感慨。在教育领域，于我来说，"第八届名家人文教育高端论坛暨名师课堂研讨会"就是我的马尔克斯——"原来语文课也可以这样教！"

泉城济南的四月，正是一年里最美的季节，正如林徽因在诗中写的："轻灵在春的光艳中交舞着变，黄昏吹着风的软，星子在无意中闪，细雨点洒在花前。"漫天的柳絮随风飞舞，姹紫嫣红的花朵竞相开放，飘若游丝的春雨，吹面不寒的春风，都不约而同地来赶赴一场春天的盛会。在这样一场众星云集的盛会中，每位老师用他们独特的人格魅力和智慧点亮了教育的天空。无论是王崧舟老师的"诗意语文"，还是贾志敏老师的"本真语文"，他们都是我们仰望星空时的心之所向。尽管各位名师的性格气质和教育之道迥然相异，但是他们在培养学生的核心素养方面却是殊途同归。短短三天半的聆听，让我深深地体会到这些教育大家的智慧实在是很难一言道尽。

只需要短短的40分钟，北京大学附属实验学校的胡汉丽老师就深深地留在了我的脑海里，我确定她将是我今后学习的榜样。

此次会议给予胡老师的课堂时间有限，但是却足以充分展示出她的教育理念。会议伊始，胡老师缓缓走上讲台，轻声细语地跟孩子们交流，言谈举止如莲似竹气质脱俗，台下的我满心期待着这样一位温润如玉的女子的语文课堂。《诗经》是中国古代最美的诗歌，先秦时期是人类最美好的童年。因此，把人类童年时代吟唱的歌谣教给儿童，正是恰如其分的。胡老师的课堂去掉了外在形式的包装，留下的是真善美的内容。在她那里，我看不到泯然众人的急于求成，看不到五花八门的技巧，看不到刻意的雕琢伪装，唯有一颗对待文学真挚的诗心和对待学生出自肺腑的爱心。胡老师的课堂魅力正如杜甫评价李白的诗句："清水出芙蓉，天然去雕饰。"正是因为源自真心，整个课堂都氤氲着胡老师蕙质兰心的个人气质。对听者来说，胡老师的课堂语言像一首缘情而发的诗歌，语言随着感情变化，学生们时而跟随将士们一同告别家乡、离开故土，决绝地走向战场；时而跟随将士们冲锋陷阵，抵御外敌，保家卫国。在反复地朗读和吟唱中，学生似乎在胡老师豪情万丈的语言的指引下，回到了2000多年前那个遥远的战火纷飞的春秋时代。

毋庸置疑，为了追名逐利，现在许多公开的示范课流于表演形式，课堂内容渐次沦为形式的附庸。执教的老师成为课堂的导演和举足轻重的主角，学生成为老师的配角，师生倾其全力为听众演一出群情激昂的话剧。而胡老师的课堂自始至终散发浓郁的文化芳香。在这种诗意且富有内涵的课堂上，我们深深地着迷了。

虽然是初次见面，但是对我来说，胡老师却是似曾相识，可谓是："远而望之，皎若太阳出朝霞；迫而察之，灼若芙蕖出绿波。"的确，胡老师不仅是一名小学语文教师，更是中国传统文学的继承者和传承者，她是具有"万世师表"美誉的孔子的当代弟子，是集教育和学者风范于一身的标杆，因此，她对于我并不陌生。聆听的时间虽短，却足够我铭记一生。

·课堂实录·

《成语接龙》课堂教学实录
执教：韩兴娥

教学内容： 成语接龙"第11条龙"

第一组

欲擒故纵　纵横驰骋　逞强好胜　盛气凌人
人才辈出　初露锋芒　忙里偷闲　闲情逸致
掷地有声　声情并茂　茂林修竹　竹报平安

第二组

安营扎寨　债台高筑　铸成大错　措手不及
极乐世界　借题发挥　挥汗如雨　雨后春笋
损公肥私　私心杂念　念念不忘　望梅止渴

第三组

渴骥奔泉　全神贯注　著书立说　说东道西
悉听尊便　遍体鳞伤　伤风败俗　俗不可耐
耐人寻味　未卜先知　知人善任　任人唯贤

87

第四组

闲言碎语　语无伦次　刺刺不休　休养生息
息事宁人　人声鼎沸　肺腑之言　言谈举止
趾高气扬　扬眉吐气　气贯长虹　红颜薄命
命丧黄泉　权衡轻重

教学过程：

一、第一组 12 个成语的教学

师：小朋友，青蛙怎么叫？

生：呱呱呱。

师：对，呱——呱——呱——呱——一只稳重的青蛙就这样匀速地叫。今天请小朋友们像青蛙唱歌一样，跟着录音机念成语。伸出手，指着念！

（学生跟着录音念 50 个成语）

师：请小青蛙们念第一组成语——欲擒故纵，开始念——

（学生齐读第一组）

师：咱们济南出了很多名人。济南有舜耕路，哪个名人在那里生活过？

生：舜。

师：舜是我们中华民族的伟大祖先，舜帝曾在我们济南生活过。

生：我知道有孔子。

师：哦，孔子所在的曲阜离济南很近。

生：我知道还有诸葛亮。

师：诸葛亮不是济南人。秦琼秦叔宝，你们认识吗？他是唐太宗李世民的大将，是咱们济南人。

咱们济南还有一个历史上最有名的才女。

生：我见过她！（会场上老师大笑）

师：李清照去世已 900 多年了，我们根本不可能见到，所以老师们笑了。但韩老师知道这小朋友绝对见过，你在哪儿见过李清照？

生：在趵突泉看的雕像。

师：中国第一大才女宋朝的李清照是济南人。现代著名演员巩俐是济南人。每个时代，济南都有名人，这叫？

（学生七嘴八舌之后回答"人才辈出"。老师让学生齐读三遍"人才辈出"）

（老师请"小青蛙们"再读第一组成语，学生齐读第一组12个成语）

师：刚才这位见过李清照的小姑娘，读书的时候不仅声音好听，而且表情也好。刚才她说见大美女、大才女李清照时，表情动作都很激动。你怎么形容她读书说话时的形象呢？到第一组成语中找。

生：声情并茂。

师：真棒！声情并茂，一起读三遍！

生：声情并茂声情并茂声情并茂。

师："小青蛙"再来呱呱呱呱地读第一组成语。欲擒故纵，开始！

（学生齐读）

师：李清照是女人，写的诗词大多是闺中生活的悠闲和苦恼，到了晚年，国破家亡，她的诗就涉及很多深刻的社会问题。她看到统治者从北方跑到南方躲起来享乐，就以项羽做诗：生当作人杰，死亦为鬼雄。至今思项羽，不肯过江东。小朋友知道项羽吗？

生$_1$：知道，是大将。

生$_2$：被人家打败了，就自杀了。

生$_3$：用剑抹脖子了。

师：人家项羽不像南宋的这些皇帝大官那样苟且偷生，那些苟且偷生的皇帝大官不去保护百姓，不去收复失地，还活着干什么？他们跟自杀的项羽相比真是差远了。李清照的诗语言气势豪迈、坚定有力，这就叫？

（学生纷纷回答之后，按老师要求齐读"掷地有声"）

师：小朋友们再像青蛙唱歌一样，把第一组成语呱呱呱呱读一遍。预备，欲擒故纵，开始！

（学生齐读）

二、第二组 12 个成语的教学

（听录音，把 50 个成语指着读一遍）

师：请"小青蛙们"读第二组成语。

（学生齐读第二组 12 个成语）

师：济南热还是潍坊热？济南被称为火炉，当然是你们济南热。韩老师昨天从潍坊一到济南火车站就热得汗水直流。用第二组哪个成语形容？

（学生纷纷回答之后，按老师的要求齐读"挥汗如雨"）

师：去年暑期的一天，我在济南出差，跟朋友到济南植物园玩，看到好多帐篷，原来，有 500 名市民体验露营。他们在动物园中做什么？

（学生纷纷回答之后，按老师的要求齐读"安营扎寨"）

师：植物园凉爽、舒服，可以尽情地疯玩，对于孩子来说就是简直到了什么地方？

（学生齐呼"极乐世界"）

师：请小青蛙们读第二组成语。

同学们好棒，抢着回答问题，有的举着小手，有的站起来，就像什么？

（学生纷纷回答之后，按老师的要求齐读"雨后春笋"）

师：同学们，从济南往泰安，火车要钻山洞，修火车道要挖山洞。这一天有四个人打算挖山洞。第一位是拿铁锤一敲，大山纹丝不动；第二位使出吃奶的劲一敲，大山也没什么动静；第三位是大力士、大胖子，他猛地一敲，他那一团肥肉也撞到山上，也只敲下一小片石头。这时候，真正的大力士出现了，就是咱们济南纬二路小学这位优秀的学生（老师指着刚才回答问题积极的学生），他是清华大学土木工程系的高材生，他经过测量、设计之后，一按电钮，一个山洞炸通了，修了车轨就可以通车了。

我们用"开山放炮"的读法读第二组的成语。前三个字轻轻地读，表示三个用锤子敲都没多大动静，最后一个字突然暴发出来，声音很大，手也可以同时伸出，表示最后一炮把山洞打通了。

（学生练习"开山放炮"的读法）

三、第三组12个成语的教学

师：天气这么热，同学们特别盼望暑假找个凉快的地方旅游，这种心情用哪个成语形容？

（学生七嘴八舌没说对）

师：韩老师提示一下，你想去玩的这种迫切的欲望就如口渴的骏马一到济南就奔向哪里去？济南有什么好地方最吸引口渴的马？

生₁：趵突泉。

生₂：黑虎泉。

众生：渴骥奔泉。

师：渴骥奔泉的意思如同骏马口渴思饮，飞快奔赴甘泉一般，比喻迫切的欲望，也形容书法笔势矫健。韩老师有一次就见到一位老爷爷在泉城广场锻炼，拿着大扫帚一样大的毛笔蘸水写字，小朋友们都追着学习，刷刷刷……那字写得真快，真是有力量。用哪个成语来形容爷爷的字？

（众学生齐呼：渴骥奔泉）

师：请小青蛙们读第三组成语。

（生齐读）

师：济南有位了不起的残疾人，是中国残联主席，知道是谁吗？张海迪虽然是残疾人，但她刻苦读书学习，翻译了很多书，写了很多书，这叫什么？

（学生纷纷回答之后，按老师的要求齐读"著书立说"）

师：我们老像青蛙唱歌那样呱呱呱呱地读书，一只麻雀看了很着急。麻雀说："小朋友，快点儿读啊，像我跳格子一样，一下子跳两个格子。麻雀怎么跳呢？第一个成语，它啪的一声跳过两个格子：欲擒，后面两个字一个一个地跳：故——纵——。"纵横驰骋"也是同样的跳法，麻雀跳到第三个成语的时候，它累了，又慢慢像青蛙一样跳"逞——强——好——胜——"。歇过来以后，第四个词前面两个字它一步跳过去：盛气，后面两个字一个一个地跳：凌——人——

（请两排同学上台，麻雀把同学们的脑袋当格子跳。老师的手在学生头上

时快时慢地拂过演示"麻雀跳跃"的节奏）

（学生练习用"麻雀跳跃"的节奏读）

四、第四组 14 个成语的教学

师：当这个能跳的麻雀累了，咱们再呱呱呱呱，把四组都呱呱一遍，跟着录音机一起！手指指上。

（学生跟着录音读整条龙）

师：请"小青蛙们"读第四组成语。

九月九日，千佛山有庙会，是吗？庙会上人太多了，这叫？

（学生纷纷回答之后，按老师的要求齐读"人声鼎沸"）

师：小朋友看过电视剧《还珠格格》吗？皇帝在大明湖边遇到美女夏雨荷，夏雨荷生了女儿夏紫薇，紫薇后来找到了她的皇帝爸爸。可惜夏雨荷这个美女年纪轻轻就死了，这叫？

（学生纷纷回答之后，按老师的要求齐读"红颜薄命"）

师：这四组 50 个成语，我们用"麻雀跳跃"的节奏读。

（学生齐读第 11 条龙 50 个成语）

师：一头小鹿来到我们的会场，看到同学们跟着麻雀练习跳跃式读书法，就说：小麻雀读书速度太慢，看我的节奏！

按"小鹿狂奔"的节奏读：

欲擒故纵纵横驰骋逞强好胜盛气凌——人——

人才辈出初露锋芒忙里偷闲闲情逸——致——

掷地有声声情并茂茂林修竹竹报平——安——

……

五、看屏幕口头练习

1. 练习诵读。

师：小朋友采用"小鹿狂奔"的方式读一读，看看在座的哪位"小鹿"

一口气读得最多。

（学生自己练习，全班竞赛）

2. 镂空背诵。

欲………纵………逞………盛………人………
初………忙………闲………掷………声………
茂………竹………安………债………铸………
措………极………借………挥………雨………
损………私………念………望………渴………
全………著………说………悉………遍………
伤………俗………耐………未………知………
任………闲………语………刺………休………
息………人………肺………言………趾………
扬………气………红………命………权………

3. 看图猜成语。

学生先看图猜测，猜对之后把成语齐读三遍。

雨后春笋 　　　　　　　渴骥奔泉

语无伦次 　　　　　　　望梅止渴

93

趾高气扬　　　　　　　　知人善任

竹报平安 　　　　　　　　茂林修竹

扬眉吐气 　　　红颜薄命 　　　人声鼎沸

4. 总结。

师：同学们学了这个成语接龙以后，明天还想成语接龙的事吧？

生：想。

师：后天还想吧？

生：想。

师：想不想跟你们老师说，我也要学成语接龙？

生：想。

师：你天天想，这叫什么？在哪一组里面有个词？

生：念念不忘。

师：谁念念不忘，我过两天问问你们老师。如果你们老师说，"韩老师啊，我班里有几个学生，成语接龙学得非常好"，我就送你一本《成语接龙》，要不要啊？

生：要。

师：希望同学们好好学习，韩老师会给你寄书的。今天我们这堂课就上到这里，谢谢孩子们，下课！

· 听课回响 ·

海量阅读　乐在读中

湖北省武汉市常青实验小学　潘利琴

很早就听说韩兴娥老师很牛，作为一个不善言谈的小学语文教师，她到底牛在何处？听说，她能把教女儿认字、读书的做法迁移到课堂教学中，从而使学生没有家庭作业，而个个考试成绩优秀；听说，她能在学期的前几周将课文全部上完，剩下的教学时间就大量阅读教材外的读物；听说，她的学生读《论语》《道德经》《世界上下五千年》，课堂上出口成章，引经据典……从听说这个传奇的名字到读她的"海量阅读"，内心一直被她与众不同的做法深深地吸引着。

这次，有幸参加"第八届全国名家人文教育高端论坛暨名师课堂研讨会"，近距离聆听了韩兴娥老师执教的《成语接龙》，被这位创新型老师的课堂深深地吸引！

一、大容量、快节奏，实现课堂高效

"新课标"规定，九年义务教育学生认识3500个左右常用汉字。其中

1600~1800个汉字是要求在小学低年级完成的，因此这个阶段识字的任务很重。然而目前许多低年级课堂存在"高耗低效"的问题，不少教师把教学重点放在理解课文内容上。课文原本只有简单的几句话，教师们却往往花不少的时间去提各种问题，让孩子去理解感悟，挤压了不少识字教学的时间，低段语文教学的特征不明显。

在韩老师的语文课堂上，低段语文教学特点明显。短短的四十分钟里，学生从咿咿呀呀的诵读到熟练地背诵，完成了50个成语的积累，这比常规的低段语文课积累的词语多了近10倍啊！她规避了繁杂的解说，把时间让给学生充分地读，使学生在课堂上始终"有活干"。这种看起来简单而没有技法的读书模式，其实暗合了最重要的课堂理念：让学生自己享受课堂，把读书的时间还给学生，给学生足够的文字营养。长期坚持下去，韩兴娥老师大容量的课堂，让一本教材两周上完，让大量的课外书成为课内读物不再是奢望。

二、重朗读、多形式，呈现书声琅琅

很多上公开课的老师，会把教学的每个环节设计得天衣无缝，过渡语，评价语，引导语，精细到每一个字；整个课堂上尽量展现教师扎实的基本功，精湛的教艺，热闹的课堂气氛。然而，韩老师的课堂，在书声琅琅中实现语文教学的诵读、积累，多种形式的朗读贯穿在课堂上，真正地让"读"成为课堂的主旋律，使语文课流淌出语文的味道。她采用多种形式的朗读方法，全班读，听录音读，跟读，分小组读，个人表演读，接力读，赛读，甚至还有拍着桌子打节拍读。学生们读得有滋有味，读得摇头晃脑。

对于低年级的学生，他们的学习就是在反复之中慢慢感受语言文字的魅力。这种看似简单的反复朗读，实际增加了孩子们对语言的熟悉度，进而让他们在不知不觉中感受语言的亲切与魅力。

三、激兴趣善引导，活现灵动生命

对于小学生而言，小学语文的最初学习应该是快乐的、无拘无束的，母语的原始积淀应该是建立在孩子们原发的学习兴趣上的。保护和激发这种学习兴趣是小学语文老师的责任。韩老师课堂上的激趣与引导,实则非常巧妙,因为她的设计,只为学生们更加快乐地投入文本的学习。

你看,她用富有童趣的语言,将朗读的要求形象地表达出来。如:开始的朗读需要学生看清字形,读准字音。韩老师说:"一只稳重的青蛙就这样匀速地叫。"

读得正确了,韩老师提出稍微高一点的要求,让学生们把成语读通顺。她说:"小朋友们再像青蛙唱歌一样,把第一组成语呱呱呱呱读一遍。"

读通顺后,韩老师又向"流利"这个目标靠近,她说:"我们老像青蛙唱歌那样呱呱呱呱地读书,一只麻雀看了很着急,麻雀说:'小朋友,快点儿读啊,像我跳格子一样,一下子跳两个格子。'麻雀怎么跳呢?第一个成语,它啪的一声跳过两个格子:欲擒,后面两个字一个一个地跳:故——纵——。'纵横驰骋'也是同样的跳法,麻雀跳到第三个成语的时候,它累了,又慢慢像青蛙一样跳'逞——强——好——胜——'。歇过来以后,第四个词前面两个字它一步跳过去:盛气,后面两个字一个一个地跳:凌——人——当这个能跳的麻雀累了,咱再呱呱呱呱,把四组都呱呱一遍,跟着录音机一起!手指指上。"

最后,由流利朗读到脱口而出,韩老师又设计了这样的情境:一头小鹿来到我们的会场,看到同学们跟着麻雀练习跳跃式读书法,就说:"小麻雀读书速度太慢,看我的节奏,按'小鹿狂奔'的节奏读。"韩老师让学生采用"小鹿狂奔"的方式读一读,看看在座的哪位"小鹿"一口气读得最多。

二年级的孩子,理解能力也稍弱,我们怎样将正确、流利、有感情地诵读要求告诉他们?韩老师用这样形象的语言,将阅读的要求深入浅出地呈现在学生面前。这样的引导通俗易懂;这样的激趣,更能生发学生诵读的冲动。

四、联系生活、解词语,丰满人文情怀

对于成语的理解,韩老师在课堂上广泛地联系了生活实际,让学生从自己熟知的生活中不断地去朗读、理解、体会、想象。可以说,看似一节成语

积累的课程，其中渗透了许多人文情怀。你看：

　　师：咱们济南出了很多名人，济南有舜耕路，哪个名人在那里生活过？

　　师：舜是我们中华民族的伟大祖先，舜帝曾在我们济南生活过。

　　师：哦，孔子在的曲阜离济南很近。

　　师：秦琼秦叔宝，你们认识吗？他是唐太宗李世民的大将，是咱们济南人。

　　师：咱们济南还有一个历史上最有名的才女。

　　师：中国第一大才女宋朝的李清照是济南人。现代著名演员巩俐是济南人。每个时代，济南都有名人，这叫？

　　师：李清照是女人，写的诗词大多是闺中生活的悠闲和苦恼，到了晚年，国破家亡，她的诗就涉及很多深刻的社会问题。她看到统治者从北方跑到南方躲起来享乐，就拿项羽做诗："生当作人杰，死亦为鬼雄。至今思项羽，不肯过江东。"小朋友知道项羽吗？

　　师：济南有位了不起的残疾人，是中国残联主席，知道是谁吗？

　　师：张海迪虽然是残疾人，但她刻苦读书学习，翻译了很多书，写了很多书，这叫什么？

　　这节课中，你看到的具有济南特色的地点也是不胜枚举：舜耕路、趵突泉、泉城广场、济南火车站、大明湖、济南植物园……

　　我们常说，语文即生活。如何让学生感受到生活的丰富多彩，感受到语文真正融入鲜活的现实中？在这节课中，我们看到了老师对于当地的人文特色、地理环境进行了适时的渗透，使学生爱学语文，知道语文就在身边，焕发起学生对语言学习的热情。

　　听完韩老师的课，我深深地感受到，作为一个语文教师，在平时的教学中，要静得下心，沉得住气，迈得开步，通过提高课堂效率，通过海量阅读，让孩子们踏上阅读的快车道。

生活，是语文的外延

山东省莘县实验小学　王利勇

　　听了韩老师讲的《成语接龙》，受益颇多。首先，成语不好教，成语作为中华语言的精髓，每个成语都有其历史出处，这离小朋友的生活有点远，单靠记忆是明显不够的。其次，成语作为语文课堂的一部分，教学尚显困难，更何况是成语专题课。还有很重要的一点，现成的成语课课例很少，讲这节课只能是"摸着石头过河"。可是对于功力深厚的韩老师来说，这都不是事儿！

一、韩老师的成语课来源于生活

韩老师善于在生活中教成语，用学生够得着、看得见的方式，让学生认识成语、理解成语，从而会用成语。比如，在讲"渴骥奔泉"这个成语的时候，韩老师没有一味讲这个成语的字面意思，而是让学生根据自己的感受，"找水源应该去哪里，哪个地方最吸引口渴的马？"这个问题让学生一下子抓住了这个成语的精髓，瞬间理解了它的意义。还有，在讲"人声鼎沸"这个成语时，韩老师没像一般的老师一样用画面或视频表现人多的场面，而是让学生联想自己逛庙会的场面，"九月九日，千佛山有庙会，是吗？庙会上人太多了，这叫？"简简单单的几句话就把孩子们带到了庙会那热闹的场景。韩老师在讲授"安营扎寨"这个成语时，同样从学生感兴趣的话题入手，起到了事半功倍的效果。

二、韩老师的成语课高于生活

韩老师的课堂有历史的积淀，有深邃的哲理。学生在这样的课堂还能受到多种人文教育，提高自己的人文素养。比如在讲授"人才辈出"这个成语时，韩老师让学生回忆了济南的历史名人，舜帝、孔子、秦琼、李清照等这些历史名人都对中国社会产生了广泛而深远的影响。学生通过这些耳熟能详的人物认识了成语，也潜移默化培养了自己热爱家乡热爱历史的思想感情。另外，故事也是韩老师教授成语的"法宝"，比如讲"红颜薄命"这个成语，韩老师用"夏雨荷"的故事让学生不仅认识了这个成语，还对大明湖有了一个浪漫的初识。这些教学源于生活而高于生活，学生也得到了更多……

三、韩老师的成语课最后都归于生活

学以致用是学习成语的一个重要教学目标。韩老师的课堂语言通俗平易，学生们爱听。她讲的成语课从实例出发，最后归于生活，学生们学着学着不仅认识了其意义，还懂得了所学成语可用的语境。如"渴骥奔泉"除了比喻迫切的欲望，也形容书法笔势矫健。韩老师举了个例子：有一次就见到一位老爷爷在泉城广场锻炼，拿着大扫帚一样大的毛笔蘸水写字，小朋友们都追着学习，刷刷刷……那字写得真快，真是有力量。学生们懂得了这个成语的双重意义，用起来肯定得心应手。

综上所述，我觉得韩老师的成语课堂充满了生活气息，学生们在这样的课堂上课是幸福的、愉悦的，听者更是从中感受到了韩老师课堂的无限魅力，感受到语文课堂的外延是多么的五彩缤纷。

· 课堂实录 ·

《滥竽充数》课堂教学实录
执教：赵俊友

师：同学们，刚才听了主持人的介绍，对我有哪些了解，我来自哪里？姓啥名谁？能听明白吗？好，试一试。

生：谢谢老师，我知道老师来自合肥，合肥市。我还知道老师姓赵，名字叫赵俊友。

师：介绍得清楚明白。我来自合肥市行知学校，我的名字叫？

生：赵俊友。

师：名字好听吗？

生：好听。

师：你要是把我的赵去掉，再读更好听，你试试？

生：俊友。

师：奇妙吧？你再试试？

生：俊友。

师：不同的风格，叫委婉。

生：俊友。

师：就是这么好听，我喜欢！同学们，你知道俊友是什么意思吗？怎么解读，你说？

生：我觉得您这个名字，是你非常英俊，而且非常友好。

师：你这样说不好，你这样说我容易骄傲。谢谢你的解读。我英俊在哪呢？刚才他说了，你能不能看出来？你看出来我英俊在哪？你说。

生：我觉得您英俊在头发上，还有衣着上。

师：衣着，这叫发型，是的。你们关注的是我的"俊"，我最喜欢我的"友"。我的"友"，小篆是这样写的，两只手，手拉手，互相帮助叫？

生：朋友。

师：对，朋友。这节课我们大手拉小手，互相帮助好不好？

生：好。

师：一言为定。一言既出？

生：驷马难追。

师：（与学生拉钩）好的，讲。

生：一言既出，驷马难追。

师：这是什么意思？

师：（对另一位学生）你什么意思？有话想说，你说。

生：我认为，"一言既出，驷马难追"的意思是，只要许诺了一个承诺，就是四匹马也难以追回来。

师：嗯，对，你知道的真多。既然这样，我们这节课一定要？

生：上好。

师：你看他已经发誓了，不上好也不行了，压力很大。都准备好了吗？

生：准备好了。

师：好了，我们开始上课？

生：起立！老师您好！

师：同学们好，请坐！刚才有点不对拍子，下面我们要注意了，所有同学看这。今天我们一起去读一个成语故事，这个成语故事虽然经历了两千多年，但是至今人们还是口口相传，常说常新。故事的名字叫《滥竽充数》。举起右手，我们写一写，记一记这个成语。（指课题）会读吗？读一读。

生：滥竽充数。

生：滥竽充数。

师：一起读！

生：滥竽充数。

师：因为历史久远，里边有一个字，我们现在很难懂了，"竽"谁知道？给我们介绍介绍？都知道，你说说。

生：我觉得竽是一种乐器。

师：嗯，是一种乐器，准确地说，是一种古代的乐器。因为现在已经没有了，它演变成了我们今天的笙，笙见过吗？没见过，我平时呢，有个小爱好，变变小魔术什么的，但是很少成功。今天我来试一试，但是不敢保证能够成功。想看看竽吗？

生：想。

师：嗯，想，想看我就开始变。来，这位同学请你把椅子往后退，身体往下，再下去，摸一摸，看找到什么？哎，真有啊，这是什么？

生：竽。

师：笙，这就是笙，笙啊，是竽演变过来的，竽又叫大笙，它的体积要比它大，但是结构差不多，有竽嘴、竽斗、竽苗、竽眼儿。你知道？

生：我知道叫竽眼儿。

师：是竽眼儿。好，再请一位同学，你起来干什么？你要干什么？

生：没事。

师：没事也不行啊，你站起来就要站起来，起来，你摸一摸？你说一说，"竽"字为什么是竹字头呢？

生：因为竽是用竹子做的。

师：明白了。虽然竽没有了，但它还是我们中华民族的文化，所以，在心里书空，把这个字记一记。记下来了？好，课文都读了吗？

生：读了。

师：能读好？

生：能。

师：嗯，课文简单，但是也不简单，因为我国著名的教育家朱熹说，要

103

读得字字响亮，不错一字，不多一字，不少一字，不倒一字，这还真不容易啊，我今天希望所有的同学都能够做到这一点，当然，我在希望别人的同时，还要首先要求自己。我首先读，如果有错，你们帮助我，好不好？注意听。滥竽充数。战国时，齐宣王喜欢听吹竽，他总是叫许多人一齐吹给他听。有个南郭先生，从来不会吹竽，也混了进来。每当演奏时，他就鼓着腮帮，按着竽眼儿，装出会吹的样子，居然得到了和别人一样多的俸禄。齐宣王死了，他的儿子齐湣王也喜欢听吹竽。可是他不要许多人一齐吹，而要一个一个地单独吹。南郭先生只好逃走了。有没有要帮助我的？有没有错？

生：没有。

师：你们能不能像这样读。为了达到这个目标，我们同桌之间互相读，手拉着手，互帮互助，开始。你读我听，我读你听。放声读。

（学生互读。师巡视）

师：都能读准了？能，不错，自信。光读准不行，还要把课文内容读懂，怎么读懂呢？如果你读完以后，头脑当中有一个人的形象，你就读懂了。哪个形象呢？你读懂了吗？

生：我读懂了。

师：谁的形象，在你头脑当中？

生：我知道了南郭先生的形象。

师：你找出来读一读。

生：有个南郭先生，从来不会吹竽，也混了进来。每当演奏时，他就鼓着腮帮，按着竽眼儿，装出会吹的样子，居然得到了和别人一样多的俸禄。

师：请坐！这一段内容比较多，哪位同学能把它读成一句话呢？你能读，你读。如果读成一句话，应该怎么读？

生：我觉得可以说"有个南郭先生，从来不会吹竽，也混了进来"。

师：你读懂了？坐，读到这句话的时候，你很自然地就会想到课题，是不是？

生：是。

师：从来不会吹竽，你想到哪个字词？你说。

生：我想到"滥"这个字。

师：你读懂了，读到"混"的时候，你又想到了课题的哪个字？

生：我又想起了"充"。

师：是的，读懂了，一句话内容长了，能不能读成一个字呢？你读的是哪一个字呢？你读。

生：我读懂的是"每"这个字，我从这个字感受到了，南郭先生在里面混了许久。

师：这是你的感受，是的，要说自己的话。你是世界上独一无二的。还有谁要说？你读懂哪个字？你说。

生：我觉得是"装"这个字，因为……谢谢老师。

师：不谢也可以说，我们现在说的是第一句话。

生：我是从"混进来"知道的。

师：哪一个字？

生："混"。

师：过来，这是他读到的。好，你们也读的是这个字吗？那么你们都读懂了。其实这篇课文当中，"混"最有味道，你信不信？

生：我感觉我信。因为从课题就能看出来，从"滥竽充数"就可以看出来这个人不学无术，什么都不会，但在里面却非常好地掩饰自己，有一副好的皮囊，而在他的内心深处，其实是一无所有。

（生大笑，掌声）

（学生向台下鞠躬）

师：请问你这是在要掌声吗？

生：我不是要掌声，其实我觉得有这个字就互相信任，互相帮助，互相学习。

（生大笑）

师：你是我的老师，真是我老师，"混"这个字特别有味道，他信了，你信不信？

生：我信。

师：现在根据我的提示，去品味"混"这个字。我们要读到人物的内心，怎么读呢？他混的时候，心里会想一些什么呢？你能不能读进去？好，你读。

105

生：我觉得，南郭先生这时候会想，我会不会因为装得不像而被齐宣王发现。

师：（因为学生表达不清）说话的时候想清楚说，现在有没有想好，想好一句话说完。

生：我觉得南郭先生会想，我这时会不会被齐宣王发现，我只是在装着。

师：其实你读的是"担心"是不是？

生：是。

师：你把这句读一读，注意是有味道地、担心地读，来。

生：我会不会……

师：你不是"我会不会"，是有个南郭先生。

生：哦。有个南郭先生，从来不会吹竽，也混了进来。

师：你看，他"混"得小心翼翼，是不是？有味道，来，你试一试。

生：有个南郭先生，从来不会吹竽，也混了进来。

师：这是害怕担心，你还体会到什么？我过去，你的椅子稍微让一下，往前一点点，好，谢谢！

生：我还读出来，他有侥幸心理的一面。

师：侥幸心理。你读一读。

生：有个南郭先生，从来不会吹竽，也混了进来。

师：嗯，他的语调又上去了。刚才语调下来了，现在又上去了。这就是读出不同的味道来了。好，你读一读。

生：有个南郭先生，从来不会吹竽，也混了进来。

师：读出自己的味道来了，一起读。来，预备齐。

生：有个南郭先生，从来不会吹竽，也混了进来。

师：我们再读，还有不一样的味道，你信不信？

生：我信。

师：你信不信？

生：我信。

师：不管你信不信，反正？

生：我信了。

师：信了就好，我们不仅要读进去，还要读出来，我们站在旁观者的角度看一看，南郭先生他是什么样的人，我们对他是什么态度呢？你读过了是吗？机会给别人，马上再给你！

生：我还从这里知道了南郭先生非常庆幸。他感觉"我终于混进来了"，但是在庆幸的同时他也是担心的。

师：你还在回味我们刚才讨论的南郭先生的心理，是吧？现在我们讨论的是你对南郭先生是什么态度？你对他这种行为怎么看？你说一说。

生：他觉得心里一定非常……

师：不是心里，你怎么看他这样的行为？

生：我觉得他是不对的，他不应该存在这样的侥幸。

师：你读出的是批评和责怪是不是？你读。

生：有个南郭先生，从来不会吹竽，也混了进来。

师：他把他要表达的意思混在了"混"里面。来，你说一说。

生：我从这里可以看出来，南郭先生的不劳而获，感觉他最后一定会被揭穿的。

师：这是你读懂的，你再读一读。

生：有个南郭先生，从来不会吹竽，也混了进来。

师：好，我再说一句话，同学们请思考，我说我们把"混"字读好了，其他内容都能读好了。为什么？

生：我认为这个"混"就是主要意思。把"混"这个字的味道读准了，其他的理所当然也就顺了。

师：因为下面内容都是写他？

生：混进吹竽的队伍中。

师：写他怎么混的。好，下面的任务是这样，你带着你的体会读进去也好，读出来也好，但是最后你要把南郭先生的样子读到脸上去，读到我们的眼前，会不会？

生：会。

师：哦，会，反正我是不行，今天你们去练一练，如果你们能读好，你们就是青出于蓝而胜于蓝。自己念，放声地念，马上找同学比一比，看谁能

107

把他的形象读到我们的眼前来？（学生停下后）自己念？读得摇头晃脑就对了，（指着自己的额头）读得这里有个大疙瘩就对了。就是这样读的，自己读，放声地读。有愿意读的吗？（学生停下来后）我们比一比，好，你先读，这样，既然要让别人看到，你必须到前面去。（拿走学生的话筒）这不需要了，我来！同学们看，看看能不能从她这里看到南郭先生的样子。

生：每当演奏时，他就鼓着腮帮，按着竽眼儿，装出会吹的样子，居然得到了和别人一样多的俸禄。

师：嗯，我能听到，能想到，但还没看到。谁能让我们看到？你能让我们看到？你过来，来看这！

生：每当演奏时……

师：我拿着，把你刚才的样子做出来。

生：每当演奏时，他就鼓着腮帮，按着竽眼儿，装出会吹的样子，居然得到了和别人一样多的俸禄。

师：你想拿奥斯卡小金人吧？这样就有味道了。（指另一位同学）来！你过来读，让他演。那样效果特别好。看，刚才他读，看到了吗？能超过他吗？比一比，来，说能！

生：能！

师：声音小一点，保护嗓子，要有底气。

生：能。（笑声）

师：哎，对，这样效果就好了。

生：有个南郭先生……（拿书）

师：不行，我来帮你拿着。

生：有个南郭先生，从来不会吹竽，也混了进来。每当演奏时，他就鼓着腮帮，按着竽眼儿，装出会吹的样子，居然得到了和别人一样多的俸禄。（学生做胜利的手势）

师：这是什么意思？

生：阴谋得逞，非常开心。

师：你看把人物读活了，把南郭先生印到了我们的脑海里，让人永远也忘不了。这就是读书。这样混，结果怎么样呢？你知道吗？

生：结果齐宣王死了，齐湣王……

师：结果，直接说结果？

生：结果南郭先生逃走了。

师：你过来，举手干什么？你过来。不要拿，过来。你知道结果吗？

生：我知道结果。

师：说。

生：因为种种原因……

师：直截了当，结果？

生：南郭先生只好逃走了。

（师转身看到黑板上学生写的"混"字）

师：哟，这字谁写的？站起来，你写的？这字虽然小，但特别娟秀。你们看看这个字，不得了！来，你比他写得好，在下面写，你不写"混"，他已经写过了，就在这儿，逃啊？

生：哪个逃？

师：哪个逃？好朋友就这样，不知道商量商量，看他写字，我来帮你（师帮学生扶黑板）。（学生自己擦了重写）不满意是吧，对，就要有追求，这是对的。他的走之儿写得不对，走之儿很多人都写得有问题，我来教一教你们，你们就能把字写好了。谁走之儿写得好？（台下老师笑）你说说。

生：老师，我想你说的是走之旁吗？

师：哎，有朋友真好，关键的时候能给我点拨。哎，就是的，你能不能写好？试一试，没关系，你鼓掌干什么？

生：我欢迎他，给他鼓励。

师：那就给他鼓励，来！

师：我提示你怎么写好，点头要高，好，哎哎，不对，就写一个，这样写就倒笔了，就写走之儿，（台下老师笑）你叫什么？你再教我。

生：王佩林。

师：我说你刚才写的叫什么？

生：走之底。

师：哦，走之底，头要高，脖子短，最后一笔，捺要一波三折，你们都

109

写，我写一个你们看看，写完的跟我的对比一下。好，把笔停下来。聪明的同学读到这里的时候，他肯定有问题，肯定读出问题来。说一说，后面的同学说一说，其他同学还在思考。

生：我想说南郭先生为什么逃走了。

师：对啊，为什么逃走呢？

生：我感觉是他混不下去了，因为齐湣王争了王位。

师：这是他的见解，你说。

生：我认为是齐湣王喜欢一个一个吹竽，因为这个南郭先生不会吹竽，所以他只好逃走了。

师：一对比就明白了，你读一读。

生：我觉得……

师：你一读就明白。

生：战国时，齐宣王喜欢听吹竽，他总是叫许多人一齐吹给他听。齐宣王死了，他的儿子齐湣王也喜欢听吹竽。可是他不要许多人一齐吹，而要一个一个地单独吹。我认为他从混到逃的原因，是他的侥幸与懒惰的心理。他只满足于滥竽充数，有那么好的学习环境，他不每天回家练，而是每天都在装、自欺欺人，最后只能落得逃之夭夭的下场。

师：嗯，你说得真好！但是没说到关键，还有什么原因让他逃走，你说。

生：我认为是他个人的喜好问题。

师：什么喜好，你说清楚。

生：齐宣王喜欢集体来吹。

师：他可以？

生：他可以在那里侥幸生存下去。而齐湣王喜欢一个一个地吹，他就没办法了。

师：所以关键点是，现在读明白了吗？

生：读明白了，老师。

师：好，课文当中还有几个关键的人物要记一记，谁来写一写他的名字？你字写得漂亮，刚才已经写过了，哪个同学，没写过的再来，你过来。我们其他同学都写，把三个人物的名字都写一写。为什么呢？因为南郭先生现在已经成为了我们这个成语的代名词了。你过来,还有吗?还有,你过来,其他同学在下面写,在下面把三个人物写一写,工工整整,一笔一画,写完以后看黑板。好,谢谢,这就是写字。字是人的第二张脸,刚才这几位同学"第二张脸"长得都特别漂亮,我很喜欢,当然你们第一张脸长得也不错。读到这里的时候,这个故事我们就都明白了,谁来告诉我们,滥竽充数是什么意思?你说。

生:我认为是干一件事情……

师:不是干一件事情,这篇课文"滥竽充数"指的是……

生:我觉得这篇课文"滥竽充数"指的是,南郭先生不会吹竽,但是也混进了吹竽的队伍。

师:嗯,你说得准确,你这样说是对的,这是成语的本意。它还有寓意,什么是寓意呢,不仅是不会吹竽的,比如不会读书的混在会读书的里边,也叫滥竽充数。你再像老师这样举一个例子,比如,你说?

生:我想说一下这个故事告诉我们的道理。

师:你先说吧。

生:我觉得这个故事告诉我们,不要像这个南郭先生一样,浑水摸鱼、滥竽充数,这样的话一定会被人揭穿的。

师:你告诉我们所有不会的人,她一下子全说完了。那个成语不仅指不会的人,同时也指不会的事、不好的事物,比如不好的文具盒放在好的文具盒里,就叫?

生:滥竽充数。

师:你再举个例子。

生:比如说一个长得不好看的本子,和一个好看的本子在一起。

师:好看的本子和一个不好看的本子,这怎么讲?是什么意思?是坏的本子?

生:就是坏的本子和好的本子。

师:你就叫好看不好看,嗯,好,除了这个,除了不好的人、不好的事,现在同学们再看一看,还有什么意思?上课这么长时间,你有什么要夸我的吗?

111

生：老师，其实我觉得你是一个合格的友人。

师：哦，真把我当朋友了，还有，你说。

生：老师，我觉得你是有真才实学的人，不是虚伪骗人的人，要不肯定不会到这里的。

师：你中午吃的什么？为什么嘴巴这么甜？（笑声）其实啊，我只是滥竽充数而已。你认为这里的"滥竽充数"是什么意思？听明白了？你说。

生：我觉得滥竽充数应该就是一个不符合……

师：听话听音，锣鼓听音，你坐。你明白了？

生：我觉得是一个没有真才实学的人混在一个学习很好的集体里。

师：你是说我是没有真才实学吗？我刚才说我是滥竽充数啊，你听出来了？你说。

生：贪婪和欲望交织成一个导火索，导致人内心产生一种贪婪和对名利的渴望，做出一些让人无法理解的事情，浑水摸鱼，在那些有真才实学人的队伍中。（掌声，笑声）

师：你是说我吗？是不是说我？

生：我是说南郭先生，我很鄙视这种小人。老师，您恰巧相反。

师：幸亏我多问了一句，要是不多问，我马上从这里就跑了，夹着尾巴逃走了。（笑声）你看，成语的寓意随着历史的演变也在发生着变化。所以我们还要跟上时代的步伐，不断学习。我们学习还要刨根问底，寻根究源。这个成语到底从哪里来的，为什么两千多年后我们还能读到呢？你知道吗？这下知道了，听清楚了？

生：我觉得滥竽充数这个词给我们的启发非常大，所以才流传到今天。

师：有道理，从哪来的呢？问题太难，是不是？

生：我觉得是《史记》记载的。

师：《史记》记载的，谁帮他，你说？

生：老师，我记得好像是《韩非子》记载的。

师：这你也知道啊？哦，阅读材料上有，好，我们一起去看一看。请同学们和着音乐，借助拼音，好好读一读，品一品。（学生自己练读）好，现在听我读，然后跟你读的对比一下，如果有错就改正。齐宣王使人吹竽，必三百人，南郭处士请为王吹竽，宣王说之，廪食以数百人。宣王死，湣王立，好一一听之，处士逃。（学生再练读）像我这样，放声读一读！（指名读）

生：齐宣王使人吹竽，必三百人，南郭处士请为王吹竽，宣王说之，廪食以数百人。宣王死，湣王立，好一一听之，处（chù）士逃。

师：处（chǔ）士逃。如果你这个字不读错了，你就是我老师了。你比我读得好。把掌声给她。

（生鼓掌）

师：就是《韩非子》，不仅有"滥竽充数"，还有很多耳熟能详的成语也是出自它。你读一读，来！

生：谢谢老师。

师：不要谢了，直接读。

生：（开火车读）守株待兔　自相矛盾　老马识途　如虎添翼　买椟还珠　一鸣惊人……

师："一鸣惊人"后面呢？

生：没有了。

师：没有了，后面，"一鸣惊人"后面？

生：守株待兔。

师：不是，"一鸣惊人"后面？谁看到"一鸣惊人"后面有什么？你说。

生：省略号。

师：这里不叫省略号，用汉字，叫什么？你说。

生：叫"等等"。

师：这最关键，不能丢。这是一种特殊的重要的语言。好，再看，这是我国第一部经书《山海经》，看看它里边的成语。我们从这边再读一读，来！

生：开天辟地　夸父逐日　女娲补天　嫦娥奔月　大禹治水　精卫填海　等等。

师：这才对啊，这"等等"最重要了。好，我们接着再来，这是我国儒学经典《论语》。你再读一读它里边的成语。

生：温故知新　不耻下问　学而不厌　举一反三　循序渐进　欲速不达　等等。

师：从"等等"里边你看出了什么，你发现了什么问题？都知道了，你说说。

生：谢谢老师，我国的文化经典不止这些，还有许多的成语等待我们发现。

师：你真会发现，是的，很多成语都来源于经典，并且浓缩了经典的精华，我们学习成语其实在干什么？品味经典，成语也是我们中华民族文化宝库当中重要的一章，希望同学们能以成语为友，能以经典为友，也能以俊友为友，行不行？

生：行。

师：你愿意吗？

生：愿意。

师：愿意什么？

生：和俊友为友。（笑声）

师：我也愿意与你为友，好，这节课到这里的时候，我们应该布置作业了吧？是不是？

生：是。

师：好，你们猜猜俊友老师给你们留什么作业？都知道了，自己想一想，自己特别喜欢做的，而且能够完成的，谁要能猜到，我今天在这个台上就拜他为师。你布置的是什么作业，你说？

生：我觉得是阅读更多的经典。

生：老师我认为这堂课你上得，就如"春色满园关不住，一枝红杏出墙来"。（掌声，笑声）

师：比喻不恰当，我是黑杏还差不多，哪有红杏啊？（笑声）谢谢！这样吧，我宣布我的作业，看你有没有猜中。我郑重宣布我的作业就是：没有！因为你们都给自己布置作业了，我怎么忍心再增加你们的负担呢？好，这节课到这里，我们该下课了，跟朋友们说声再见，同学们下课！

生：起立！老师再见！

师：同学们再见！

· 听课回响 ·

从"目中有人"到"独具匠心"

安徽省合肥市隆岗小学　杨　敏

幽默是一种魅力。赵俊友老师以其独特的幽默、豁亮在学生们的心田播撒一颗热爱语文的种子，奏响一曲美妙的语文之歌。有幸在美丽的泉城，在《第八届名家人文教育高端论坛暨名师课堂研讨会》上聆听赵俊友老师执教的《滥竽充数》一课，我想用"目中有人""独具匠心"两个关键词概括我观课之感。

一、目中有人

目中有人才有路，心中有爱才有度。"目中有人"包含五个层面：有学生、有文本、有自我、有作者、有编者。赵老师的课堂上，学生是轻松的、自由的、愉悦的、兴奋的。课前谈话，赵老师由自己名字聊起，以"友"字为伴，老师与学生，就像大朋友与小朋友，大手拉小手，课堂氛围和谐宽松，学生快乐幸福。赵老师对文本的深层解读，独特的教学风格，对作者、编者意图的揣摩，这些都基于尊重的预设，让学生们的个性张扬。他的教学智慧，也演绎着预设的精彩。在他的课堂上，学生们丝毫不感到拘谨，是实实在在的童真与童趣被呵护的课堂，这不得不归功于教师精妙的教学设计和课堂引导。这样的课堂设计意味深长，这样的构思与设计本身不也是一则精妙的故事吗？

二、独具匠心

1. 独具匠心研读文本，找准训练点。

赵老师引领学生抓关键词读悟文本，抓住一个"混"字，进行读的指导训练，读得有层次、有梯度、有效度。赵老师先让学生读熟故事；接着让学生读懂故事，读出人物形象，读到人物内心；最后让学生站在旁观者的角度，读出自己的理解——把南郭先生的样子，读到眼中，读到脑海里，读出了文本的意思，读出了文本的意境，亦读出了文本的韵味。

2. 独具匠心填补空白，寻求发散点。

教学中，南郭先生心理活动的揣摩，《论语》《山海经》中成语故事的拓展，让《滥竽充数》显得立体、丰满，把简单的故事读到古文处，读到经典处，把文本读厚，引领学生探寻成语这一中华传统文化瑰宝，"向青草更青处漫溯"！

故事里有生活，更有对生活的感悟。在品味"滥竽充数"这一成语故事之意后，赵老师并没有戛然而止，而是让学生联系生活实际，说说生活中的"滥竽充数"。教学中，多一个回合，能把文本读活，让文本活用。

"经师""人师"一树开

安徽省合肥市行知学校　夏自兰

早就听说，名家人文教育高端论坛暨名师课堂研讨会"高大上""白富美"。这次踏着春风，亲临济南，聆听大师，感悟经典。不禁由衷地感叹，大师的课堂一如济南的天空，明净高远；大师的智慧一如济南的泉水，喷涌不息。心灵震颤之余，总想"高歌"一曲，以示我满心的崇敬之情。这首"歌"的主题是《"经师""人师"一树开》。下面我就赵俊友老师的《滥竽充数》课例一展"歌喉"。

人们常说，经师易得、人师难求，是啊，我们听了太多的"上教案课""走流程课"就越来越感觉到"人师"的缺位。苏霍姆林斯基说："课，首先是具体的儿童。"只有关注儿童、关注生命的课才有勃勃生机。赵俊友老师的课让我们感受到了浓浓的人情味，真真切切有"人师"在场。比如，开课时，赵老师在解释他的名字时说："'友'，小篆是这样写的。两只手，手拉手，互帮互助叫朋友。这节课让我们大手拉小手互帮互助，好不好？"学生答应后，赵老师又与学生拉钩。学生说，一言既出驷马难追。一个小细节却体现了人文关怀，也让学生认识了合作之道。又如，赵老师在要求学生把书读好时说："我国教育家朱熹说，要读得字字响亮，不错一字，不多一字，不少一字，不倒一字。今天，我希望所有的同学都能做到。当然，给别人提要求时，首先要要求自己。我先来读，如果有错你们帮我纠正。"随后赵老师的范读（其实是背诵）字字响亮，一字不落。"身正为师，学高为范"，这就是为人师。学生也从中明白，一切从我做起。另外，课中有位学生在写"逃"时，擦了重写。赵老师发现了，说："不满意再来一次，人生就是要有追求。"看似信手拈来，轻描淡写，恰恰是在做真教育，不仅仅是教书，也在于无声处育人。当然，像这样的例子整节课俯拾皆是，不胜枚举。

这节课，师生始终沐浴在浓浓的人情味之中，同时，我又感慨赵老师作为"经师"之高明。高明在于，赵老师真正把阅读课上成了于永正老师说的"读书课"。赵老师的阅读教学有层次，有梯度，循序渐进，曲径通幽。

第一个层次是正确流利地读。这个层次的朗读，我们平时因为缺少策略，这一环节往往索然寡味。可是，神奇的是赵老师仅仅用了朱熹的一句名言，以及自己的范读，就能让学生胃口大开，跃跃欲试。在接下来的同桌互读时，学生读得兴趣盎然，读得津津有味。我想这就是引导的艺术吧，也就是叶圣陶在《语文教学二十一韵》里讲的"诱导与启发，讲义并示范"。

第二个层次是品读课文。赵老师先引导学生把书读薄。把课文读成一段话，再把一段话读成一句话，最后把一句话读成一个字"混"。这是训练学生的概括能力。之后，赵老师又引导学生把书读厚。具体的方法是读进去，读到人物的内心，即南郭先生在混的时候心里是怎么想的。还要能读出来，站在旁观者的角度你怎么看南郭先生的行为。这样，学生在文本走了几个来回，越走路越宽，越走越有味。这就是语文味。

第三个层次是演读。要求学生把南郭先生的样子读到脸上来，读到我们面前。赵老师说："反正我是读不好，谁要能读好，就是青出于蓝而胜于蓝。你们自己练，一会儿请同学来比比看。"请将不如激将。第斯多惠说，教学艺术的本质不在于传授本领，而在于激励、唤醒和鼓舞。赵老师谙熟激励之道，学生就是在激励作用下才出现课堂上拿"奥斯卡小金人"的表演天才。从某种意义上讲，阅读能力就是"还原"的能力。只有把文字场景还原、再现，在教师、教材和学生的心灵之间形成一种相似的和谐的振动，才能使学生与知识产生共鸣；学生也只有发现知识间的相似性，才能产生学习的兴趣。

最后，我的这首"歌"还是想以课堂上学生的话来结尾。学生说："老师，我认为你的课就如'春色满园关不住，一枝红杏出墙来'。"的确如此，赵老师的课如红杏，即有"色"美——作为"经师"技艺精湛，别具匠心；又有"味"美——作为"人师"通情达理，教书育人。

·课堂实录·

《黄果树瀑布》课堂教学实录

执教：薛法根

板块一：引用词句赞美瀑布

师：贵州省有一个小村庄，长着一种树，名叫"黄果树"，这个村就叫"黄果树村"；村前有一条小河，名叫——（生插话：黄果树河）白水河（众笑）。白水河流经一个断崖，形成了一道100多米宽的大瀑布，名叫——

生：黄果树瀑布。

师：（出示插图）看，这就是黄果树瀑布！一个字——（生插话：美）谁用语言来赞一下这个"美"？

生：黄果树瀑布真美啊！（众笑）

师：不用"美"行不行？

生：黄果树瀑布雄伟壮观。（师插话：感情再强烈一点）黄果树瀑布真是雄伟壮观啊！（众笑）

师：借你一个词"那么……那么……"。

生：黄果树瀑布那么那么雄伟壮观。（众大笑，生迟疑）黄果树瀑布那么雄伟，那么壮观！（掌声）

师：再借你一个词"真令人……"。

生：黄果树瀑布那么雄伟，那么壮观，真令人流连忘返！/真令人沉醉！/真令人心旷神怡！

师：课文中还有哪些词句，可以直接用来赞美瀑布？

生：黄果树瀑布悬挂在岩壁上，好像一匹宽幅白练正从织布机上泻下来。（师插话：真令人）真令人震撼！

生：黄果树瀑布激起的水花，如雨雾般腾空而起，形成了远近闻名的"银雨洒金街"的奇景，真令人啧啧赞叹！

生：黄果树瀑布虽不如庐山瀑布那样长，但远比它宽，真是气势非凡，雄伟壮观。

生：黄果树瀑布飞流直下，挟来大自然无限的生机，让人久久不能忘怀。

生：黄果树瀑布那"哗哗"的水声变成了千万架织布机的大合奏。

师：（惊喜地）别人赞美的是瀑布的样子，你赞美的是瀑布的声音。这里的"那"字用得好，将形与声连起来了，再说一遍！（生重复）再说一遍！（生重复）重要的句子说三遍！（众大笑）

生：黄果树瀑布那"哗哗"的水声如雷声轰鸣，山回谷应。

生：黄果树瀑布那"哗哗"的水声好像乐声奏鸣，人就像漂浮在一片声浪之中，每个细胞都灌满了活力。

生：黄果树瀑布真是一部大自然的杰作。（师插话：真是什么）真是一部大自然的杰作。（师插话：真是什么）真是一部大自然的杰作。（生齐：重要的句子说三遍。大笑）

师：这个句子重要在哪儿？

生：是对黄果树瀑布的总结/是作者对瀑布的高度赞美/是全文的总起句/刚才所有赞美的句子，可以用这个句子来概括。

师：最能表达作者的赞美之情！一句话，黄果树瀑布——

生：真是一部大自然的杰作！

师：赞美一个事物，绝不能只用"好美啊！真美啊！美极了！"而要善于引用文中鲜活的、丰富的词句，从不同的侧面来赞美。记住：阅读别人的文章，积累自己的语言。多引用！

板块二：仿造比喻描绘瀑声

师：黄果树瀑布这部大自然的杰作，美在它的——

生：形状/声音。

师：一般游客到黄果树，都是用眼看，作者不但用眼看，而且用耳听。他听到的是什么样的水声？模拟一下这个声音。

生：哗哗/哗哗/哗哗（师板书：哗哗）。

师：同样是水声，小溪的声音？

生：潺潺的（师插话：绵柔之美）/哗啦哗啦的（师插话：欢快之美）/淅沥淅沥的（师插话：轻快之美）/淙淙的（师插话：有力之美）/叮咚叮咚（师插话：那是泉水的声音，众笑）。

师：小溪时窄时宽，时急时缓，发出的水声就会有变化。而瀑布的水声在远处听，是"哗哗"的，在近处听，是"哗哗"的，在瀑布下面听，还是"哗哗"的。但是，在作者杨国民先生的耳朵里，这"哗哗"的水声却变成了不同的声音。仔细阅读课文，找一找，画一画。

（生读后交流，师相继出示5个描写声音的语段）

师：刚进入黄果树风景区，听到"哗哗"的水声，就像是——

生：（齐读）微风拂过树梢，渐近渐响。

师："哗哗"的水声变成了什么声？

生：微风拂过树梢的声音/风声/微微的风声。（师板书：风声）

师：想象一下生活中微微的风声，给你什么样的感觉？

生：舒服的/温柔的/轻轻的/轻柔的/柔和的……

师：哪一个字传达出了这种"轻柔"的感觉？

生：拂过。如果是刮过，或者吹过，就是大风，或者狂风，就没那么美了。/拂过，有一种柔柔的感觉，刮过就有刺痛的感觉。

师：感觉就藏在这个"拂"字当中，朗读时请你传达出那种"轻柔"的美感。

（生朗读语句，语调轻而缓。）

师：再近些，听到"哗哗"的水声，就像是——

生：（齐读）潮水般涌上来，盖过了人喧马嘶，天地间只存下一片喧嚣的水声了。

师："哗哗"的水声变成了什么声？

生：潮水声/汹涌的潮水声/波涛汹涌的潮声……（师板书：潮声）

师：如果刚才的风声是"轻柔"之美，那么现在的潮声有什么样的美感？

生：勇猛之美/力量之美/壮阔之美/雄浑之美/低沉之美/气势非凡之美……

师：哪一个字传达出了这种"雄浑"的感觉？

生：涌/盖过/只存下。

师：朗读时要关注这些动词，传达出那种潮声的力量之美。

（生朗读语句，先低沉后洪亮）

师：站在瀑布的正对面，听到"哗哗"的水声，就像是——

生：（齐读）千万架织布机的大合奏。

师："哗哗"的水声变成了什么声？

生：织布机的声音/织布声/织机声。（师板书：织机声）

师：听到过织机声吗？

生：听到过，是吱吱吱的。（师插话：那是老鼠声。众笑）/是轰隆隆的。（师插话：那是打雷声。众大笑）/是嚓嚓嚓的/是咔嚓咔嚓咔嚓的。

师：千万台织机的咔嚓咔嚓声，好听吗？

生：震耳欲聋，吵死人了/是噪音啊/耳朵会受不了的……

师：一般人觉得是震耳欲聋的噪音，作者听起来却美妙极了，你看出来了吗？

生：大合奏。这个词表明作者听到的声音很有节奏感，很美妙。

师：同样的咔嚓咔嚓咔嚓声，为何作者听到的却是美妙的合奏声，而一般人听到的是噪声？

生：作者有音乐的感觉。（众笑。师插话：越有乐感越觉得是噪音）/这么大的咔嚓声很有气势。（师插话：似乎有点道理了）/这样气势非凡的咔嚓声，让作者感觉到一种力量。（师插话：更有意思了）/作者感觉声音的气势非凡，非常喜欢。一喜欢，声音就变美了。（掌声）

师：俗话说，情人眼里出西施。感情不同，声音的感觉就不同。"大合奏"三个字里隐藏着作者的喜爱之情。比喻往往带着情感色彩，阅读时要分外地用心。我们一起来读一读这个充满情感的比喻——

（生齐读，音高气足）

师：坐在瀑布下面，听到"哗哗"的水声，就像是——

生：（齐读）雷声轰鸣，山回谷应。

师：坐在瀑布下面，听到"哗哗"的水声，就像是——

生：（齐读）乐声奏鸣，人就像漂浮在一片声浪之中，每个细胞都灌满了活力。

师："哗哗"的水声变成了什么声？

生：雷声/乐声。

师：乐声和风声、潮声、雷声有什么不同？

生：乐声是人演奏出来的/乐声是最美妙的，最悦耳动听的/乐声最动人/乐声百听不厌/乐声让人沉醉……

师：是的，那"哗哗"的大自然的水声，已经变成了人类演奏的"乐声"，传达的赞美、喜爱的情感已经到了极致。作者从水声中听到了一般人听不到的东西，你听到了吗？

生：瀑布的活力/瀑布的生命活力/瀑布和人一样，是有生命的，是充满生命活力的……

师：用心才能听得到水声之中瀑布的生命活力，这才是作者通过一连串比喻想要传达出来的心思。用心读一读这个语句——

生：（精神饱满地齐读）坐在下面，仿佛置身于一个圆形的乐池里。四周乐声奏鸣，人就像漂浮在一片声浪之中，每个细胞都灌满了活力。

师：读了这样的比喻，我们不禁想问：什么样的人才能写出这样的语句来？

生：看到过黄果树瀑布的人/善于观察的人/热爱大自然的人/心思细腻，感情丰富的人/想象力丰富的人/有文采的人/心胸开阔的人/有空的人。（众大笑，师插话：不仅仅是有时间，而且还要有闲适的心。心里清空了一切，才能装得进整个的瀑布啊！）/爱生活，会生活的人……

师：同学们透过这些美妙的比喻，看到了一个富有生活情趣的人。有什么样的情怀，就会有什么样的文字。假如你也听到那"哗哗"的水声，可以比作什么样的声音呢？请静心想象片刻。

生：（想象之后交流）那"哗哗"的水声，就像是下雨的声音。（师插话：雨声，下在哪儿的雨声最美？）那"哗哗"的水声，就像细雨洒落在密密的树林里，沙沙作响。（掌声。师插话：那是轻柔之美。还可以下在哪里，更有诗意的美感？）那"哗哗"的水声，就像密密的细雨打落在千万顶雨伞上，沙沙地响。（掌声）

生：那"哗哗"的水声，就像是骏马在草原上飞奔。（师插话：一匹骏马没有气势）那"哗哗"的水声，就像是千万匹战马在草原上的奔腾声。（掌声。师插话：千万匹战马，更有雄浑的力量，好）

生：那"哗哗"的水声，就像是千万头战象的奔腾声。（师插话：会迁移，不错）

生：那"哗哗"的水声，就像是千万头老虎的虎啸声。（师插话：虎啸声，好）

生：那"哗哗"的水声，就像是千万头雄狮的狮吼声。（师插话：虎啸狮吼，都有了）

生：那"哗哗"的水声，就像是千万只狗的狗叫声。（众笑，师插话：虎啸狮吼都有气势之美，狗叫、猫叫、鸡叫一类的，似乎没有那种美感，不妥）

（生一时沉默）

师：打开思路，不要停留在"动物的叫声上"。比如在一个万人体育场里，你听到哪些声音如同"哗哗"的水声？

生：（争先恐后地）那"哗哗"的水声，就像是千万人的欢呼声／……就像是千万人的加油声／……就像是千万人的助威声／……就像是千万人的呐喊声／……就像是千万人潮水般经久不息的掌声。（师插话：掌声在哪里？众鼓掌）

师：瞧，一个体育场里就可以创造这么多的比喻。打开思路，想象。

生：那"哗哗"的水声，就像是千万个孩子朗朗的读书声。（师插话：这是世界上最美的声音）

生：那"哗哗"的水声，就像是千万架低音提琴的奏鸣声。

生：那"哗哗"的水声，就像是万炮齐发的轰鸣声……

师：每个人的生活经验不同，你的联想也就不同。生活有情趣，你的比喻也就有情有趣。阅读，就要从语言中体察作者的生活世界和情感世界；写作，就是要用语言表达自己的生活世界和情感世界。

板块三：运用移情表达美感

师：我们再来欣赏一下瀑布的声音。（引读）刚进入黄果树风景区，我们便听到——

生："哗哗"的声音从远处传来，就像是微风拂过树梢，渐近渐响。最后潮水般涌上来，盖过了人喧马嘶，天地间只存下一片喧嚣的水声了。

师：瀑声到了我的耳朵里。透过树的缝隙，便看到一道瀑布悬挂在岩壁上，那——

生："哗哗"的水声便成了千万架织布机的大合奏。

师：瀑声到了我的眼睛里。坐在谷底的岩石上，瀑布从岩壁上直泻下来——

生：如雷声轰鸣，山回谷应。

师：瀑声到了我的头顶上。坐在下面——

生：仿佛置身于一个圆形的乐池里。四周乐声奏鸣，人就像漂浮在一片声浪之中，每个细胞都灌满了活力。

师：此时瀑声到了哪里？

生：瀑声到了我的周围／到了我的身体里。

师：我们久久地坐着，聆听者——

生：訇然作响的瀑布声，只觉得胸膛在扩展，就像张开的山谷，让瀑布飞流直下，挟来大自然无限的生机。

师：此时瀑声到了哪里？

生：瀑声到了我的胸膛里／瀑声到了我的心胸里／瀑声到了我的心里。

师：我们在旅游的时候，有没有这样的体验：当你登上山顶往远处眺望的时候，视野就——（生接话：变得远大）心胸就——（生接话：变得开阔）

125

烦恼就——（生接话：烟消云散，抛到了九霄云外，一下子散去了……）还有这样的体验吗？

生：有，当我面对大海的时候，就觉得自己太渺小了，胸怀太狭窄了/我到了草原，看到一望无际的大草原，天和地在远处连在了一起，整个心就像飞出了胸膛，飞得很高很远，一下子就心旷神怡了/在花园里，看到百花盛开，姹紫嫣红，就觉得生活那么美好，日子都像花一样鲜艳了。（掌声）

师：此时此刻，聆听着訇然作响的瀑布声，我的胸膛像张开的山谷，张开，张开，张开，大到可以接纳整个的瀑布。这就是瀑声带给我心灵的震撼，带给我心灵的影响。这种影响有一个名字，叫做"陶冶"。让我们跟随作者，一起在瀑声中陶冶自己的心灵和性情。

（生有感情地齐读第 7 自然段）

师：瀑声到了我的心里。及至离开潭边，登上溪旁的一个平台。绿树掩映间，有一座徐霞客的塑像。

生：他遥对瀑布，仿佛在凝神谛听远处的瀑布声。他完全沉醉了。此时此刻的我们，也完全沉醉了。

师：瀑声到了哪里？

生：徐霞客的心里。（师插话：他还活着？众笑）徐霞客塑像的心里。（师插话：塑像有心吗？众又笑）徐霞客的塑像好像也听到了瀑布声，好像也有了活力。他活了。（师插话：塑像怎么会活了）徐霞客的塑像有了人一样的情感，也被瀑布声沉醉了。（师插话：塑像的情感哪儿来的）是作者给他的。（众笑）

师：笑什么？他说的完全正确，老师帮他改一个词，是作者的感情"转移"到了徐霞客的塑像上，于是，塑像也像人一样有了感情，也和人一样沉醉了。如果作者的感情"转移"到了松树上，松树也会沉醉了；"转移"到了小草上，小草也会沉醉了。这种感情的转移有一个名字，叫做"移情"。让我们一起体会一下这种"移情"的效果。

（生有感情地齐读第 8 自然段）

师：作者心中有"情"才能"移"，怎么"移"呢？你看这一句"他完全沉醉了"，如果写成"他完全都不动了"就没有情了，一用"沉醉"就有情了。关键在于用词，准确的动词，可以传达作者的感情。你能从课文中举出几个例子来吗？

生：就像微风拂过树梢的"拂过"/潮水般涌上来的"涌"/千万台织布机的大合奏的"大合奏"/挟来大自然无限生机的"挟来"……

师：现在我们来看这样一篇短文，请一个同学来读一读。

生：（朗读）秋天的校园真美！秋风一吹，路两旁的梧桐树叶就掉了，（师插话：树叶都掉了还美吗？众笑）堆满了整条小路。（师插话：堆满了，还美吗？众笑）两棵石榴树长满了石榴，几个大石榴都破裂了。（师插话：都破裂了还美吗？众笑）桂花树上长出了花，小花长在绿叶里，好看极了。（师插话：长在绿叶里都看不见了，还好看吗？众笑）整个校园都有花香。

师：猜猜，几年级水平？

生：一年级。（师插话：你一年级有这个水平？众笑）/三年级。（师插话：差不多吧）

师：现在请你们"移情"，将这段话修改成五年级水平。注意：用词移情，如果添上恰当的比喻、拟人等语句，可以表达得更有情。

生：（修改后交流）秋天的校园真美！秋风一吹，路两旁的梧桐树叶就纷纷扬扬地飘落了，（师插话：飘落，姿态优美）就像一只只黄蝴蝶翩翩起舞。（师插话：拟人手法表达喜爱之情）整条小路就像铺上了金黄色的地毯。（师插话：铺是有意的，小路变成了地毯，美！送你一个词：走在上面……）走在上面，沙沙作响。（师插话：一走就有声音，美！）两颗石榴树上挂满了石榴，红彤彤的，好像一个个灯笼。（师插话：比喻之中饱满赞美）几个大石榴都笑开了脸。（众笑。师插话：脸笑开了就破了相，不美了，改）几个大石榴都笑开了花，露出了洁白的籽。（师插话：前半句美，后半句不太美。不要总是想着脸，可以……再改一下）几个大石榴笑得裂开了嘴。（掌声。师插话：这就贴切了）桂花树上开出了金黄色的花，小花躲在绿叶里。（师插话：一个躲字，情趣呼之欲出。奖励你一个词：含羞地）小花含羞地躲在绿叶里，悄悄地散发着幽香。整个校园都沉醉在花香里。（掌声）

师：一移情，几年级水平？

生：五年级。（笑声）

127

师：还有更高的水平吗？

（生交流，略）

师：今天我们学习的是一篇游记。有的人在旅游时"上车睡觉，下车尿尿，到了景点拍个照"，而作者杨国民先生却不一样，他善于用心发现，领略一般人看不到的风景。旅游看景也是有境界的，你想看什么就会看到什么。比如，你现在看到一幅画（出示）白鹭立雪。你一眼看到的是什么？

生：一只鸟／一片雪地／一片白色。

师：三位同学看到的都不一样。请看（出示）：愚人见鹭，（众大笑）聪者见雪，（众笑）智者见白（众笑）。这是台湾作家林清玄的话，请你在旅游的时候，要记得用心看景。（掌声）

《给学生新的生长点》讲座实录

执教：薛法根

教学旨在促进学生改变，从不懂到懂，从不会到会，从不能到能。教学如果看不到学生的进步变化，就失去了教学的意义。遗憾的是，我们的语文教学，教和不教几乎一个样，大多数时候是在学生原有水平上的重复劳作。无论是阅读理解，还是写作表达，都没有给学生语文能力的发展注入新的"生长素"，没有呈现新的教学生长点。教学《黄果树瀑布》一课之前，我查阅了学生的预习，发现大部分学生自读三五遍之后，几乎都能感受到作者蕴藏文中的赞美之情，赞美的是黄果树瀑布无限的生命活力，甚至有的学生已经发现了"借瀑声抒发情感"的写作方法，更不用说"移步换景"的游记文路。更有甚者，手中有"一课通""课课通"之类的教辅用书，对文本的解读早已了然于心。在信息时代，教学资源不仅仅掌握在语文教师手里，师生几乎站在同一个起跑线。如果我们还是照本宣科，或者照搬教材上的那几点分析，就无法满足学生的求知渴望，就无法让课堂焕发出创造的活力，就看不到学生成长的足迹。当然，并非每一个学生都有如此充分的预习，并非完全读懂了文本。或许，他们还处于一种自以为懂而实际上一无所知的状态。总而言之，教在学的起点上，要给予学生新的生长点。经过细致的斟酌，我确定了三个教学内容,力求实现教学的改变。

一、在引用中积累,内化文本词句

既然学生已经熟读了课文,那么文中的字词就不需要一个一个地教。但是字词的积累始终是小学语文教学的主要任务,没有足够的语言积累,语文能力就无从生长。对于这篇课文中的字词,如何有效地积累,是需要教学设计的。我选择了一个最简单也最能考查学生字词预习效能的办法,引用词句进行说话练习:借用文中的词句来赞美黄果树瀑布。这项活动一开始测量一下学生的原有水平:你怎么赞瀑布的美?学生的原有水平就是运用一两个形容词,作陈述句,而不会作感叹或者反问等句式,更不会用丰富的词句作描述性的赞美。于是,我启发学生借用文本词句,从说形态,再说声音,一句一句说开去,最后以一个总结性的句子收尾。这样的说话训练,将文本的词句激活了,在运用中内化为学生自己的表达。从教学实录可以看到学生话语的日渐丰富与鲜活,不再是原有的水平,而是在"引用"之后的提升。可见,"引用"就是一个促进学生丰富语言积累、内化文本语言的生长点。这一方法,可以推而广之,在很多写景状物类的文本中都可以广泛运用,简单而又实用。

二、在仿造中迁移,提高想象能力

这篇游记,主要从形态和声音两个方面来描写黄果树瀑布的美,表达作者的赞美之情。其中蕴含作者情感的语句、语段比比皆是,选择哪些语句来教,每个教师可以有自己的选择。研读文本时,我发现原文题目是《黄果树听瀑》,杨国民先生去的那一次,黄果树瀑布水势并不大,没有看到那种气势磅礴的壮观景象,所以在有点失望的境遇下,意外地聆听到了瀑布的声音,听到了瀑声之中的生机、活力与情趣。文中用大量的笔墨写了五处瀑声,可见作者的本意在于声而不在于形。由是,我确定了五个语段,又聚焦于五个关于瀑声的比喻。我一直主张:教得少一点,但要学得透一些。我不赞成

"不求甚解"式的阅读，而希望学生可以就某一点有深切的体悟，可以有所得有所悟。这五个语句和语段，究竟可以给学生什么样的生长点？比喻不是新的，但是比喻中所折射出来的情感，却是非教难以体察的，于是就又聚焦在那些特别的字眼上，从"拂、涌、大合奏、乐声"等字词中感受声音之美，体会表达之妙。体察情感也不是目的，要旨在于透过情感触摸到文字背后的那一个富有生活情趣的"人"，实现与作者的对话，这是散文阅读的精髓。读不到文本背后的"人"，就没有读懂读透。所以，我追问了一个问题：什么样的人才写得出如此美妙的比喻？这是一种阅读点醒，是教学生一种阅读洞察的眼光与眼力。教学至此似乎已到阅读教学的极致，然教学不能止于理解，而要转向到表达，即学习作者那种丰富而贴切的联想力。从一种声音联想到那么多美妙的声音，作者是怎么想象出来的？我设计了一个仿造比喻的练习。这看似不难，实际上，在打开思路之前，学生一般只能把瀑声比作"鸟儿鸣叫的声音、弹奏钢琴的声音、人们歌唱的声音"等，都是俗而不切的比喻，缺乏想象力。好的语文课，就是要有好的活动设计。不管学生想到什么，我都有一个体育场的语境，用以激活学生的想象，打开仿造的思路。这是基础和底线，每个学生都可以从这里打开想象的缺口，接连不断地造出新的比喻句。当然，在学生造出一个新颖的比喻，但是又不那么恰当、不那么优美的时候，教师的责任在于引导他逐步改进。就像那个比作雨声的学生，在教师的插话中，一步步地改得自然、生动而又贴切，从中可以看到他成长的痕迹。这样的教学，真的是一种赏心悦目的语文生活。

三、在改写中习得，学会移情表达

每篇课文总有那么几个关键点，学生凭借已有的阅读能力难以把握，需要教师的点拨与引导。《黄果树瀑布》这一篇课文中最后两个自然段，看似一读就懂，其实很难读透。一个是自然给予人心灵与性情的"陶冶"，一个是作者"移情"的表达方法。前者需要点拨，将文本和学生的已有生活经验建立联结，便可以让学生有一种豁然开朗之感，学生以后读到类似的课文，就会自能阅读、自行感悟了；后者需要解释，一层一层地追问：塑像怎么会沉醉？

谁给了塑像以人的情感？情感是如何转移的？这样的思考才能清晰地揭示"移情"的心理过程，这是一种写作构思。这样一个写作知识，仅仅"知"是不够的，更重要的是会"用"。直接运用这种"移情"的表达方法写一个片段或者一篇作文，可行，但是得给学生更充分的时间。在有限的时间内，我选择的是一个改写练习，即在原有水平的基础上，介入"移情"的要素，让文章变得"楚楚动人"。于是，经学生那么一改，原本客观的描述，一下子就浸润了作者的情感，变得生动形象起来。学生也看到了"移情"的作用，相信对这种表达方法有了真切的体验，也懂得了"移情"要如何遣词造句的基本策略。你看，改和不改，就是不一样。这样的教学，我们实实在在地看到了学生的改变。

诚然，一篇文本中能够给予学生的生长点，绝不仅有这样三点。从不同的视角去发掘，还可以寻找到其他生长点，这就是考验语文教师的文本解读能力和教学内容的研制能力，是语文教师的专业体现。还要说明的一点，语文教学留给学生的生长点，有的是短期可以看得见的，而有些是长期才能产生效果的，是一时看不见的。看不见的往往是更为重要的，需要我们有长远的教学眼光，从学生语文终身学习的视野去认知与教学。当然，正如苏格拉底说的那样，把看得见的"那一穗麦子"拿到手，也是一种教育哲学。

· 听课回响 ·

巧取一个点，打开一扇窗

山东省济南市燕柳小学　房世雪

学生学习语文知识，需要经历"认识——实践——总结"这样一个完整的认知过程。学生通过亲历实践过程，才能起到自我感悟、内化的作用。江苏省苏州市盛泽实验小学薛法根校长在"第八届名家人文教育高端论坛暨名师课堂研讨会"的课堂上执教了《黄果树瀑布》一课，以其独有的语文教学魅力，巧妙选取一个个教学点，自如地引导学生行走在语文教学的"林阴道上"，让学生在阅读教学中经历了一次如沐春风的语言学习过程。

一、趣——言语表达，彰显灵动童趣

学生学习过程中积极的学习情绪是促进学习效果的有效方法，薛老师开课伊始就是一段非常有趣的对话，活跃了课堂气氛，调动了学生积极性。

师：看，这就是黄果树瀑布！一个字——（生插话：美）谁用语言来赞一下这个"美"？

生：黄果树瀑布真美啊！（众笑）

师：不用"美"行不行？

生：黄果树瀑布雄伟壮观。（师插话：感情再强烈一点）黄果树瀑布真是雄伟壮观啊！（众笑）

师：借你一个词"那么……那么……"。

生：黄果树瀑布那么那么雄伟壮观。（众大笑。生迟疑）黄果树瀑布那么雄伟，那么壮观！（掌声）

薛老师在与学生的交流中先是要求用一个"美"字赞美瀑布，接着提出不用"美"行不行，然后要求学生感情再强烈一点，最后借个一词"那么……那么……"让学生去说。在学生一次比一次说得更好的过程中，我们不难看出，薛老师不但要求学生言语表达的不断提高，愈加完善，而且在"借个词语给学生用，感情再强烈点的引导上"学生经历了语言学习的过程。更让观课者赞叹的是，薛老师和学生交流中风趣的谈吐，让学生在笑声、掌声中感受语文课堂的趣味。

二、精——抓点带面，内化人文情感

一堂课的教学效率不在于老师"教过"了多少知识，而在于学生究竟"学会"了多少。抓住一处学习点，让学生的学习透彻一些，是薛老师课堂上让观者领会到的教学精髓之处。《黄果树瀑布》一文用大量的笔墨写了五处瀑声，基于这样的文本，薛老师带领学生紧紧抓住"瀑布"的声音，确定五个语段，聚焦于五个关于瀑声的比喻，层层深入。

"小溪时窄时宽，时急时缓，发出的水声就会有变化。而瀑布的水声在远处听，是'哗哗'的，在近处听，是'哗哗'的，在瀑布下面听，还是'哗哗'的。但是，在作者杨国民先生的耳朵里，这'哗哗'的水声却变成了不同的声音。仔细阅读课文，找一找，画一画。"

——这是最初的感悟学习。

"哪一个字传达出了这种'轻柔'的感觉？"

"哪一个字传达出了这种'雄浑'的感觉？"

"感觉就藏在这个'拂'字当中……"

"感情不同，声音的感觉就不同。'大合奏'三个字里隐藏着作者的喜爱之情。"

——这是聚焦特别字眼上的体会表达之妙。

教学生不止于理解，以点带面，步步深入，引领他们学会体察作者表达的方法，触摸文字背后作者带着温度，才是教学的极致。

三、妙——无痕学习，感悟曼妙情怀

赞美一个事物，绝不能只用"好美啊！真美啊！美极了"，而要善于引用文中鲜活的、丰富的词句，从不同的侧面来赞美。记住：阅读别人的文章，积累自己的语言。多引用！——这是薛老师在带领学生们学习引用词句赞美瀑布后的总结。短短的两句话，让学生不但明白赞美事物的方法，而且积累自己的语言多引用更是妙计。这是薛老师帮助学生从"学过"到"会学"的过程，学生一定会在薛校长的话语中生成新的学习方法。

带领学生有感情地用心朗读，同样让大家看到了薛老师教学语言的精妙。在引导学生有感情朗读瀑布的声音一处时，是这样引导学生的：

师：是的，那"哗哗"的大自然的水声，已经变成了人类演奏的"乐声"，传达的赞美、喜爱的情感已经到了极致。作者从水声中听到了一般人听不到的东西，你听到了吗？

生：瀑布的活力/瀑布的生命活力/瀑布和人一样，是有生命的，是充满生命活力的……

师：用心才能听得到水声之中瀑布的生命活力，这才是作者通过一连串比喻想要传达出来的心思。用心读一读这个语句——

（学生精神饱满地齐读）

如此巧妙的设计还有很多，薛老师巧妙地引领学生学习文本，巧妙地体味作者情感，巧妙地指导朗读。无痕的学习过程，让学生在字里行间中感悟到来自文本的、作者的曼妙情怀。

"巧取一个点，打开一扇窗。"薛老师的课堂处处彰显了多年积淀的教学智慧，一个个教学点设计实施，春风化雨，浓墨重彩，让我们感受到了来自文本字里行间的温度；感受到了来自作者内心情感的温度；感受到了来自我们自身的收获！

目睹名师风采　享受名家课堂

山东省东营市河口区河安小学　常国云

六月的济南可谓酷暑难耐，但偌大的会场却座无虚席，来自全国各地的教师齐聚一堂，台下椅子挨椅子，一排排一列列甚至连过道都挤满了人。没有桌子，老师们用双膝代替桌子写字，大家拿着听课本静静地聆听着，认真地记录着……近距离观摩教育界的名家特级教师——薛法根执教的语文课《黄果树瀑布》。

站在讲台上的薛老师拿着话筒漫步在学生身边，朴素的着装，亲切的话语，面带微笑时而低头和学生交流，时而走上讲台进行板书，课堂氛围是那么的融洽和谐。薛老师似乎不是在教学而是在和学生"聊天"，聊着聊着就聊出了"名堂"；读着读着就读出了"门道"（明白了游记的特点）；写着写着笔下就"妙笔生花"……整个课堂进展顺理成章，水到渠成。薛老师一言一行、一举一动、一颦一笑间都透着学者的风范，他深厚的文化底蕴、对教材独到的解读犹如黑暗中的指路灯，给我指明了奋斗方向和前进的道路；如同久旱逢甘露滋润着我渴求教学真谛的心田……

薛老师的课给我留下了深刻的印象，激发了我在教学上追寻"名师"足迹的决心。

一、设计独具匠心，导学循循善诱

语文教学的本真是什么？特级教师沈大安老师说过："语文教师不要忘记了自己姓'语'，语文教学的本质特征就是语言文字训练。"过多的追求"热闹"和"出彩"就失去了教学的本真和语文味。薛老师立足本真，紧扣文本给我们展示了一堂至真、至简、至新的语文课。

1. 追求语文课堂的真实性。

吕型伟先生说过："教育是事业，事业的意义在于奉献；教育是科学，科学的价值在于求真……"薛老师的课堂虽波澜不惊，却平中见奇，没有"喧闹"的学生表演，没有优美的情景音乐，更没有激情澎湃的教师语言，整堂课如涓涓细流，缓缓地，慢慢地，一点一点地流进学生的心间。我们和学生跟着薛老师的引导一起"畅游"黄果树瀑布。

2. 删繁就简，直奔教学重点。

导课干脆利落，简单交流互相认识以后，薛老师直接导入课题：今天要学习的新课文（手指板书的课题）齐读，课文中生字词都认识了吗？课文都预习了吗？读得懂吗？有问题吗？在学生回答都没问题的情况下，我还纳闷：学生们都会了，老师该教什么呢？谁知薛老师话锋一转：那你们知道《黄果树瀑布》是一篇什么样的文章？此时我恍然大悟：这就是了解学情以学定教，这就是选择"教什么"的问题。

3. 教学设计思路清晰。

怎么教？薛老师直接点明主题（一篇游记），结合文本学习游记的特点：游踪（移步换景）——游感——游人（作者），理出游览的顺序，抓住游览景物的特点：瀑声和形状展开教学。在这里，薛老师充分调动了学生的感官，反复朗读描写瀑声的句子，并进行想象练习，引导学生想象瀑声还像什么。打开学生创作思维，为后面的写作打基础，使文本不断加厚。

4. 写作方法的巧妙迁移——移情。

这篇课文的写作方法是移情，薛老师对这一写作方法的指导不惜时间——

步步引导,讲解——练习运用——发例文修改——学生展示读,做到了听、说、读、写的完美结合,真正落实了人文性与工具性的统一。课堂上学生创作的精彩表现就是教师教学效果的最好证明!

5. 对教材的解读有深度、有广度、有厚度。

准确把握教材吃透教材,遵循新课标的要求,确定适合学生的教学目标,这对于广大语文老师来说至关重要。我们往往偏离了主线,在教学方法和形式上下工夫,因此会出现华而不实、热闹一阵的课堂。游记这种文体,看似简单实则把握有难度,薛老师能浅入深出从学文渗透方法到例文修改再到实践运用,引导学生层层加深,最终达到了理解的最高境界,上出了语文的深度、广度和厚度。

二、言行举止尽显"师者"风范,举手投足处处与生共勉

薛老师的课让我清醒认识到:我们教语文,不是教课文。唐代大文学家韩愈在《师说》指出:师者,所以传道、授业、解惑也。老师,不只是简单的教书匠,还要传授学生为人处世的道理与主动学习的可贵品质。薛老师以他的人格魅力时时处处感染着学生,在传授知识的同时传递着智慧和快乐。

1. 细节之处见功夫。

薛老师一笔一画地板书,字体工整美观,给学生做了很好的示范作用,让我深刻体会到教师言传身教的重要性,足见薛老师是一位教学严谨的学者。

2. 点拨评价充满情趣。

薛老师对学生的点评精准不失幽默风趣,当同学回答老师姓梁时,薛老师面带微笑地说"我的心拔凉拔凉的";还有"重要的事情说三遍""一盆珠子不够,你能再多给一点吗""我第一次听说拖动椅子的声音很动听""记住:不能张开笑脸,你这样改不对""你这样不是移情是煽情""你这样改得不美,还是女生写得精彩"……诙谐幽默的点评引来学生的阵阵掌声和笑声,在愉悦的氛围中,孩子们欣然接受老师的建议。这样的对话与点评真实有效,学生爱听!薛老师对知识的点拨巧妙不失水准,学生易懂!

3. 尊重，信任，等待。

薛老师的课会让你的心静下来，跟随他一起走进文本，与文本进行心灵对话！自始至终，薛老师与学生对话交流的语调是平缓的，感情是真挚的，态度是和蔼可亲的。对于学生回答问题时的迟疑，薛老师总是站在一旁耐心等待，给学生充分思考的时间和空间。"静"能生慧，的确如此，学生在老师"慢"节奏下积极思考方能碰撞出思想的火花。

薛老师的课让我感触深刻：当前，语文课堂教学从面面俱到开始转向一课一得，突出了语文本体性内容的教学，这是可喜的转变。课堂教学的最终落脚点是要学生学"会"，这就需要"练"，需要精准地选择训练"点"。设计出适合学生、能有效促进学生发展的实践训练点，这就是教师下一步努力的方向。

每一位名师的课都是独一无二不可复制的，他们各具特色、风格迥异，我们不能盲目模仿。但是他们在人文教育上却相通，智者教人，这才是灵活运用教材教学。长达120多分钟的课堂就这样不知不觉悄然结束，奇怪的是，我们竟然没有丝毫倦怠和乏味，反而享受其中。我不禁感叹：名师授课尽展精湛教学艺术，人格魅力熏染学生求知心田！

·课堂实录·

《说话接龙大PK》课堂教学实录
执教：丁惠臻

师：同学们，记得我刚接你们一年级的时候说过，你们好好读书，好好背诵，我也会带着你们像刚毕业的哥哥姐姐们一样能在全国的人文会议上上课。三年来，我们一直努力，今天愿望一朝实现。看到如此场面，大家或许和我一样激动。此时，你想说点什么？

生：这三年时间我们一直在读书，这三年时间都是丁老师把我们带大，带领我们读《增广贤文》《论语》《唐诗宋词》等等，同学们表现得都非常出色。但是有时候我们也有不想背的时候，丁老师就给我们讲解意思，鼓励我们，和我们一起接龙，我们就继续背诵。我现在非常感谢丁老师！

师：好，谢谢你。还有谁要说的？

生：今天我希望大家一起加油，为丁老师争光！同学们加油！丁老师加油！

师：好，我们一起加油！希望同学们如愿以偿。现在，把我们的最爱"说话接龙"送给来听课的老师们，算作我们送出的一份厚礼，以尽地主之谊。"说话接龙"内容丰富，形式多样，今天我们选择几个点，采取PK的形式来展现。希望同学们好好表现，最后我们要评选出"接龙王子"和"接龙高手"。同学们有没有信心？

生：有！

师：不过，现在我们临时遇到了一个最大的问题：两排人数差别较大，西排少7名同学的力量。这排同学，你们有没有信心进行PK？

生：有！

师：很佩服同学们的勇气和自信。为了配合今天的说话接龙大PK活动，我们临时请现场的听课老师和我们互动一下。有愿意参与的老师请到前面来。请你们出成语、出古诗词作为龙头，帮忙记时间。

（五六位参会老师上前参与活动）

师：参与的老师真不少，非常感谢！首先，我们先把成语接龙的游戏规则强调一下。

幻灯：

1. 说者：声音洪亮。听者：认真听记。

2. 前面同学说过的尽量不要重复。

3. 成语接龙PK，时间都为一分钟，可以"成语开花"。

师：都听明白了没有？

生：听明白了。

（第一场：两排PK）

（板书：东　西）

师：好，请老师出成语，我说开始，就请计时。

现场老师：人杰地灵。

师：请这排开始。

西排学生接龙：伶牙俐齿——齿白唇红——红杏出墙——强词夺理——礼贤下士——势如破竹——竹报平安——安营扎寨——债台高筑——铸成大错——错综复杂——杂七杂八——八面威风——风雨同舟——舟中敌国——国泰民安——安居乐业——夜长梦多——多快好省——省吃俭用——用武之地——地大物博——博古通今——金刚怒目——目中无人——人才辈出——初露锋芒——忙里偷闲——闲情逸致——掷地有声——声情并茂——茂林修

140

竹——竹报平安。

校外老师：时间到！一分钟33个成语。

（观众鼓掌）

（板书：33个）

师：这排同学以一当十，势如破竹。相信东排同学会更上一层楼。准备好了没有？

生：准备好了！

师：请老师出成语。

会场老师：唇亡齿寒。

东排学生接龙：冰冻三尺非一日之寒——大汗淋漓——梨园弟子——自成一家——家喻户晓——晓以利害——害群之马——马首是瞻——瞻前顾后——后来居上——上行下效——笑逐颜开——开天辟地——地利人和——和睦相处——处变不惊——惊喜若狂——旷世奇才——才华横溢。

现场老师：时间到，19个。

师：看来人数多少不是接龙数量的主要问题。

（板书：19个）

（第二场：男女PK）

师：下面进行第二场男女生PK。今天男生比女生少了几个，要不让男生先接？

生：行！

（板书：男　女）

师：请出成语。

会场老师：咱们班的学生确实非常厉害，作为老师我们都自愧不如，我再出一个"古色古香"。

男生接龙：香车宝马——马到成功——功德无量——量力而行——行云流水——水滴石穿——穿壁引光——光明正大——大材小用——用兵如神——神采飞扬——扬长避短——短兵相接——接二连三——三更半夜——夜长梦多——多快好省——省吃俭用——用武之地——地大物博——博古通今——金刚怒目——（目中无人）（重复前面成语）——沐猴而冠——管中窥豹

141

——暴跳如雷——雷厉风行——行云流水——水滴石穿——穿壁引光——光明正大——大材小用——用兵如神——神采飞扬——扬长而去——去伪存真。

校外老师：一分钟时间到，36个。

（板书：36个）

师：好，男生是36个，下面女生准备出场。请出成语。

现场老师：巾帼不让须眉，希望咱们女孩子加加油，我出的成语是"扬眉吐气"。

女生接龙：气贯长虹——红颜薄命——命丧黄泉——全心全意——意想不到——倒背如流——流芳百世——视死如归——归心似箭——箭不虚发——发扬光大——大获全胜——胜任愉快——快人快语——语重心长——长话短说——说一不二——二龙戏珠——珠联璧合——合情合理——理屈词穷——穷兵黩武——武艺超群（师：来，开花）舞文弄墨——墨守成规——规行矩步——步步为营——营私舞弊——弊绝风清——清水衙门——门（文）过是非——非分之想——想方设法——法出多门。

现场老师：一分钟34个成语。

（第三场：师生PK）

师：同学们个个争先恐后，成语脱口而出。我也跃跃欲试，想和你们一决高低。以5秒接不出为败，看同学们一分钟之内能把我难倒几次，好不好？

生：好！

（板书：师　生）

师：请出成语。

现场老师：百发百中。

师：重于泰山。

生：山清水秀。

师：羞羞答答。

生：达官贵人。

师：人才两用。

生：用武之地——地利人和。

师：合情合理。

生：理屈词穷。

师：说过了换一个。

生：梨园弟子。

师：子子孙孙。

生：子孙后代。

师：戴罪立功。

生：功德无量。

师：量力而行。

生：行之有效。

师：笑里藏刀。

生：刀耕火种。

师：种瓜得瓜，种豆得豆。

生：豆蔻年华。

师：华而不实。

生：实话实说。

生：说一不二。

师：二人同心，其利断金。

生：金戈铁马。

师：马到成功。

生：功成名就。

师：就地取材。

生：财迷心窍。

师：巧言令色。

生：色荏内厉（色厉内荏）。

师：历历在目。

生：目瞪口呆。

师：呆头呆脑。

生：头疼脑热。

师：热血沸腾。

生：腾云驾雾。

师：雾里看花。

生：花枝招展。

师：展翅高飞。

生：飞黄腾达。

会场老师：停。

师：请问多少个？

会场老师：不好意思丁老师，我们听得有点呆了，忘记数了。

师：我知道，我知道，一定是我的缘故，反应慢，不如同学们接的多，老师都不大好意思说了，看来姜未必是老的辣。不过没问题，我们师生PK，反正没把我难倒。我体会到了"当仁不让于师"！我是左抵右挡，险些失利。我们握手言和。

（与前排同学握手）

师：成语接龙PK，同学们已是热血沸腾，气势如过年的礼炮，非常响亮，几分钟打出了100多发礼炮，虽然不如我们平时练习的多。我们趁热打铁，来点有难度的"接龙大满贯"。

（第四场：接龙大满贯PK）

师：现在，我把"大满贯"的规则强调一下：

幻灯：

1. 可接诗词佳句，可接名言谚语，也可接国学句子，《诗经》《论语》《弟子规》……

2. 如果末尾接龙的字不同，可以重复。

3. 说者：口齿清晰。听者：认真听记，快速搜索记忆。

4. 游戏PK时间为三分钟。

师：这次我们接龙PK还是分为东西两大组。

（板书：大满贯　东　西）

师：还是请西排的先说，他们人少。请老师出诗一句。

现场老师：恰似一江春水向东流。

生：飞流直下三千尺，疑是银河落九天。

144

生：君不见黄河之水天上来，奔流到海不复回。

生：少小离家老大回，乡音无改鬓毛衰。

生：衰草残阳三万顷。

生：老师，我还有"衰"的。

师：好，请讲。

生："病态如衰弱，厌厌向五年。"

"衰颜一病难牵复，晓殿君临颇自羞。"

"血气既衰，戒之在得。"

"衰草残阳三万顷，不算飘零，天外孤鸿影。"

"少年莫笑老人衰，风味似平昔。"

（全场掌声）

师：一气连接五句带"衰"的古诗词，太了不起了。最后接到哪里来？我激动得都忘了。

生：昔。

师：好，往下接。

生：西北望，射天狼。

生：浪子回头金不换。

生：醉不成欢惨将别，别时茫茫江浸月。

师：月，举手的不少，"月"字开花。

生：明月几时有，把酒问青天。

生：明月出天山，苍茫云海间。

生：深林人不知，明月来相照。

生：月明星稀，乌鹊南飞。

现场老师：一分钟到。

师：我们又是没接够。这是几分钟？

现场老师：一分钟。

师：我们是三分钟。一分钟就一分钟吧，多少句？

现场老师：23句。

（板书：23句）

师：一分钟23句，非常了不起，并且中间我们还有"开花"。接下来，看我们这一排的了。请老师出诗句。

现场老师：百川东到海，何时复西归？

生：归去，也无风雨也无晴。

生：造物无言却有情，每于寒尽觉春生。

生：日照香炉生紫烟，遥看瀑布挂前川。

生：敕勒川，阴山下，天似穹庐笼盖四野。

生：野径云俱黑，江船火独明。

生：明日复明日，明日何其多。

师："明"字开花。

生：明月出天山，苍茫云海间。

生：明月几时有，把酒问青天。

生：明明如月，何时可掇。

生：我在巴东三峡时，西看明月一峨眉。

生：深林人不知，明月来相照。

师：照。

生：日照行路生紫烟，遥看瀑布挂前川。

生：晴川历历汉阳树，芳草萋萋鹦鹉洲。

生：子曰：君子周而不比，小人比而不周。

生：春雨断桥人不度，小舟撑出柳阴来。

生：君不见黄河之水天上来，奔流到海不复回。

生：会挽雕弓如满月，西北望，射天狼！

生：五月渔郎相忆否。

师：否，知否知否，应是绿肥红瘦。

生：瘦马驮诗天一涯，倦鸟呼愁村数家。

生：家家乞巧望明月，穿尽红丝几万条。

生：碧玉妆成一树高，万条垂下绿丝绦。

生：桃花流水杳然去，别有天地飞人间。

生：人间四月芳菲尽，山寺桃花始盛开。

生：开轩面场圃，把酒话桑麻。

现场老师：停！三分钟到。一共32句。

师：刚才一分钟23句，现在三分钟32句。我们一起加起来，四分钟55句。一排一个"5"。

（板书：55）

（第五场：接龙大满贯）

师：这两排接龙尽得风流，团结才是力量，我们一起大满贯3分钟，不过这次我不想计数了，但我希望你们能在这个舞台上尽情地表达自己，展示自己心中对诗词的热爱之情，表达出诗词的韵味来。请出诗句。

现场老师：弟子规，圣人训。

师：训。

生：胜日寻芳泗水滨，无边光景一时新。

生：新年都未有芳华，二月初惊见草芽。

生：蒌蒿满地芦芽短，正是河豚欲上时。

生：黄金狮子乘高座，白玉麈尾捣药成。

生：未是秋光奇绝，看十五十六。

生：六月煎盐烈火旁。

生：我还有个六月的：一年三百六十日，多是横戈马上行。

师：可以加上动作啊。

生：清明时节雨纷纷，路上行人欲断魂。

生：莫笑农家腊酒浑，丰年留客足鸡豚。

生：正是河豚欲上时。

生：小时不识月，呼作白玉盘。

生：谁知盘中餐，粒粒皆辛苦。

生：枯藤老树昏鸦，小桥流水人家。

生：黄四娘家花满蹊，千朵万朵压枝低。

生：低眉信手续续弹，说尽心中无限事。

生：黄梅时节家家雨，青草池塘处处蛙。

生：女娲游于东海，溺而不返。

生：我想唱一首歌。

师：可以可以，唱哪一首？

生：（唱）红豆生南国，春来发几枝，愿君多采撷，此物最相思。

（观众鼓掌）

师：太绝了，让我意想不到！此物最相思，来！

生：思君不见下渝州。

生：移舟泊烟渚，日暮客愁新。

生：新年都未有芳华，二月初惊见草芽。

生：老师我还有个新的：总把新桃换旧符。

会场老师：停！三分钟到，27句，有声有色的27句。

（板书：全体27）

师：同学们对诗词的热爱，对接龙的热爱，溢于言表。都说接龙大满贯最为精彩，同学们刚才一会儿像战场上的勇士，锐不可当；一会儿又像头戴鲜花的谦谦君子，文质彬彬，美丽可爱。

（板书：礼花绽放）

师：成语接龙如过年的礼炮，震耳欲聋；大满贯又像鲜花一样盛开。

师：这就是我们的说话接龙，每一处都流光溢彩。下面咱们进行"经典开花"。

（板书"君子"）

（第六场：经典开花）

幻灯：说话接龙之经典开花。

师：同学们，你们先不要忙着举手。静能生慧，先闭上眼睛，回忆搜索一下我们的大脑，我们读过的书中，哪些是与"君子"相关的。来，闭眼静思半分钟。

（同学们伏案闭眼静思）

师：好，同学们一睁眼的刹那间，目光如炬，神采奕奕。花儿马上开起来，希望"君子"之花开满神州大地。这一次君子经典之花大PK，PK的对象就是你们自己。

因为一个人征服世界，并不伟大，能够能征服自己，才是世界上最伟大的勇士。我看谁依旧精神抖擞，做接龙的勇士。现在我们就PK自己，看我们能不能超越自己，超越平时的自己，能不能？

生：能！

师：好，我们开始。

生：有匪君子，如切如磋，如琢如磨。

师：出自《诗经》，对不对？

生：君子有九思：视思明，听思聪，色思温，貌思恭，言思忠，事思敬，疑思问，忿思难，见得思义。

生：有子曰："其为人也孝弟，而好犯上者，鲜矣；不好犯上，而好作乱者，未之有也。君子务本，本立而道生。孝弟也者，其为仁之本欤！"

生：诗曰："尸鸠在桑，其子七兮。淑人君子，其仪一兮。其仪一兮，心如结兮。"故君子结于一也。

生：子曰："君子成人之美，不成人之恶，小人反是。"

生：天行健，君子以自强不息。君子坦荡荡，小人长戚戚。

生：季康子问政于孔子曰："如杀无道，以就有道，何如？"孔子对曰："子为政，焉用杀？子欲善而民善矣。君子之德，风，小人之德，草，草上之风，必偃。"

生：孔子曰："君子有三畏：畏天命，畏大人，畏圣人之言。小人不知天命而不畏也，狎大人，侮圣人之言。"

生：子曰："君子去仁，恶乎成名？君子无终食之间违仁，造次必于是，颠沛必于是。"

生：子曰："先进于礼乐，野人也；后进于礼乐，君子也。如用之，则吾从先进。"子曰："学而时习之，不亦说乎？有朋自远方来，不亦乐乎？人不知而不愠，不亦君子乎？"

生：子曰："君子不可小知而可大受也，小人不可大受而可小知也。"

生：关关雎鸠，在河之洲。窈窕淑女，君子好逑。风雨如晦，鸡鸣不已。既见君子，云胡不喜？子贡问君子。子曰："先行其言，而后从指。"

生：子曰："君子无所争，必也射乎！揖让而升，下而饮，其争也君子。"

生：君子周而不比，小人比而不周。君子怀德，小人怀土；君子怀刑，

149

小人怀惠。君子欲讷于言而敏于行。

生：君子一言以为知，一言以为不知，言不可不慎也。

生：子曰："君子不器。"

生：子曰："君子耻其言而过其行。"

生：子曰："吾闻之也，君子周急不继富。"

生：子曰："君子道者三，我无能焉，仁者不忧，知者不惑，勇者不惧。"子贡曰："夫子自道也。"

生：子张曰："何谓五美？"子曰："君子惠而不费，劳而不怨，欲而不贪，泰而不骄，威而不猛。"子张曰："何谓惠而不费？"子曰："因民之所利而利之，斯不亦惠而不费乎？择可而劳之，又谁怨？欲仁而得仁，又焉贪？君子无众寡，无小大，无敢慢，斯不亦泰而不骄乎？君子正其衣冠，尊其瞻视，俨然人望而畏之，斯不亦威而不猛乎？"

生：子曰："君子上达，小人下达。"

生：故君子居必择乡，游必就士，所以防邪辟而近中正也。

生：子张问仁于孔子，孔子曰："能行五者于天下，为仁矣。"请问之。曰："恭、宽、信、敏、惠。恭则不侮，宽则得众，信则人任焉，敏则有功，惠则足以使人。"

生：子曰："君子贞而不谅。"

生：子曰："君子而不仁者有矣夫？未有小人而仁者也。"

生：子曰："君子泰而不骄，小人骄而不泰。"

生：君子曰：学不可以已。

师："学不可以已"是《荀子》中的。

生：恭而无礼则劳，慎而无礼则葸，勇而无礼则乱，直而无礼则绞。君子笃于亲，则民兴于仁，故旧不遗，则民不偷。

生：曾子曰："君子思不出其位。"

生：子曰："君子食无求饱，居无求安，敏于事而慎于言，就有道而正焉，可谓好学也已。"

师：同学们从《诗经》《论语》《易经》《荀子》中说出了大量的有关"君子"的名言。在你们的作文中、日记中，不光有诗词佳句出现，尤其有关

"君子"的句子大量出现。相信你们在生活中、学习中也会做一名真正的君子,这是和生活中的你进行PK,是一个长期的PK。

现在,我们推选出今天接龙的王子。同学们一致公认的是——请上台戴上礼帽。同学们掌声祝贺。

师:能当选今天的接龙王子,很不容易。即兴发挥,说一句你的获奖感言。

生:谢谢同学们,谢谢大家。

师:为什么这么厉害呢?说说秘诀好不好?

生:勤背、勤看、勤学、勤买。

师:勤买什么呀?

生:勤买书。

师:肯定是勤买经典名著,工欲善其事……

生:必先利其器。

师:好,这就是接龙王子的秘诀,其余的同学,我宣布,都是今天的接龙高手!同学们自我祝贺一下!

(同学们鼓掌)

师:世上没有无缘无故的横空出世!同学们,最后我对你们进行点评。

"成语接龙""接龙大满贯""经典开花"时间虽短,但同学们的参与率是100%。不论接龙还是即兴开花,同学们思维敏捷,如电脑的引擎一般飞速旋转,出口成章,妙语连珠。我仿佛畅游在美丽的诗词海洋中,欣赏着美丽的诗词佳句。每一句诗词似乎都活了起来,就如这最美人间四月天,争奇斗艳,光彩夺目。我忽然想起《论语·泰伯》中的一句:"师挚之始,《关雎》之乱,洋洋乎,盈耳哉。"你们的接龙声音如美妙的音乐萦绕在大家的耳边,或抑扬顿挫,或如莲花悄然绽放,更像我们趵突泉的那三眼泉水,咕嘟咕嘟一个接一个往外喷,似乎永远也喷不完。

今天的课我们就上到这儿,我还有一段时间的报告。同学们,起立!跟老师们说再见!

· 听课回响 ·

精彩纷呈,震撼心灵

内蒙古霍林郭勒市第一小学　王艳杰

　　在生机盎然的 4 月里,我与同事一行 4 人来到了美丽的泉城——济南,参加了"第八届名家人文教育高端论坛暨名师课堂研讨会"。此次会议特邀了在人文教育方面卓有建树的国内知名教育家及名师开坛讲学。聆听一节节精彩的课,我如沐春风,如饮甘泉,回味无穷。

　　而让我倍感期待和震撼的是丁惠臻老师的《说话接龙大 PK》一课。此前并未听过丁老师的课,之所以异常期待是因为韩兴娥老师授课后给我们抛出了一个诱饵——她说:"下午来讲课的丁惠臻老师和我一样不会讲课,普通话还不如我呢,简直乱七八糟,但是她教的学生们却非常了不起!"

　　听了韩老师的幽默调侃,我们都会心一笑,笑过之余,不禁对丁老师的课堂和学生充满了好奇和向往。

　　下午,丁老师就在众人瞩目下如期而至,会场上的丁老师给人一种亲切朴实之感。上课伊始,或许丁老师有些激动,说起话来略有颤音,此时,我也暗暗在心里为丁老师捏了一把汗。紧接着,丁老师先让学生进行成语接龙来热身。为了增强课堂的真实性和趣味性,丁老师诚挚地邀请听课的老师来与学生进行互动,有的老师被选为接龙的龙头,有的老师当计时员,有的老师当核算员……

　　接龙 PK 开始了,计时的老师一声令下,学生便争先恐后接起成语来。刚开始,我们台下的老师还情不自禁地与学生默默进行着接龙比赛,没想到一会儿功夫,我们就彻底被学生精彩的表现打败了。因为从他们的嘴里不假思索吐出的成语如颗颗珍珠般璀璨生辉,真让我们自叹不如,甘拜下风。

　　随即,丁老师又组织学生开展"成语开花"活动,只见学生的小嘴如同机关枪一样,把成语一个个发射出去,直震得我们目瞪口呆,旋即又不禁喷喷赞叹——学生的小脑袋里究竟装了多少成语呀，竟能在众目睽睽之下表现得如此自信沉着！此时，我对丁老师的敬佩之情油然而生。

课堂上的精彩接连不断，上一个环节我们还处在惊魂中，接着"接龙大满贯"环节旋即开始。男女生，两排PK，几分钟时间已经接龙古诗词名句上百句。不管听课老师怎样出诗，丁老师的学生都是胸有成竹，脱口而出，个个卓尔不凡！那一刻，总能听到台下不约而同地爆发出一阵阵热烈的掌声，这是赞美的掌声，更是震撼的掌声。

我不禁感叹于我们中华文化的博大精深，更感叹于丁老师能通过这种竞赛的方法把背诵过的古诗词等国学知识一一激活。这种激活真是是画龙点睛之笔，是快速反应、学以致用等极好的方法。

而把整堂课推向高潮的则是"经典开花"接龙活动。丁老师以"君子"为主题，让学生进行经典接龙。此时，会场寂然无声，相信听课的老师们都在丁老师的指导下和她的学生一样，在脑海里全力地搜索关于君子的经典名句吧。而就在这时，丁老师早已带着学生沉浸于《诗经》《论语》《道德经》《易经》等经典书籍里，滔滔不绝，或抑扬顿挫，或如莲花悄然绽放——此时，眼前这位朴实无华的丁老师更是让我崇拜不已！

我听得如痴如醉，热血沸腾，时间已经过去好久了，这节课依然回荡在我的脑海里。在感动和震撼之余，我更想知道丁老师是怎样创造出这语文教学的奇迹的！课后，丁老师给我们讲述了她二十年来的"说话接龙"教学探索历程，听着听着，泪水不自觉大把大把地流了下来。她的艰辛付出，她期待陶老师能去听她一节课，竟等了十年之久。感动于陶老师的慧眼识才！此时，我深深地懂得了——丁老师的"说话接龙"之花开得如此绚烂，都源于她二十多年来的心血浇灌呀！

会后，我直奔丁老师售书的柜台，冲进拥挤的人群中买了两本《走进经典——说话接龙》，一本给儿子，一本留给自己。让我感到庆幸的是丁老师还给我们签字留言了呢。等我回到学校后，就按照丁老师的指导教我们班的学生学习这本书，短短的一个多月时间里，没想到学生竟积累了1000多个成语，真是让我震撼不已。此刻，我的耳畔不禁回想起丁老师的话语："仁者不忧，智者不惑，勇者不惧！"我坚信，在丁老师耐心的指引下，我必将能成长

153

为一棵参天大树，走向成功的舞台！

你若精彩，天自安排

山东省乐陵市寨头堡中学　闫书英

　　2016年4月15日下午，我坐在"第八届名家人文教育高端论坛暨名师课堂研讨会"的大厅里，心湖里荡漾着对韩兴娥老师上午提到的她志同道合的好姐妹丁惠臻老师精彩课堂期待的涟漪。

　　韩兴娥老师，"海量阅读"的创始人，我耳熟能详，但她提到的她的好朋友好姐妹丁惠臻老师，我是第一次听到，是陌生的。可韩老师别出心裁的介绍更吊起了我对丁老师的兴趣。尤其韩老师那句"下午上课的，我志同道合的好姐妹丁惠臻老师也不会上课，而且她的普通话还说得乱七八糟……"久久回荡在我的耳际。

　　作为语文老师，我的普通话说得也是"不尽如人意"。就在我的沉思默想中，丁惠臻老师如约而至，和她的弟子闪亮登台。

　　她开口不过三句话，台下笑声连连。不仅仅因为她浓重的乡音，更因为韩老师上午的铺垫在这里得到了照应吧。

　　《说话接龙大PK》，别具一格的课堂在丁老师简约而诙谐的开场白中拉开了序幕。我的眼球一下子被吸引，我的心灵一下子震撼住了。

　　一分钟，东西两排成语接龙大PK，下面互动的老师说第一个成语，计时，数成语，丁老师传话筒，学生们你争我抢地接龙成语。

　　那场面，激情四射，扣人心弦，精彩绝伦！

　　短短一分多钟的时间，30多个成语从两排学生的口中飞跃出来，词语内容涉及国学经典、成语故事、寓言故事、课本内容等多个方面。课堂上，每个孩子都有发言的机会，课堂参与度是常态语文课不能企及的。最是学生们熟谙于胸，不假思索冲口而出、自信大气的表达，让我这个老师赞叹不已，佩服得五体投地。课堂上没有凝神的思索，也无需教师的灌输和提醒，只有妙语连珠，似从天而降的瀑布哗哗哗地流淌，势不可挡。

更精彩的比赛开始了，学生和老师PK。虽然丁老师没被学生"难倒"，但明显寡不敌众啊。最可爱的是在台下互动的老师，还是站在丁老师这边的，说自己沉浸在师生吟诵的PK中忘了记数了。台下，掌声，笑声，欢呼声，接连成片。

短短5分钟的"成语接龙PK"，让我们真正感受到"说话接龙"课堂的魅力实效；感受着一种"教无痕迹""学无感觉"的境界；感受到语文课堂是块自留地，只要围绕语文素养去开掘，老师想怎样挖就怎样挖，想播种什么就可以播种什么，最终会春来花满园，秋来硕果累累！

接下来是"说话接龙之接龙大满贯"，男女生古诗接龙3分钟大PK。在台下互动的老师说了一句"花自飘零水自流"后，台上的孩子们立刻根据最后一个"流"字热火朝天地接龙起古诗词，并诵起来。一排14个学生接龙诗词22句，直叫人目瞪口呆。其间，一位老师出诗句接到"少小离家老大回，乡音无改鬓毛衰"时，在丁老师凝神的一秒钟内，已经有三位学生举手。尤其邹昊泽小同学一气背出了"五句"带有"衰"字的古诗——

"病态如衰弱，厌厌向五年。"

"衰颜一病难牵复，晓殿君临颇自羞。"

"血气既衰，戒之在得。"

"衰草残阳三万顷，不算飘零，天外孤鸿影。"

"少年莫笑老人衰，风味似平昔。"

句句铿锵有力，愈说愈有力，整个会场响起雷鸣般的掌声，为这名学生喝彩。还有，一句接到"五月渔郎相忆否""否"字结尾时，全体学生在静默思索的瞬间，"知否，知否，应是绿肥红瘦"，丁老师随即接龙。没有这种足足的文化底蕴作为底子，谁又敢在这种会议上课？

最精彩的"经典开花"闪亮登场了。在这个环节里，丁老师设计比较有难度的"经典《论语》接龙"，学生的思维瞬间又被带到了一个崭新的天地。而老师们的思维瞬间被孩子们"腹有诗书气自华"的学子风采惊住了。学生个个妙语连珠，人人争先恐后。学生如此丰厚的积累，让我这个语文老师如听天书，真是自叹弗如。

155

台上，丁老师和学生沉浸在《论语》里，滔滔不绝，百花争艳。台下，我看痴了听醉了，忘记了记笔记，忘记了拍照，唯有震撼，感动，折服和拍手叫绝。

我震撼于丁老师的博学多才，底蕴深厚，勇于创新；震撼于学生们的才思敏捷，游刃有余，妙语连珠。我感动于丁老师20多年来的执着追求，坚持不懈，锲而不舍；感动于孩子们的积极热情，落落大方，厚积薄发。我折服于丁老师课堂形式的新颖独特，课堂内容的精彩纷呈，课堂表现的朴实无华，课堂育人的润物无声；折服于丁老师把简单的事情做到了极致，把学生积累经典的难事做得如此精细，用博大精深的传统文化在潜移默化中陶冶了学生们的情操，教化了学生的行为，让学生有了一颗晶莹剔透的童心。

最后，我们聆听了丁老师所讲的自己20多年的探究之路。她认为，小学是记忆的黄金阶段，利用课上课下，让他们更多地背诵经典，会为他们播下一颗可以长成参天大树的种子，到了一定的生命节点，这颗种子就会破土而出，形成一种巨大的生命能量。

我叹服于丁老师二十年如一日，在带着学生大量读书的同时，呕心沥血研究语文教学，自创了"说话接龙"，把妙趣横生的多种形式的"接龙"和国学经典巧妙地融合在一起，形成了独树一帜的教学风格，而且如一面鲜艳夺目的旗帜高高飘扬在第八届小学语文高端论坛上！

坚持，是股最强大的力量。在丁老师这里，可以说，有一种成功就叫坚持。

当丁老师说出自己的心声，希望更多地老师像她一样，为更多孩子播种下可以长成参天大树的文化种子，从而照亮孩子的生命前程时，我奉送上"一定同行"的志同道合的热烈掌声！

当丁老师用自己"最朴素的衣"裹着"最真的自己"，向台下的老师们鞠躬致谢时，她如一朵百合花缓缓绽开在我的心田里，蓬勃着，芬芳着！

"你若盛开，蝴蝶自来；你若精彩，天自安排！"如今，博学多才、意志坚韧的丁老师告诉我们，只要心中梦想不灭，只要敢于执著追梦，终有一天命运就会给你一方好梦成真的舞台。

·课堂实录·

《天籁》课堂教学实录
执教：王崧舟

一、通读：把握行文思路

师：孩子们，拿起课文，跟老师一起读课文《天籁》。（课件呈现《天籁》全文——）

第5课　天籁

子綦曰："夫大块噫气，其名为风，是唯无作，作则万窍怒呺。而独不闻之翏翏乎？山林之畏佳，大木百围之窍穴，似鼻，似口，似耳，似枅，似圈，似臼，似洼者，似污者。激者，謞者，叱者，吸者，叫者，譹者，宎者，咬者，前者唱于而随者唱喁，泠风则小和，飘风则大和，厉风济则众窍为虚。而独不见之调调之刁刁乎？"

子游曰："地籁则众窍是已，人籁则比竹是已，敢问天籁。"子綦曰："夫吹万不同，而使其自已也，咸其自取，怒者其谁邪？"

师：怎么读呢？我读一句，你们跟着读一句，明白吗？

生：（齐答）明白。

（以教师范读一句、全体学生跟读一句的方式通读全文）

师：刚才跟着老师读课文的时候，你有没有觉得，这篇古文中有些字词特别难读、特别容易读错，你觉得哪些字词需要提醒大家特别注意的？

生$_1$："山林之畏佳"的"畏佳"容易读错，应该读"wéi cuī"。

师：谢谢你的提醒。的确，这是两个异读字，很容易读错。来，请你带着大家一起读两遍。

（生$_1$带着学生齐读两遍）

生$_2$："夫大块噫气"的"夫"是个多音字，在这里应该读第二声。

师：没错，这是个多音字。平时我们经常读到的"夫人、夫妻、丈夫、大夫"都念第一声，但是当这个"夫"出现在句子的开头，作为语气词的时候，它就读第几声？

生齐答：第二声。

师：其实，这个"夫"在文中出现过两次，第二次在哪里？

生$_2$：夫吹万不同。

师：很好！请你带着大家读一读这两处。

（生$_2$带着学生齐读这两处）

生$_3$："泠风则小和，飘风则大和"。这里的"和"也是个多音字，在这里应该读"hè"。

师：是的，读"hè"的时候，表示跟着唱、跟着喊，就是呼应的意思。你带着大家一起读一读这两句话。

（生$_3$带着学生齐读这两句话）

师：非常好！现在请大家自由朗读课文，读的时候特别留心刚才同学们提醒过的这些异读字、多音字。

（生自由朗读课文，教师巡视指导）

师：都能读了吗？好，我们再来读一读《天籁》。怎么读呢？老师读第一句，你们读第二句；老师读第三句，你们读第四句，这样依次轮流往下读，明白吗？

生：（齐答）明白！

（师生以教师读前一句、全体学生读后一句的方式通读全文，在串读过程中，教师继续对文中的个别多音字、个别异读字进行正音）

师：像这样读，行吗？

生：（齐答）行！

师：好的！同桌之间这样读，你读前一句，他读后一句，依次轮流往下读。一旦发现同桌读错了，马上帮助他纠正，取长补短，共同进步。

（生同桌互读，教师巡视）

师：好！哪位同学愿意独自一人给大家读一读庄子的《天籁》？

（生₁诵读全文）

师：不错！我知道，课文非常难读。就冲着他第一个举手，第一个站起来，第一个当着所有同学的面读这么难的课文，而且又读得这么认真、这么大方，我觉得，我们也应该对他报以真诚的掌声！（全场鼓掌）谁再来读一读庄子的《天籁》？

（生₂诵读全文，读到"夫吹万不同"，生错将"夫"读成第一声，教师纠正其读音）

师：虽然有一点瑕疵，但是瑕不掩瑜。她读得非常流畅，非常清楚，可以说是字字响亮，句句饱满，真好！来，我们一起来读一读庄子的《天籁》。

（生齐读课文）

师：孩子们，课文我们已经反反复复地读了好多遍了，是吧？那么，《天籁》这篇课文到底在写些什么呢？请打开作业纸，完成课堂练习的第一大题。

（课件呈现以下内容——）

先写　　天籁

再写　　地籁

后写　　人籁

（课堂练习，教师巡视，不时轻声与个别学生交流）

师：谁愿意跟大家一起分享你的思考？

生₁：我觉得是先写地籁，然后再写人籁。

师：稍等，先写什么？

生₁：地籁。

159

师：（板书：地籁）继续。

生₁：再写人籁。

师：（板书：人籁）继续。

生₁：后写天籁。

师：最后写天籁。（板书：天籁）同意的，请举手。（三分之二以上学生举手）非常好！一起看黑板，原来在庄子的世界里，有这样三种声音。第一种叫——

生：（齐答）地籁。

师：第二种叫——

生：（齐答）人籁。

师：第三种叫——

生：（齐答）天籁。

师：是的，这是三种完全不同的声音。这三种声音，在庄子的这篇课文当中，他是先写——

生：（齐答）地籁。

师：接着写——

生：（齐答）人籁。

师：最后写——

生：（齐答）天籁。

二、美读：感受文言节奏

师：这就是课文的主要内容，也是课文的写作顺序。当然，课文虽然写到了三种不同的声音，但是庄子其实并没有平均使用力量。不知大家发现没有，有一种声音，庄子写得特别具体、特别详细，占的篇幅最长的是？

生：我发现"地籁"写得最具体，最详细。

师：默读课文，把写地籁的这段文字找出来。

（生默读课文，找相关语段）

师：找到写地籁的这段文字了吗？谁来读一读庄子的地籁？

生：（朗读）子綦曰：夫大块噫气，其名为风，是唯无作，作则万窍怒呺。而独不闻之翏翏乎？山林之畏佳，大木百围之窍穴，似鼻，似口，似耳，似枅，似圈，似臼，似洼者，似污者。激者，謞者，叱者，吸者，叫者，譹者，宎者，咬者，前者唱于而随者唱喁，泠风则小和，飘风则大和，厉风济则众窍为虚。而独不见之调调之刁刁乎？

师：她读的这段文字，写的是哪种声音？

生：（齐答）地籁。

师：地籁，是的。地籁这段文字几乎占了我们这篇课文的三分之二，写得特别详细，特别具体。我们一起来读一读！

（生齐读"地籁"这段文字）

师：从这段文字的描述来看，地籁发声，需要靠什么？

生：风。

师：（板书：风）你是从哪里读懂这一点的？

生：（朗读）夫大块噫气，其名为风，是唯无作，作则万窍怒呺。

师：是的。这就说明，没有风，就不可能有——

生：（齐答）地籁。

师：只有当风发动的时候，才可能有——

生：（齐答）地籁。

师：你们看，风和地籁的关系是多么密切。你们还从哪里发现"地籁发声要靠风"呢？

生：（朗读）泠风则小和，飘风则大和，厉风济则众窍为虚。

师：这说明，风小的时候，地籁就——

生：（齐答）小。

师：风大的时候，地籁就——

生：（齐答）大。

师：风突然停止，地籁也就——

生：（齐答）突然停止。

师：这样看来，地籁发声的确需要风，离不开风。（师生合作，读出"泠风、飘风、厉风济"的不同效果）

师：是的，没有风，地籁就不能发声。除了风，还得靠什么？

生：靠各种各样的窍穴。

师：是的，窍穴，或者说万窍，或者说众窍，是吧？（板书：众窍）

师：就在写地籁的这一大段文字当中，有一处是专写众窍的，谁来读一读？

生：（朗读）山林之畏佳，大木百围之窍穴，似鼻，似口，似耳，似枅，似圈，似臼，似洼者，似污者。

（课件呈现以下内容）

似鼻，似口，似耳，似枅，似圈，似臼，似洼者，似污者。

师：你们仔细看，里面一共写到了几种窍穴？

生：一共写了八种。

师：一共写到了八种，一口气写了八种。自由地读一读这八种窍穴，自由地读，放开声音读。

（生自由读）

师：谁来读一读这句话？

（生₁朗读此句）

师：读得完全正确！但是，好像缺了点什么。谁再来读一读庄子笔下的众窍？

（生₂朗读此句）

师：我们的感觉是，他读着读着，他的声音变得越来越——

生：（齐答）越来越高。

师：好的，有一点点变化。谁再来读一读庄子笔下的众窍？

（生₃朗读此句）

师：孩子们，你们发现没有，这八个写众窍的词儿，有一个共同的特点，谁看出来了？

生₁：都有一个"似"字。

师：都有一个"似"，而且这个"似"的位置都出现在哪儿？

生₁：（继续回答）都在第一个字。

师：都在第一个字。想一想，连续出现的八个"似"，而且每一个"似"

都出现在每一个词的开头。怎么读？自己试着再读读看！

（生自由练读）

师：孩子们，连续出现的八个"似"，每一个"似"又出现在每一个词的开头，让你自然而然地联想到你曾经学过的哪一种句式？

生：是排比句。

师：没错，就是排比句。想一想，排比句带给你一种什么节奏？什么气势？谁再来读一读？

（生₁朗读此句）

师：你们看，当他在读这句话的时候，他加上了自己的手势。我知道他的手势似乎是在强调什么。你在强调什么？

生₁：（继续回答）强调我读的时候有澎湃的感情。

师：哦，澎湃的感情，非常好！他已经体会到了一种澎湃的感情，尽管他所表达出来的声音和节奏，感情还不够强烈，但是他体会到了。谁再来试一试？

（生₂朗读此句）

师：你们看，照他这么读，差一点那口气就上不来了。（笑声）一口气，怎么读？想听老师读吗？

生：（齐答）想！

师：注意听！庄子笔下的窍穴，如此多样，如此丰富。山林之畏佳，大木百围之窍穴，你们看——（富有节奏感地朗读，先慢后快，先低后高，"似洼者"成为整句朗读的拐点）似鼻，似口，似耳，似枅，似圈，似臼，似洼者，似污者。

师：我们一起来，随着老师的节奏，看手势！山陵上各种陡峭的地方，大树上各种形状的窍穴，你们看——（富有节奏地打手势）

（生随着老师先慢后快、先低后高的手势节奏朗读此句）

师：这样读，真有一种澎湃的感觉和味道了！来，我们再读一遍！山林之畏佳，大木百围之窍穴——

（生齐读此句）

师：多有气势！那是一泻千里的气势，那是波涛澎湃的气势，那是势不可当的气势！如此多样、如此丰富的窍穴，经风这么一吹，自然就会发出各种各样、丰富多变的地籁之声了。（课件呈现以下内容——）

激者，謞者，叱者，吸者，叫者，譹者，宎者，咬者。

师：发现没有，写众窍的句子和写地籁的句子，有着惊人的相似。第一点——

生：都有八个词语。

师：没错，这是最为明显的。第二点——

生：都是排比句。

师：是的，也是排比句，一排就是八句。第三点——

生：气势是一样的，也有澎湃的感觉。

师：太好了！一样的一泻千里，一样的波涛澎湃，一样的势不可当。谁来读一读？读出这样的节奏和气势来！

（生朗读此句）

师：谁再来读一读？

（生朗读此句）

师：我们一起来读一读。当大块噫气的时候，当万窍怒呺的时候，你听，你的耳边响起了这样的地籁之声——

（生齐读此句）

师：大块继续在噫气，万窍继续在怒呺，你的耳边继续回响着这样的地籁之声——

（生富有节奏地朗读此句）

师：这就是庄子笔下的地籁！真没想到，地籁是如此丰富多彩，如此千变万化！那么，这些千音百调的地籁之声，在你们平时的生活中究竟有没有听到过呢？我们一起来检验检验。（课件呈现以下内容——）

激者	像细细的呼吸声	叫者	像鸟儿鸣叫叽喳
謞者	像湍急的流水声	譹者	像放声叫喊
叱者	像迅疾的箭镞声	宎者	像嚎啕大哭
吸者	像大声的呵斥声	咬者	像在山谷里深沉回荡

（生独立完成课堂练习。教师一边巡视，一边提醒：可以参考底下的注释

和后面的译文，因为古今的字义相差非常之大，没有必要为难自己）

师：好，我们一起来听一听，这些地籁究竟是些怎样的声音。第一列，哪位来说一说？

生₁：激者，是指像湍急的流水声。

师：激者，像湍急的流水声。好，一边听一边自己校对。继续。

生₁：謞者，像迅疾的箭镞声；叱者，像大声的呵斥声；吸者，像细细的呼吸声。

师：好的，同意的请举手。

（绝大多数学生举手）

师：这些声音你们平时听到过吗？

（生自由应答，多数说听到过）

师：是的，听到过，非常好！现在看第二列，哪位来说一说？

生₂：叫者，像放声叫喊；譹者，像嚎啕大哭；宎者，像在山谷里深沉回荡；咬者，像鸟儿鸣叫叽喳。

师：跟他一样的请举手。

（三分之二以上学生举手）

师：那么，这些声音你们平时听到过吗？

（生自由应答，多数说听到过）

师：原来，庄子笔下的地籁，有着如此丰富多变的声音。当大块噫气的时候，当万窍怒呺的时候，它们有的像——

生：（齐读）细细的呼吸声。

师：有的像——

生：（齐读）湍急的流水声。

师：有的像——

生：（齐读）迅疾的箭镞声。

师：有的像——

生：（齐读）大声的呵斥声。

师：当然，当大块噫气的时候，当万窍怒呺的时候，地籁远远不止这些声音。它们有的还像——

165

生：（齐读）鸟儿鸣叫叽喳。

师：有的还像——

生：（齐读）放声叫喊。

师：有的还像——

生：（齐读）嚎啕大哭。

师：有的还像——

生：（齐读）在山谷里深沉回荡。

师：地籁之声只有这样八种吗？显然不是。地籁之声，实在是太丰富、太多样了，是吧？但是，无论是哪种地籁，再怎么丰富、怎么多样，它们必须靠什么？

生：地籁如果想发出声音，必须靠风。

师：得靠风，得靠众窍。孩子们，在这里，风是地籁的发动者，没有风的发动，就不会有地籁之声；众窍是地籁的呼应者，没有众窍的呼应，也不会有地籁之声。只有当风和众窍相遇的时候，我们才能听到千变万化、千音百调的——

（生齐答：地籁）

师：现在，让我们拿起课文，完完整整地读一读庄子笔下的地籁。相信这一次再读地籁，跟你们一开始读地籁的感觉和想法应该会有很大的不同。你们听——（教师从"夫大块噫气"开始，一直读到"而独不见之调调之刁刁乎"。整段朗读抑扬顿挫、起伏有致，具有极强的表现力，博得全场的热烈掌声）

师：好听吗？想读吗？来！我们一起来——

（生随着教师的手势，齐读整段地籁，同样读得很有节奏和味道）

师：怎么样？什么感觉？你读庄子的地籁有什么感觉？

生$_1$：以前感觉非常费劲，特别不好读，我现在感觉特别流利，完全没有紧张的感觉。

师：是吧？完全放松，完全享受，完全进入庄子的地籁之中，真好！（指另一生）你的感觉是？

生$_2$：朗朗上口。

师：朗朗上口，好。还有别的感觉吗？

生₃：读起来轻而易举，不像之前那么绕。

师：熟能生巧啊！（指另一生）说说你的感觉。

生₄：读起来感觉心潮澎湃。

师：庄子把你带进去了，你融入到庄子里去了。庄子的文字写得波涛澎湃，你的感觉才会心潮澎湃啊！孩子们，这样的文字还想读吗？

生：（齐答）想！

师：那就让我们再次走进庄子的地籁——

（生随着教师的手势，再次齐读整段地籁，读得更有节奏和味道）

三、品读：领悟天籁内涵

师：真好！读庄子的地籁，真是一种享受。孩子们，现在我们知道，地籁发声，一靠众窍，二靠风。所以，课文这样总结道，地籁则——（指着板书"众窍"）

生：（齐读）众窍是已。

师：那么，人籁呢？人籁则——

生：（齐读）比竹是已。

师：（板书：比竹）什么是"比竹"？

生：比竹就是并列在一起的竹子，是一种乐器。

师：比竹是一种乐器，几根竹管排在一起，竹管上都有一个一个的洞。大家见过笛子吗？

生：见过。

师：见过箫吗？

生：见过。

师：比竹很像一根一根的箫排在一起。有一种乐器叫排箫，跟比竹很像。当然，乐器本身是不会发声的，要发声得靠谁？

生：人。

师：（板书：人）所以才叫人籁。我们看，人籁发声，一要靠——

生：（齐答）人。

师：是的，人就是人籁的发动者。人籁发声，二要靠——

生：（齐答）比竹。

师：比竹就是人籁的呼应者。当发动者人和呼应者比竹相遇的时候，我们才能听到——

生：（齐答）人籁。

师：我们一起来看地籁和人籁。地籁发声，一靠风二靠众窍；人籁发声，一靠人二靠比竹，所以，无论是地籁还是人籁，它们都有一个相同的特点，谁看出来了？

生：它们都需要依靠别的东西才能发声。

师：也就是说，它们自己都不能直接发声，对吧？

生：（齐答）对！

师：那么天籁呢？敢问天籁？谁来读一读子綦的回答？

生：（朗读）夫吹万不同，而使其自己也，咸其自取，怒者其谁邪？

师：（课件呈现此句）孩子们，拿起笔来，把这句话用波浪线画下来。

师：我们一起看大屏幕，来读一读庄子笔下的天籁。

（生齐读此句）

师：孩子们，天籁的发动者是谁？

生₁：我认为天籁的发动者是它自己。

师：是吗？你是怎么知道的？

生₁：因为庄子说，"夫吹万不同，而使其自己也。咸其自取，怒者其谁邪？"也就是说，发动者除了它自己，还有谁呢？

师：说得好，咸其自取嘛。那么，天籁的呼应者又是谁呢？

生₂：也是它自己。

师：你又是怎么知道的？

生₂：因为庄子说，"夫吹万不同，而使其自己也"。这说明，天籁发声出于它自身的缘故。

师：是的！天籁发声，不靠人，不靠风，不靠众窍，不靠比竹，唯一依靠的是它——

生：（齐答）自己。

师：这就是天籁。你看，夫吹万不同——

生：（齐读）而使其自己也。

师：咸其自取——

生：（齐答）怒者其谁邪？

师：天籁发声，完完全全靠它自己。发出自己的声音，依靠自己来发声，通过发声成为它自己，这就叫天籁。一起读——

（生齐读天籁全句）

师：其实，在我们的日常生活当中，到处都有这样的天籁。请大家完成课堂练习第三大题，写出不少于一种的天籁。

（生自由写生活中听到过的天籁，教师巡视）

师：好的，孩子们，你的笔下出现了怎样的天籁之声？我们来听一听这位孩子笔下的天籁。

生$_1$：老虎的怒吼声。

师：好，老虎的怒吼声是天籁。孩子，上去，你把"老虎的怒吼声"写到黑板上，随便哪个位置都可以写。

（生$_1$上台板书）

师：说说你笔下的天籁。

生$_2$：海浪的拍打声。

师：真好，海浪的拍打声。上去，把它写在黑板上。你笔下的天籁是——

生$_3$：雷电的轰隆声。

师：哦，雷电的轰隆声。没错，这是天籁，写上去。你笔下的天籁是——

生$_4$：破土而出的小苗的生长之声。

师：破土而出的小苗的生长之声，真是与众不同的天籁。好，把它写上去。

生 5：昆虫的叫声。

师：昆虫的叫声，好的，的确是天籁。请把它写上去。

生6：瀑布的轰鸣声。

师：写上去。好，你笔下的天籁是——

生7：树叶的沙沙声。

师：写上去。还有不同的天籁之声吗？

生8：公鸡的啼叫声。

师：写上去。你笔下的天籁是——

生9：竹子生长的……

师：竹子拔节的声音，"拔节"两个字会写吗？

（生9摇头）

师：来，我帮你写。（师在学生本子上范写，然后学生上台板书）你笔下的天籁是——

生10：青蛙的呱呱声。

师：写上去。还有吗？

生11：雨点的拍打声。

师：没错，这是天籁。去，把它写上去。

生12：大海汹涌澎湃的声音。

师：很好，写上去。

生13：巨浪的翻滚声。

师：巨浪的翻滚声，这也是天籁，写上去。还有天籁之声吗？

生14：潺潺的溪流声。

师：潺潺的溪流声，非常好，真有诗意。好！我请最后一位——

生15：鱼儿游动的声音。

师：鱼儿在水里游动的声音，写上去。好的，孩子们，我们一起静静地看黑板。如果你觉得哪些天籁特别有意思，现在可以静静地把它们写在自己的作业纸上。这样，你不但分享了同学的经验，也丰富了自己的精神世界。

（生安静地做记录）

师：好的，孩子们，把笔都放下。我们一起抬头看黑板。真没有想到，不靠风，不靠人，不靠众窍，不靠比竹，唯独依靠自己发出的天籁之声，竟然这样丰富，这样动听！（教师指着板书）你们看，这里有——

170

生：（齐读）昆虫的叫声。

师：这里有——

生：（齐读）青蛙的呱呱声。

师：这里有——

生：（齐读）瀑布的轰鸣声。

师：这里有——

生：（齐读）竹子的拔节声。

师：这里有——

生：（齐读）老虎的怒吼声。

师：这里有——

生：（齐读）海浪的拍打声。

师：这里有——

生：（齐读）雷电的轰隆声。

师：这里有——

生：（齐读）大海的波涛澎湃声。

师：这里有——

生：（齐读）公鸡的啼叫声。

师：这里有——

生：（齐读）树叶的沙沙声。

师：这里有——

生：（齐读）破土而出的小苗的生长声。

师：这里有——

生：（齐读）雨点拍打声。

师：这里有——

生：（齐读）鱼儿游动的声音。

师：这里有——

生：（齐读）巨浪的翻滚声。

师：这里有——

生：（齐读）潺潺的溪流声。

师：当然还有许许多多的天籁之声，我们可以在这里加上什么符号？

生：省略号。

师：（板书：……）是的，这个世界有太多太多的天籁之声。它们靠谁发声？

（生齐答：自己）

师：它们发出谁的声音？

生：（齐答）自己。

师：它们发声最终成为谁？

生：（齐答）自己。

师：这样的声音，庄子把它叫做——

生：（齐答）天籁。

师：正所谓，夫吹万不同——

生：（齐读）而使其自己也。

师：咸其自取——

生：（齐读）怒者其谁邪？

四、玩读：猜想庄子境界

师：今天，我们学了庄子的《天籁》，知道在庄子的世界中，有这样三种声音。第一种叫——

生：（齐读）地籁。

师：第二种叫——

生：（齐读）人籁。

师：第三种叫——

生：（齐读）天籁。

师：好了，问题来了。这三种声音，你觉得庄子本人最推崇、最喜欢的可能会是哪种声音？地籁？人籁？天籁？孩子们，下个结论也许比较容易，但说出这样认为的理由就会有挑战。我希望听到的不仅仅是那个结论，而是你这样认为的理由。好，我们来听听第一位同学的看法，你觉得庄子推崇的是哪种声音？

生₁：地籁。因为在本文中，地籁描写得最多。

师：好。他认为地籁是庄子最推崇的声音，理由只有一个，地籁写得最多。很好，这是他的观点。来，说说你的观点。

生₂：我觉得庄子应该喜欢天籁。

师：推崇的是天籁，理由是——

生₂：因为天籁的声音多种多样。

师：如果说天籁的声音多种多样，因此成为庄子最喜欢最推崇的理由，那么，你一定不会忘记庄子笔下的地籁，一样是多种多样的。很显然，这个理由需要你重新思考。

生₃：他最推崇的是天籁。

师：为什么？

生₃：因为天籁是靠自己发出的声音。

师：你认为靠自己发出声音是庄子最推崇的，是吧？这是一个理由。当然，这是她的观点。你们不要被她的观点掩盖了你自己的观点，我想听到不同的观点。

生₄：我觉得庄子最推崇的是天籁，因为世间万事应该靠自己。

师：好，这是你的观点。还有不同的看法吗？

生5：我觉得庄子对三种声音可能都推崇。因为，庄子对天地是一视同仁的。

师：其实，要想知道庄子老人家究竟推崇什么，不推崇什么，关键的关键，是我们要了解庄子这个人。庄子是谁？谁是庄子？地籁人籁天籁，在庄子的心目当中究竟处于一种怎样的地位？也许，下面的这首天籁会给我们一些启发——（课件呈现：播放歌曲《那是谁》）

那是谁　不喜不悲

那是谁　无怨无悔

那是谁　安然入睡

那是谁　以心相随

那是谁　无语无泪

那是谁　不错不对

那是谁　安然入睡

那是谁　那么美

风轻云淡　高山流水
花开花落　朝霞余晖
岁月如歌　来去如归
他说真美　真美

悲喜间　心静如水
天地间　日月同辉
生死之间　来去如归
他说都美　都美

那是谁　从不追随
那是谁　也不献媚
那是谁　不进不退
那是谁　那么美

那是谁　独饮独醉
那是谁　不用谁陪
那是谁　安然入睡
那是谁　那么美
那是谁　那么美
那是谁　那么美

（歌曲完）

师：明白了吗？

（生有的点头，有的茫然）

师：有的点头，有的摇头，有的不点头也不摇头，说明已经没了头。（众笑）看来，是我为难大家了，让你们一个个都变成了大头。（众笑）其实，庄子的文字，哪能这么轻易让我们明白呢？孩子们，有的书，只要三五天就能读懂；有的书，需要三五年才能读懂；有的书，三五年也不够，得三五十年才能读懂；还有的书，可能需要一辈子，甚至一辈子都不一定读得懂。那咋办呢？下辈子回来，咱继续读。（众笑）孩子们，《庄子》就是这样的书。明白吗？

（生自由应答：明白）

师：下课！

· 听课回响 ·

大道至简致达道

江苏省苏州工业园区教师发展中心　孙春福

《天籁》如"天籁"，此课如从天上来！

王崧舟先生自去年推出《天籁》一课，已经在不同的地点示范多次，每场课罢，大家都仍沉浸其间，恍惚置身"此曲只应天上有，人间哪得几回闻"的境况，但要具体言说却又不可名状。真可谓："道可道，非常道。名可名，非常名。"

截选自《庄子》"齐物论"中的《天籁》一课，多生僻字、难读字、异读字，对于现代人来说，真是诘屈聱牙，更何况是五年级的小学生。但经王崧舟先生点化，乍看结构简单、手段简单，却演化出了如此的魅力，个中奥秘何在？

多年前，应《中国教师报》之邀，曾评赏过王崧舟先生的《两小儿辩日》。今天，应王崧舟先生之邀，再谈谈观《天籁》一课的学习体会。

一、注重"读"，此为语文教学之至简大道

说到文言文如何教、如何学，我们往往会回忆起自己中学时期的语文学

习经历。老师实词虚词逐一注释一番，一句句翻译成现代文，然后学生背诵记忆。这样的教学导致什么结果？学生实词、虚词、文言句段，死记硬背装了一些，但这些文言语料与学生的生活、情感格格不入，虽然学习了它，内心却排斥它，等他们离开学校，那些文言语料混同其他死记硬背的东西，被毫不留恋地抛弃。这就是死记硬背、机械学习的悲哀！

这就有必要重新去发现文言文的魅力，重新发现文言文与学生生活、心灵的关联！其实，作为我国古代书面语的文言文也是古代先人生活与精神的写照，即使最早的上古时代的文言文，它也是以先秦时期的口语为基础加工而成的。它有着古代汉语口语的源头，并且经过书面的加工，语言简洁凝练，音韵和谐又富有变化，文气畅达。这种独特的语言独具古汉语的魅力，完全有必要也有可能让学生去感受、感知。

纵观王崧舟先生的《两小儿辩日》等多堂文言文教学，他立足小学生的实际，坚决摒弃注解式的文言文教学方式，注重带领诵读文本。在这些课例中，我们可以发现，读是他最主要的教学手段。其中，首要的环节、倾注时间最多的是读，帮助学生感悟理解时使用的方法还是读。在本课教学，由于文本是一篇上古时代的《庄子》文选，生僻字、难读字、异读字多，王崧舟先生教读方法更加原始、古朴、多样。一开始干脆一句句领读，学生一句句跟读；接着孩子们一句接一句，交互对读；个别指名检查读，全体整齐巩固读；重点句段的美读，更是全课的重笔浓彩的华美篇章。当然，为何重点读此句段、为何用美读法读此句段，王崧舟先生是"独运匠心"的，笔者后文还要详解。

记得有语文专家曾说过："文章的讲解是分析，朗读是综合；讲解是死的，如同进行解剖，朗读是活的，如同给作品以生命；讲解只能使人知道，朗读更能使人感受。"对于语文教学来说，诵读是最基本的也是最有效的手段，现代文学习是如此，文言文也是如此。为何？追究至语言的原始营造，语言是人类心物交感的产物，语音是人类内心情感意念的异质同构物。文字是"符号的符号"，书面上写的语言是不完全的语言，严格说来，口语所包含和伴随的语气、语调、语势等的抑扬顿挫、轻重缓急，都受到了局限，全都表达不出来。因此，诵读，通过语音、语气、语调、语势的揣摩，就能还原和重新赋予书面语言以跳跃的生命。

文言文似乎是一位睡美人,"读"好比给"睡美人"一个吻,使沉睡千年的她复活。

"读"看似原始,它应该是语文教学之至简大道!

二、类比曼衍,直觉中感悟"天籁"之道

文本的内容决定形式,文本的形式裹助内容,精妙的文本是内容与形式的完美统一体。如何理解和把握"天籁"的内涵和意蕴,历代注家相异的观点不少。本人认为,从《庄子》整体的思想风格整体去观照,再结合"天籁"章节部分的行文结构,可能会更好地把握庄子高妙的"天籁"之道韵。

庄子认为"寓言十九,重言十七,卮言日出,和以天倪",他明言其行文之法:"以卮言为曼衍,以重言为真,以寓言为广。""寓言"即虚拟的寄寓于他人他物的言语。人们习惯于以"我"为是非标准,为避免主观片面,把道理讲清,取信于人,必须借"藉外论文"的"寓言"。"重言"即为使自己的道理为他人接受,借重长者、尊者、名人的言语,托己说于长者、尊者之言以增强说服力。对于"卮言"的理解,有学者认为,这是一种打破严格的逻辑推理,借助具体事物来表达抽象道理的文学性诗意类比言说。这种语言看似出于无心、自然流露,意蕴却层出无穷,散漫流衍地把道理传播开来,并能穷年无尽。本人认为这样的解释符合庄子"卮言"的风格特征和功能。这样的"寓言"十句有九句让人相信,"重言"引用前辈圣哲的言论十句有七句让人相信,"卮言"天天能发人新解,与天道的发端相吻合。

"天籁"章节给人冲击力最大的是庄子借子綦之口对"地籁"的描述:纵横捭阖,极尽铺排之能事,恣意描写山陵树木上的各式窍,林林总总;洋洋洒洒,尽摹状之天工,渲染万窍怒呺而成的各类风,多姿多彩;随后总绾一笔,揭示出风窍两者相随、相应的止息关联。子綦认为子游"闻人籁,而未闻地籁,女闻地籁而未闻天籁",子游问其"方",子綦却只对"地籁"浓墨重彩,为何?此实是庄子在此"三言"叠用的秘妙。

"比竹是已"的"人籁"是人们有意为之,常人习见,而"众窍是已"的

"地籁"则是常人所忽视。但经过子綦浓墨重彩的铺陈渲染，熟视无睹的"地籁"自然令人印象深刻，子游自然也悟得"地籁""风作窍应"和"人籁""息吹管响"的相同发声机理。"天籁"实"道籁"，常人自然从无听闻，只有在掌握它"自己自取"的机理后，收视返观在内心才能谛听。究竟何为"天籁"，子綦（实是庄子）不枚一例，只点化其"自己自取"的禅机。受前面浓墨重彩铺陈渲染的"地籁"的类比启发，在异质同构的直觉联想中就能"尽得风流"！

妙哉，妙哉，何其妙哉，这就是"和以天倪"的"卮言"曼衍之妙！

诗云："人前风光百般好，人后辛酸可知晓。"王崧舟先生每课均穷研力索，常至忘寝食，才成就惊人艺业，给课堂唤来了"神灵"。笔者虽未对他就这一课品的创作做过专门的访谈，但可以肯定的是，王崧舟先生事前必定对《庄子》、对"天籁"篇章穷研力索一番了的。

有人说，世间有两种"天籁"，一为老悟，一为童真。王崧舟先生本课带领学生在通读基础上美读、品读的教学路向，遵循着同轴互映的烛照结构，大造类比之象，诱导直觉联想，也就成功、畅达地引发了稚童对"天籁"的颖悟，庄子高妙的"天籁"道韵飘然降临课堂了！

《天籁》里隐含着庄子超逸的思想，洞悉之，遵循之，自然臻致体道悟道之达道了。

天籁无声　道法自然

浙江省杭州采荷第一小学教育集团　赵远利

一、从"老庄思想"的角度来看课

王崧舟老师别出心裁，也可以说十分大胆，挑战的是五年级的小古文《天籁》，这篇经典诵读的文章，说实话，文章偏难，我还是比较担心的。这样的课文怎么样给小学生来上呢？因为字词生僻，短短的一篇二百字左右的文章，就有十几个生僻字，更别说文本内容的理解了。以前只是知道庄子的《齐物论》和"三籁"的说法，却没有研读过原文。我在网上搜到了这篇短文，耐着性子读完了这篇短文，看着注释，还是不知所云。为了了解文本和诸多专家的研究，也是为了研究王崧舟老师的语文课，我带着膜拜与期待的心情读了几篇关于庄子的研究论文，也有几分收获。

《庄子》本身就是先秦诸子百家之中，最难读的书。这不是因为他的文字，而是因为老庄的思想，崇尚自然，追求自由。有两个例子：一是庄子在《逍遥游》中说："北冥有鱼，其名为鲲。鲲之大，不知其几千里也。化而为鸟，其名为鹏。鹏之背，不知其几千里也，怒而飞，其翼若垂天之云。"庄子意思是说：人应当不受任何束缚，自由自在地活动。这实际上反映了庄子要求超越时间和空间，摆脱客观现实的影响和制约，忘掉一切，追求自在人生，在主观幻想中实现"逍遥"的人生观。《逍遥游》很能代表庄子的哲学思想，同时也体现出其散文的文学风格和成就。这些寓言故事性很强，能够深深地吸引和打动读者，成为论说事理的有力手段。除了想象丰富、形象逼真，文章的大开大合的写法，纵横跌宕，任情挥洒，不拘一格，很像作者本人那飘逸、洒脱的个性。还有一次，庄子去见梁惠王，他用麻绳系着破烂不堪的衣服，草鞋也用绳子绑着，梁惠王见了就说："庄子啊，你来见本王，也不注意形象。穿成这个样子。"庄子不慌不忙地说："当今皇帝你昏庸，丞相无为，才导致我现在这个样子。老百姓过不上好日子，都是你们君臣的原因啊，你到反过来问我？"

从《庄子》中的这两个故事，就可以看出庄子的品行与性格的独特之处。庄子和孔子、孟子相比，他远离贵族和政治，更多的是在谈人生，谈哲理，这也是庄子的文章难以理解的重要原因。直到听完了王崧舟老师《天籁》这节课，我才恍然大悟，王老师这节课可谓独具匠心，采用读中自然感悟的方式来学习课文，原来我的担心真是多余的了。

二、从"经典熟读"的角度来看课

经典文本主要是熟读，王老师采取的是返璞归真方式，课堂上学生一直在读，读的形式花样繁多，但细细品味可见王老师的精心设计，每一次读都有不同的梯度，不同的要求。这节课的开始，王老师便设计了多种形式的朗读，有教师引读、自由读、男女生合作读、同桌合作读、指名读、纠正读、全班齐读，方式多样，精彩纷呈。这也为后面的顺利教学做好了铺垫，真正验证了"读书百遍，其义自见"这句老话。在反复朗读的基础上，王老师出了一道连线题，让学生梳理文章文章的顺序：先写"地籁"，再写"人籁"，最后写"天籁"。接着王老师重点指导了三处朗读，一是"地籁"描写中的"似鼻，似口，似耳，似枅，似圈，似臼，似洼者，似污者"，他先让学生自己尝试练习读，然后教师自己范读，再要求学生尝试读，最后再齐读，直到读得流畅为止。你以为该句已经读得很充分，该告一段落了，但是王老师没有到此结束。王老师别具匠心地再把八个词语横着排列，引导学生发现排比句式的特点，引导学生要读出排比的气势，并且要注意声音的高低起伏。于是，在王老师时高时低手势的引导下，学生蓄势待发，津津有味地读着，他们的读书声随着文本流淌，时而像湍急的流水、时而像细细的呼吸声、时而像放声叫喊、时而像嚎啕大哭，前面呼呼响起，后面呼呼应和。自然界的风止住了，学生的读书声也戛然而止。我们可以看到学生朗读效果呈阶梯式的进步，在花样百出的朗读形式中，学生读出了那种一泻千里、气势如虹的感觉，令听课的老师们啧啧称道。

王老师在此处的设计，对另一处的朗读起到了很好的引导作用，学生一下子便掌握了该如何朗读排比句的诀窍。学生徜徉在朗读"激者、謞者、叱者、吸者、叫者、譹者、宎者、咬者"的气势中。面对如此难的句式，若是让学生逐词翻译理解，则失去了原文的美感。于是，王老师第二次出示了连线题，把句子解释用比喻句陈列出来，让学生连线帮助理解。如此一来，学生汇报时无一出错。除此之外，让我觉得很妙的朗读设计在"地籁"发声时，"泠风则小和，飘风则大和，厉风济则众窍为虚"，王老师根据句意来决定朗读声音的大小，连续重复三次，学生在趣味朗读中似乎已将句意琢磨透。由于"地籁"段文章着墨较多，于是王老师带领学生举一反三，通过"地籁"发声靠"众窍"，直接找出"人籁"发声靠"比竹"，紧接着过渡到"天籁发声依靠什么？"带领学生进一步探索天籁发声靠的是自身。最后王老师出示"地籁则众窍是已""人籁则比竹是已"，让学生说出"天籁则自身是已"的句子。学生既熟悉了这个句式，又理解了"三籁"的区别，可谓一箭双雕。

国学经典有别于我们一般教材上面的文章，它们之间既有紧密的联系，又有所区别，王老师在传统以读为主的基础上，用儿童视角打造乐学经典的教学模式。他创设学习情境，把生活纳入了经典教学课堂，让学生愿意读经典，快乐地学习经典文化。他的乐学经典模式采用的是"四步读法"：始于"悦读"，激活学习动力；基于"熟读"，做足涵泳工夫；贵在"悟读"，唤醒主体智慧；成在"化读"，积淀文化底蕴。

三、从"播种"文化的角度来看课

《庄子》是先秦文学经典中的经典，老庄的哲学思想比较抽象，教学中王老师适时点拨，创设情境，结合生活实际，回到生活当中去理解文本，采取一种开放的阅读方式来阅读作品。

纵观庄子其人和作品，可以看出庄子思想主要有两个来源，一是老子，一是《易经》。其中庄子的天籁、地籁、人籁的"三籁"思想就是《易经》"三才"思想的别称。庄子尊重天道，主张"天地与我并生，而万物与我为一"，强调"天人合一"。"籁"，本指古代的管乐器箫，这里泛指由空虚的地方而发出的各种自然音响，因其声音所出的不同，有天籁、地籁、人籁之分。天籁的发声全凭自己，完全摆脱了任何外力的约束，是天然自发而生，因而这种不依赖任何外力的自然音响最美，胜于地籁及人籁。又天籁构成的乐曲就是"天乐"，"与天和者，谓之天乐"（《庄子·天乐》）反映出庄子标举自然之美，贬抑人造艺术的主张。那么，如何把这样高深的富有哲理性的文本教给小学生，让他们从中感受到经典文化的魅力呢？王崧舟老师可谓用心良苦，教学设计着眼于孩子的认知水平，从学生的角度出发，观其课堂的流程，可以说是大雪无痕，天籁无声。其课堂的教学风格也深受老庄思想的熏陶，真是随风潜入夜，润物细无声。

为了渗透庄子天籁的哲理内涵，王老师设计三次课堂作业不可谓不妙。第一次作业的连线题降低了学生阅读的难度，是为了把握文章的主要内容。这一道连线题，梳理出主要内容，理顺写作顺序：先写地籁、再写天籁、后写人籁，接下来又回肠荡气、百转千回地读《天籁》，此亦如天籁之声。第二次作业也是连线题，出示了各种声音的古文和现代文，难度降低，为理解内容做铺垫，为朗读蓄势。第三次作业是让学生写出一种以上的自然界发出的声音"天籁"。那么，"三籁"的区别在呢里呢？因着风与众窍而发声为地籁，因着比竹而发声为人籁，唯天籁，虽万般不同，但使它们发生和停息的，都是出于自身。

王老师请学生体悟感受生活中有哪些是天籁。学生们举例说，有"雨天的滴滴声""花开的'哗哗'声""小猫的'喵喵'声""野狼的嚎叫声""青蛙的呱呱声""落叶的沙沙声"……王老师请这些学生把自己寻找到的天籁一一写在黑板上。王老师把难以理解的哲理性的语言形象化，把文化之根植入了学生的心中。

课的最后，王老师给了学生一道命题：你认为，天地之间，庄子最推崇的是哪一种声音？有的学生说是天籁，因为课题写的就是天籁；有的学生说是地籁，因为写地籁的内容最详细；有的学生说是天籁，因为文章结尾点题也是天籁；还有的学生说是天籁，因为写天籁含义最深刻。而王老师则点击课件，当"雪花飘落、蚂蚁爬行、海棠花开、春笋破土、露珠滚动、细沙滑落"这些"天籁之声"消失殆尽的时候，问学生们："你们明白了吗？"学生们还是摇摇头说："不明白"，全场老师会意大笑。是的，老庄的思想博大精深，需要我们用一生的时间去领悟和体会。又好像花开花落一般，只随风轻轻摇曳，花香或浓或淡，只有风儿才懂；而花的心事，怕只有花儿自己才能懂得。正如庄周梦蝶，蝶梦庄周，谁又知道孰真孰假呢？

王老师的课实实在在，和以往的语文课相比，富有返璞归真的味道，全然没有作秀的成分在里面，但整堂课下来，该落实的一点不少。如果你问我学到了什么：我只能说我心灵受到了美的熏陶，王老师的教学魅力无穷；我佩服他上课的游刃有余；我羡慕他设计的环环相扣；我更明白"名师"不是一个称号，更是个人努力的成果。王老师自己也说，这篇课文他前前后后备了三年之久，他坚持的最主要的原因是：直面经典，播种文化。无论是《桃花心木》《孔子游春》，还是《枫桥夜泊》《天籁》，这富有文化内涵的几堂语文课，最主要是为了让学生知道中华传统文化经典的魅力。"学生学好，要靠个人的努力和造化；但老师播种，则是每个老师的良知和追求！"

前一段时间听过王崧舟老师关于《儿童视野与国学经典教育》的学术报告。报告中，王崧舟老师从儿童视角谈到了中国灵魂与"文化种子"的习得和"君子气质"的陶冶。王老师强调了生活是国学经典教育的最好舞台、无上道场。让我们也真正认识了国学经典教学的重要性与方法性。他强调的小学国学经典教育的播种文化的观点，在《天籁》这一课中就得到了很好的印证。

四、从"感悟文言"的角度来看课

文言文教学通常是把文言文逐字逐词地解释。王老师并没有像我们常规教授文言文一样，剖析文言文中每字每句的白话意思，他整堂课没有直接告诉学生一句文言文的意思，而是采用了不告诉的"读中悟"方式。

《天籁》这篇小古文出自《庄子·齐物论》，生僻字、难读字、异读字是读这篇文章首先会遇到的障碍。课一开始，如大幕徐徐拉开，随即而来的就是朗朗书声。学生们跟着王老师读，老师一句，学生一句，老老实实地读，踏踏实实地读。恍然间觉得，此刻仿佛穿越了时光的隧道，到了先秦时期的学堂，先生执书卷诵读，学生亦摇头晃脑，朗朗书声响彻云霄。

琅琅的书声轻重缓急，错落有致，王老师领着学生读古文，遇上古今读音有异的"夫"停下来作解"此为语气词，念第二声，再读"。遇上异读字"畏佳（音 wéi cuī）"，停下告诉学生这是个异读词，"邪"作为语气词念"yé"。听课老师也跟着在书上做批注，也跟着王老师轻轻念，整个会场形成一种玄妙的力量，数千人一起念诵《天籁》。整堂课看来，除了学生看注释理解课文内容和三次课堂作业的安排，其余的时间基本上都是在读书。这也说明，如果老师引导有方，设计合理，学生完全可以理解那些难读的古文，这也值得我们各位老师借鉴。另外，王老师在理解文本的时候，借助学生的生活经验，把生活中的一些场景带到课堂上来，地籁的各种声音用连线题来解决，天籁的声音让学生想象，用笔写下来。学生明白了：原来天籁就在我们身边，离我们很近。对于最后一段文字的内涵哲理，王老师用的是比较法，用"三籁"发声的原理作比较，让学生知道了天籁的发声和停止依靠的是"咸其自取"。

"道可道，非常道。名可名，非常名。"让我来评王老师的课，的确心中感觉忐忑不安，可能词不达意，甚至说不准好在何处，正如老庄思想的丰富内涵，说不清道不明，也如王老师课堂教学艺术的非常之道。总而言之，王崧舟老师的课最耐听，每一次听他的课都是一种享受。他的课常上常新，每一次都有一种独特的味道，而且越品越有语文味。听王崧舟老师的《天籁》，恍若庄子梦蝶的情境再现，让人如痴如醉，不知身在梦里与梦外。

· 课堂实录 ·

《临死前的严监生》课堂教学实录

执教：杨修宝

师：都准备好了吗？

生：准备好了。

师：上课！同学们好！

生：老师，您好！

师：请坐！今天我们要学习的课文是——一起读课题。

生：临死前的严监生。

师：不拖长音，把"的"轻读。临死前的严监生，开始！

生：临死前的严监生。

师：对，好多了。生字新词都会写吗？拿出纸和笔来，我们开始听写。第一个词，"监生"。都写对了，"监生"这个词是什么意思？

生：监生，就是古代的一个，比如说秀才，比如我们小学生、大学生这样的称号。

师：读书人的称号，像秀才、进士、举人。监生，在明清时期有的是用钱捐来的，有的是考取的，所以有研究学者说严监生的监生是他拿钱买来的。

师：第二个词"侄子"。有同学不会写了——

师：严监生有几个侄子？

师：有人说三个，有人说五个，还有人说两个，到底几个？

生：五个。

师：预习课文了，一定要把课文的每一句话读得清清楚楚。现在，迅速地拿出课文，看一眼。有的同学不会写，把这个字改过来，会写的同学赶快看一眼，有几个侄子？

生：五个。

师：五个侄子，只不过课文里面只提到两个人。两个人说话了，是吧？好，改过来了吗？嗯，都会写了。

师：第三个词"郎中"。都写对了，预习得真不错。郎中是什么意思？请你说。

生：医生。

师：请你再说。

生：也就是现在的大夫。

师：哦，大夫，现在我们称为中医。这一篇课文是古白话文，因此课文里的一些词语，古时和现在的意思不一样，比如说"医家都不下药了"，下药是什么意思？

生：我觉得不下药的意思就是不给他开药了，就是不给他药。

师：对，不给他开药了。下药是开药方的意思，现在讲下药，不单单指不给开药方的意思了，还指——

生：还指下毒。

师：就是下毒药。课文里边还有一个词，叫"已后"，你发现了吗？有什么不一样？

生：已后在古文里的意思是后来。

师：你看已后的已，他用的是哪个字？对，已经的已，和我们现在用的不一样，因此在读这篇课文的时候，我们一定要注意这些词语。现在，请你读两遍课文，第一遍把语句读通顺，词语读准确。第二遍，看一下，有没有不理解的地方，把它圈画出来，如果能够借助屏幕中出示的注释把课文读懂，那就更好了。听明白了吗？好，自己读自己的，放出声音读，我走到你身边的时候，希望能听到你的读书声。

（生由读课文）

师：读完的同学，再看看屏幕出示的注释，看看有没有不理解的地方，对照课文来读，都读懂了吗？

生：读懂了。

师：好，同学们，借助注释来读这样的文章，是非常好的一种学习方法。没有注释的时候，你怎么办呀？请你说。

生：我可以在网上查，然后记在课本上。

师：你是借助网络，还可以怎么办？请你说。

生：可以查字典。

师：对呀，查字典也非常好。另外，联系上下文，也可以理解，但是借助词典，效果会更好。借助注释来学习这样的古白话文是非常好的，记住这种方法。

师：同学们，写人的文章，我们用一个问题来学习，就能把这篇课文学得很清楚、很明白。这个问题就是："他是一个怎样的人？"现在就请你看一看，严监生是一个怎样的人。请你在文中圈画出相关词句读一读，然后把你概括出的一两个词写在课文题目的旁边。

师：有同学写了节约，有的同学写了小气，有的同学写了吝啬，还有的同学呢，写的是爱财。老师请同学把这些写到黑板上，我们看看，严监生到底是一个怎样的人。

师："小气"是哪位同学写的？（一生举手）你写的，请你说说理由吧。

生：我认为课文的最后一句"你是为那灯盏里点的是两茎灯草，不放心，恐费了油"，就是害怕浪费那一点油，说明他十分小气。

师：好，有道理。请你。

生：我找的也是这一句，但我从这里可以感受到他是一个节俭的人。

师：请你说说理由。

生：因为里面烧的是两茎灯草，他点一茎灯草比两茎节约了一些。

师：好，刚才同学们画的语句，基本上是这些内容（屏幕出示文字）。那

187

咱们来看一看，是节约，是小气，还是吝啬？我们一起来读一读这几句话。

师：大侄子走上前来问道？

生：二叔，你莫不是还有两个亲人不曾见面？

师：二侄子走上前来问道？

生：二叔，莫不是还有两笔银子在哪里，不曾吩咐明白？

师：奶妈抱着哥子插口道？

生：老爷想是因两位舅爷不在眼前，故此记念。

师：赵氏慌忙揩揩眼泪，走近上前道？

生：爷，别人说的都不相干，只有我知道你的意思！你是为那灯盏里点的是两茎灯草，不放心，恐费了油。我如今挑掉一茎就是了。

师：好，同学们，课题时刻在提醒着我们，此时此刻的严监生，已经是——

生：临死。

师：对啊，临死啊。同学们，第一，在乎的不是什么？

生：两个亲人。（教师随即板书）

师：第二，在乎的不是——

生：两笔银子。（教师随即板书）

师：第三，在乎的不是——

生：两位舅爷。（教师随即板书）

师：只有赵氏最了解他——

生：两茎灯草。（教师随即板书）

师：同学们，一个人即将离开这个世界，他最应该惦念的是不曾见面的两个亲人，抑或是……

生：两笔银子。

师：虽然钱财是身外之物，但是一定要把它落实清楚，这叫遗嘱。再看，两位舅爷，这两位舅爷对严监生来说，那是主心骨啊，严监生的很多很多事，都是两位舅爷帮他出了主意。但是，他在乎的不是这些，而是——

生：两茎灯草。

师：来吧，让我们对比着来读一读这些词语。你们读前面的词语，杨老师读后面的词语，准备好了吗？全班同学一起读，不拖长音，开始！

生：两个亲人。

师：哎，一个人即将离开这个世界的时候，他怎样怀念两个亲人？再读，效果就不一样。

师：你听听我语气的变化，来，开始！

生：两个亲人。

师：两茎灯草。

生：两笔银子。

师：两茎灯草。

生：两位舅爷。

师：两茎灯草。有的人表情都不一样了，咱们换过来，你来读"两茎灯草"。你的声音可能也有变化了，理解也就不一样了。我来读前面的词语。

师：两个亲人。

生：两茎灯草。

师：两笔银子。

生：两茎灯草。

师：两位舅爷。

生：两茎灯草。

师：你的声音，想表达的是什么？你说。

生：我感受到他的语气慢慢地变弱，感觉越来越不重视。

生：两个亲人、两笔银子、两位舅爷都比两茎灯草重要，为什么严监生还去管两茎灯草？

师：就是啊！现在我们再来研究一下这两个词，看看严监生是不是节约？是不是小气？还是吝啬和守财。节约的意思是——

生：节省。

师：该用的得用，不该用的——（学生齐说：不用），这叫节约。还有同学写的是吝啬，刚才谁写的？请你说说什么意思。

生：我觉得是因为亲人和那些银子还有两位舅爷都十分重要，为什么严监生就重视那两茎灯草。

189

师：都比两茎灯草重要，说明什么呢？吝啬的意思咱们再来说说，节约是该用的——

生：用。

师：不该用的——

生：不用。

师：那吝啬呢？吝啬是什么意思？请你说。

生：该用的不用，不该用的也不用。

师：不该用的不用，该用的？

生：也不用。

师：你看，节约到小气，到一定程度就是吝啬了。你看，人之将死，惦念的不是跟他血脉亲缘的两个亲人，不是让他很富有的——

生：两笔银子。

师：不是给他出了好多主意的——

生：两位舅爷。

师：惦念的却是——

生：两茎灯草。

师：真的让我们感觉到有点吝啬，但还不足以说明他吝啬的程度。《儒林外史》里，有这样一段话介绍了严监生，谁能读一遍？我还没叫过谁呢。来，请你读一遍。

生：这严致和是个监生，家有十多万银子。

师：谁能帮她纠正一下？

生：这严致和是个监生，家有十多万银子。

师：请坐！你再读一遍？

生：这严致和是个监生，家有十多万银子。

师：对了，这个"监"是多音字，还念？

生：监（平声）。

师：哎，对！严致和就是他的名字。第二句谁来读？我还没叫过你，你来读。

生：真是个钱过北斗，米烂陈仓，僮仆成群，牛马成行。

190

师：成行，读句子的时候，不能一个个数着读，五年级了，拿到一段话应该连贯地读一遍。真是个钱过北斗。怎么样不数着读呢？你把词语连起来读就好了，试一遍。

生：真是个钱过北斗，米烂陈仓，僮仆成群，牛马成行。

师：好多了。僮仆成群。

生：僮仆成群。

师：真个是，就是这个意思。好，请坐！真个是，他读错了，真个是，好，谢谢你，同学们！十多万银子，而且银过北斗，米烂陈仓，僮仆成群，牛马成行。你能想到他多有钱吗？后面的同学，请你说说。

生：这句话让我想到他家里仆人很多，牛马很多，粮食很多，还有他的那些银子也很多，还有他十分富有。为什么他还惦记那两茎灯草？

师：就是啊，这让我们不可思议。我们再给他算一笔账。

师：杨老师确确实实查了一些资料，明朝成化年间，一两银子相当于六百元人民币，十万乘以六百等于多少？

生：六千万。

师：他是千万富翁啊！同学们，一两银子，等于一千文，我们不用再算他有多少文钱了。一文钱能买两捆灯草，不是二茎。你为什么这样看着我啊？

生：不可思议。

师：真是不可思议，他是如此有钱的千万富翁，居然……

生：在乎两茎灯草。

师：让我们吃惊得舌头都不好使了。现在你再看，严监生是节约？是小气？还是什么？

生：吝啬。

师：吝啬，守财。你忽然间又发现了，他这么有钱啊，亲人不顾，那么多银子都不顾，两位舅爷也不顾，在乎的是？

生：两茎灯草。

师：就是啊，一文钱能买两大捆的，不值一文的那个灯草，我们觉得都吝啬到不是人了，是什么？

生：鬼。

师：就是啊，都变成鬼了。（教师在学生黑板上写的"吝啬"后面板书：鬼）

师：这守财的都不能称之为守财的人了。

生：守财奴。（教师在"守财"后面板书：奴）

师：你看，借助资料我们把课文学得更清楚了，严监生是一个什么样的人？

生：吝啬。

师：吝啬的人，对，守财的人。同学们，现在有学者写了好多文章说明严监生这两个手指头表示的不是两茎灯草，我们今天不解释，等你们上高中、上大学的时候再做研究，看他们说的有没有道理。或者你再读读《儒林外史》，再研究研究，好吧。现在，大部分人研究的内容，都趋同于严监生是吝啬鬼的代表。

师：好了，写人的文章，我们抓住一个问题就能把文章学得清清楚楚、明明白白。

师：学到这儿呢，我们的课文也就学得差不多了，是吧？你看人物研究明白了，故事也都读懂了，我们差不多就可以下课了，行吗？

生：不行。

师：不行，还应该学点什么呢？五年级了同学们，不能就是只读着课文的内容，把它学明白了，还应该学点什么？

生：我觉得还应该仿写人物。

师：是啊，这篇文章在"人物描写"一组里，对吧？

生：对。

师：还应该学点——

生：写作。

师：写作的方法。

生：还可以学作者写作的手法。

师：对啊，写作的方法。好，就按你们说的，我们就来研究研究，作者是怎么写的。现在请你闭上眼睛，我一提到吝啬鬼的时候，你会想起谁？大点声说——

生：严监生。

师：我一提到严监生的时候，你会想到他的什么动作？

生：两根手指头。（学生做动作）

师：把手指举起来。咱们再来一遍，把眼睛睁开，哎呀，老师忽然间意识到一个问题。同学们，以后拍照的时候不能这样了，容易让人误会，放下吧。

师：作者怎么样把两根手指头写得如此传神，肯定有妙招，我们来研究研究。现在请你拿出笔来，画出描写严监生的句子，看看作者是用了什么方法写出来的。画完的同学，概括出一两个词语写在旁边，写完之后，你可以跟同桌交流交流。

（学生圈画句子，讨论）

师：同学们都发现得差不多，你写的什么？神态加动作。很多同学跟她写的一样，好，谢谢你！相当一部分同学发现的都是神态加动作。

师：你能用神态加上动作说一句话吗？比如说杨老师怎么样上课。请你说。

生：我觉得是杨老师和善地看着我们的同学，往黑板上写着字。

生：杨老师龙飞凤舞地在黑板上写字。

师：呵呵，我一定好好地把字写好！同学们，表情，我怎么龙飞凤舞地写字啊，聚精会神，全神贯注，还有皱着眉头，都行是吧？

师：作为五年级的同学，发现人物描写的方法，神态加上动作谁都能看出来，你看有人赞同地点头了，都看出来了吧，五（一）班能看出来，五（三）班也能看出来，不足为奇。能看出来的同学叫熟手，就是比较熟练，用这种方法写人比较熟练。经典名篇，肯定有过人之处，肯定有不一样的写作方法，要不怎么才能成为经典呢？是吧？来，我们再读读描写严监生的句子，你还能发现什么写作方法？不着急举手，好好思考，（俯身对一个同学说）你悄悄告诉我。

师：来同学们，老师帮帮你吧，我读黑色的字，你来读蓝色的字，前面的同学可以看小屏幕，后面的同学可以看大屏幕——严监生喉咙里痰响得一进一出，一声不倒一声的，总不得断气，还把手从被单里拿出来……

生：伸着两个指头。

师：哎哟，真是有气无力的样子，他就把头摇了两三摇。

生：伸着两个指头。

师：稍微有点劲了，怎么就不理解我呢？他把两眼睁得溜圆，把头又狠狠摇了几摇。

生：伸着两个手指头。

师：越发指得紧了。他听了这话，把眼闭着摇头，

生：伸着两个手指头。

师：那手只是指着不动。哎哟，你们越来越会读书了，根据人物的感情变化，你们的声音也有起伏变化了，再读读，自己放出声音读？你看你又发现了什么样的写作方法，别看我，看屏幕，自己都放开声音读，再读一遍。

（生默读课文）

师：发现了吗？没有，不着急，再来一遍，你会发现二侄子跟他说的时候，他就伸着两根指头；大侄子说完他就伸着两根指头，说的时候他已经伸着两根指头；二侄子说、奶妈说的时候，他一直都在伸着手指，只不过我们文章的句子里边没有——

生：写进去。

师：这可以把它省略，但你知道这两个手指头一直是——

生：伸着的。

师：对啊，你说作者这是用什么样的方法写的？同桌之间相互商量商量，说说自己的意见，说出来的同学可以小声地告诉我。

（师巡视）

师：啊，对啊对啊，你写上去。

（生板书）

师：是啊是啊，你看，一启发都知道了，这种方法很重要，对啊，对啊，哎，厉害！写在这儿，孩子，写在这。

（生板书）

老师：他说的是重复，几个动作重复？

生：四个。

师：这四次做的都是什么啊？

生：伸着两个指头。

师：实际上作者在描写一个动作，始终在写伸着两个指头，那摇头也是为了什么？强调这两个指头，哎，这一个动作作者这样一直写下来。一个动作重复写，而且分层次的写，非常好，好在哪儿呢？他真的就能把人物的特点表现出来，不信咱们试试。现在你就快速回忆一下，你身边的人有没有习惯性的动作，老师，同学，亲属，习惯性动作有没有？

生：有。

师：什么啊？说说。

生：我同桌的动作就是手按手，摁小指头。

师：摁小指头。

生：用大拇指摁小指头。

师：你经常发现他上课的时候是这样，好，你跟我来一起对话，请起立。他都在什么时候做这样的动作？首先说说他的动作是？

生：摁小指头。

师：用左手的还是右手的？

生：右手的。

师：用左手摁？

生：右手的小指头。

师：好，那我们就说说他什么时候摁。

生：上课回答完一次问题的时候，他就这样摁一下。

师：还在什么时候摁啊？

生：没了。

师：就上课时候摁啊，上课一直摁啊？（问同桌）那你什么时候摁的？

生：我一般是下课时候没事干就摁。

师：还在什么时候摁？

生：上课。

师：上课、下课，还有什么时候？

生：在家。

师：在家，来，你别坐下。他的习惯性动作，让他自己说啊，他有亲身体会。同学们，认真听，你们现在就想，哎，别人还有什么习惯性动作？快想啊。来，我们说，老师上课了，我回答了一个问题，心里面特别舒服！

生：我就情不自禁地摁了一下小指头。

师：表达心情，你看，下课了，我要飞出教室，跟同学们刚站在操场上。

生：我就嘎吱嘎吱地摁了几下小指头。

师：回家了，爸爸说我：就知道玩，赶快写作业去。

生：我就难过地摁了几下小指头。

师：请坐，谢谢你！同学们你看，摁小指头能表达他的心情，是吧？摁小指头能表现一个人的特点，多好啊！还有没有？

生：我的好朋友，一旦什么成功了就摆出一副完美的动作。

师：什么动作？

生：完美。

师：完美的动作怎么做？用语言表达出来，完美的动作怎么做？

生：两个手指头往外边一撇。

师：成倒八字，对吗？

生：嗯。

师：那我们来一次，好吗？

生：好。

师：早晨起来，妈妈给她拿了一套漂亮的衣服穿上，准备去上学，她穿完之后站在镜子前……

生：高兴地说一声"完美"！

师：两手指一分，得说出这个动作。

生：两个手指一分，变成一个倒八字形，说了一声"完美"！

师：来到学校里，好朋友都聚在她身边，夸她说——

生：夸她说，你的裙子真漂亮呀！

师：她转过身，羞答答地……

生：她羞答答地，轻轻地说了声"完美"。

师：哦，你看，有的时候不能说"耶，完美"，太过了啊。然后上课了，她觉着穿这身漂亮的衣服好像比原来更自信了，更有精神头了，上课的时候更积极了。回答完一个问题之后，坐下来。

生：回答完一个问题坐下来，心里默默地说"完美"。

师：做没做动作，不做动作了，怕老师发现，请坐。你看，特别好，开始，我跟她对话的时候，她说，站在镜前自己说，然后羞答答转过来小声地说，最后在课堂上在心里默默地说，这个动作可能在心里默默地做，是吧？真棒！同学们，一个人习惯性的动作，你要认认真真观察，就能把这个人的特点写得清清楚楚，还能把这个人描写得栩栩如生，听明白了吗？一个动作重复写，分层次地写，就能写出人物特点。发现这个特点，是能手。

师：吴敬梓先生你们知道吗？

生：知道，《儒林外史》的作者。

师：《儒林外史》是名著，"临死前的严监生"这个片段在这部名著中更是经典的片段，作者肯定不止就这两个方法，还有更绝的、更奇妙的方法，再读一遍描写他的语句，看看你还能发现什么？能发现的同学绝对是高手，写作的高手。

（生默读语句）

师：发现不了了？来！看屏幕，我再帮帮你。屏幕上只有第一段、第二段和最后一小段话。我把中间的大侄子说、二侄子说和奶妈说，都去掉了，你能不能看出来，严监生也很吝啬，能不能？他那么有钱啊，最后就惦记两茎灯草，你能不能看出来？

生：能。

师：为什么说得这么勉强呢？

生：因为没有以前的强烈。

师：就是啊，觉得不够劲，不强烈，对吧？同学们，虽然这样也能够表现出严监生的吝啬，但是真的不够强烈。我们来回顾一下，自己来读这篇课文的时候，你的心理变化。同学们你看，当我们开始读的时候，临死前的严监生，读到两个亲人的时候，两个手指就在心里出现，什么意思呢？不是两个亲人。再接着往下读，还不是两笔银子。再接着往下读，还不是两位舅爷。最后恍然大悟，是两茎灯草。作者用了什么样的方法呢？有没有人知道了？

你说。

生：我觉得是设问。

师：不是设问。

生：给读者留下悬念。

师：留下悬念，赞同？

生：赞同。

生：我觉得虽然是在情理之中，但在意料之外。

师：情理之中，但意料之外，设置悬念，设置悬念有好多个方法，作者却用了一个奇妙的方法，这方法一般人没发现。杨老师今天告诉你，这个方法在相声里面经常用得到，叫三番四抖。来，我们看看，同学们！有的聪明的孩子都把它记下来。一点一点地创设悬念来铺垫，你看，两个亲人，是一番，这一番就是一次。两个亲人是一番，两笔银子是——

生：两番。

师：两位舅爷是——

生：三番，两茎灯草是——

生：四抖。

师：明白了吗？其实我们用这个方法写人是非常好的，比如说，我们写"糊涂的爷爷"。早晨起来，爷爷就喊我给他找眼镜，我到哪儿找啊？

生：我到阳台，到报纸旁边去看一看。

生：我又到书房里去找了一找。

师：找到了吗？

生：没有。

师：没找到，几番了？

生：两番。

师：我到——

生：我到爷爷的卧室里去找，没找到。

师：该什么了？到底找着了，在哪里找着的？

生：客厅里。

师：客厅里刚才找过了。

生：我在爷爷的衣服口袋里找到了。

师：眼镜就在口袋里装着呢，是吧？还可以说在哪里发现的？

生：在爷爷的眼镜盒里找着的。

生：在茶几上。

生：在鼻子上架着。

师：是啊，在鼻子上架着，戴着眼镜找眼镜，真糊涂。还有可能像我这样是吧？戴在额头上，还有可能，爷爷的眼镜在胸前挂着，还有可能眼镜拿在手里却到处找眼镜。这能表现出什么？

生：爷爷的糊涂。

师：学会了吗？学没学会，你看，写人的时候也可以用这样的方法，一番不行，两番不行，三番四抖，答案就出来了。这就是设置悬念，这样好不好？

生：好。

师：不愧是经典名篇，我们真的要感谢吴敬梓先生的生花妙笔，更得感谢严监生牺牲了自己，让我们学会了这样奇妙的写作方法。杨老师呢，给大家准备了学习单，学习单上有这三种方法的片段练习。我给你们的班主任老师，课后的时候你们去练习，把这几种方法都学会，听明白了吗？

生：听明白了。

师：好，就上到这儿吧，下课！

生：起立！

师：同学们再见！

生：老师再见！

师：好，谢谢同学们，再见！

生：老师再见！

· 听课回响 ·

精确定位　精准预测　精妙设计

黑龙江省哈尔滨市香坊区教师进修学校　郭　聪

每次听杨修宝老师的课，总有种如沐春风、眼前一亮的感觉，究其原因，是他一直在语文教学的沃土中不断思考和实践着。从听中悟语到说中悟理，从读中悟情到写中悟法，杨老师的每一节课，都融入了他对语文课程的理解，对语文教学的理解，每每令人拍案叫绝。这次有机会在"第八届名家人文教育高端论坛暨名师课堂研讨会"的现场聆听了杨老师的《临死前的严监生》一课，更是感慨良多。整节课结构分明、脉络清晰，以学定教，循学而导，精巧的设计有效地促进了儿童语言、思维、精神的生长。

一、合宜，源于对文本特点的精确定位

不同的文本有不同的写作特色、不同的语体特点，自然也应该有不同的教学方法。在确定教学目标、选择教学内容时，可以根据文本特点，从四个维度进行考虑。

维度一：发掘同类文体共有的教学价值。

《临死前的严监生》是小说的节选，这一类文本的教学价值：一是读懂故事内容，了解表达顺序。二是获得情感体验，简单描述自己印象最深的场景、人物、细节，说出自己的喜爱、憎恶、崇敬、向往、同情等感受。三是学习表达方法。

维度二：发掘同类文体在不同学段的教学价值。

《临死前的严监生》是人教版小学语文五年级下册的课文，属于第三学段的教材。这一学段的教学价值是：阅读小说等叙事性作品的阅读方法，了解事件梗概，理解作品所要表达的思想情感，关注作品中描写场景、人物、细

节的方法。

维度三：发掘同类文体在不同单元的教学价值。

《临死前的严监生》是第七单元"人物描写"一组中的一个片段。选编这一组文章的目的就是让学生通过阅读感受鲜活的人物形象，体会作家动作描写、语言描写、肖像描写、心理描写及细节描写等写人的方法，激发阅读中外名著的兴趣。

维度四：发掘同类文体中这一篇的教学价值。

《临死前的严监生》与其他两个片段不同，人物形象主要是通过动作、神态的描写来表现人物内心活动的，作者反复描写了严监生伸出两个手指的动作，给读者留下了深刻的印象。

杨老师的教学正是源于这四个维度的考量。在学生感受了严监生的人物形象后，教师没有止步于对文本内容的了解，而是更深一步，和学生共同研究作者是怎样写出这样一个经典形象的。五年级的学生应该知道文章写了什么，更应该明白是怎么写的，这才是语文学习的重中之重。在研究写法时，杨老师巧设层次，为不同学情的学生搭建了平台。第一个层次是学习"通过动作、神态的描写表现人物内心活动"；第二个层次是学习"一个动作重复写表现人物性格"的方法；第三个层次是运用"三番四抖"的方法设置悬念，引起读者的兴趣。

二、讲解，源于对儿童认知的精准预测

课改进行到今天，很多教师谈"讲"色变，似乎课堂以学生为主体就只应让学生自主学习，教师不该也不能"讲"。对于这一点，我一直抱有不同的看法。课堂应该是"教"和"学"的共同体，教师要做的是使"教"的活动与"学"的活动发生有教学价值的关联。教师"讲"的价值，不是要学生"听"，而是引发学生更好、更充分地理解和感受文本。教师"问"的价值，也不是要学生"答"，而是要促使学生对问题的思考，促使学生去探究文本的意味。

《临死前的严监生》一文，选自吴敬梓先生的《儒林外史》，文章字数不

多，内容易懂，但对"严监生"这个人物形象的理解会产生分歧，没有读过原著的学生容易根据片段想当然地认为严监生临死前还惦记这两茎灯草是因为节约。如果此时，没有教师恰当的引导和点拨，单凭学生的探究，理解就会谬之千里。杨老师充分预测到了这一点，从"临死"的情景入手，引导学生在侄子、奶妈的猜测与严监生牵挂的两茎灯草之间，回环朗读，反复感受内心世界后，又适时引入了原著的资料进行补充，用列数字的方式直观地呈现了严监生千万富翁的身家，此时与一文不值的灯草相对比，使严监生"守财奴""吝啬鬼"的形象跃然纸上，深入人心。王荣生教授曾说过，"一篇课文的教学内容，从学生的角度讲，可以归纳为三句话：学生不喜欢的，使他喜欢。学生读不懂的，使他读懂。学生读不好的，使他读好"。杨老师的课堂教学就是对这三句话最好的诠释。

三、精彩，源于对课堂教学的精妙设计

语文课程的核心任务是学习语言文字运用，但学习语言文字的运用不是凭空的说教，而应是实实在在的听说读写实践。《临死前的严监生》是一篇古代白话文。对学生而言，这篇文章朗读和理解会有一定的难度。杨老师巧妙地用"听写"的方式导入，既检查了五年级学生的预习情况，又适时点拨了文章中难理解的词语，为学习文本内容扫除了障碍，可谓匠心独运。

和学生一起解决"严监生是一个什么样的人"的问题时，杨老师设计了多层次的读，使学生剥茧抽丝、逐步洞悉严监生的外在表现及内在的精神实质，在读中揣摩人物的心理，在读中感受人物的情感，读得充分，理解得透彻，才能深悟语言文字运用之规律、习得语言运用之章法、丰富语言运用之智慧。

研究"作者是怎样写出这样一个经典形象"时，杨老师由浅入深构建了三个层次的学习认知活动，三位一体，突出了"一个核心话题、一段学习经历、一点语言积累"的教学追求。由说到写，由想到练的言语实践练习，让学生徜徉于语言文字的体味之中，在理解、实践、创造中学习语言文字的运用。

四、思考，源于对语文教学的精益求精

对于杨老师的这节课，我也有个想法，想和杨老师商榷，就是"三番四抖"的设置悬念的方式是否适合作为本课的教学目标出现。从文本的特点而言，"三番四抖"的确是文本的一个特点，但作为"人物描写"一组中的一个片段，教材编排的目的还是感受和学习"人物描写"的方法，而"三番四抖"设置悬念是情节设置上的技巧，作为本课的目标，会不会使教学任务分散，目标不够集中？

总之，纵观杨老师的这节课，目标清晰、结构严谨，有深度、有意蕴，足见杨老师深谙语文教学之道，有过硬的语文课堂结构能力。无论是读还是练，不管采用何种方法，进行怎样的教学过程，都能突出语文课程的特质，体现语文课程的核心要求，折射出他思考的深度、思想的张力、思维的洞见。

精品细读　深挖探底

山东省威海市经济技术开发区海埠小学　徐　华

杨修宝老师是黑龙江教育学院语文教研员，在研读教学、儿童文学阅读、习作教学改革的实践研究等方面有较深的研究。本次执教的是五年级的《临死前的严监生》，鲁教版没有这篇文章，不过练习册上有这个小短文，我仅限于知道这个故事而已。且听杨老师如何将"严监生"品析得入木三分。

一、学习内容，赏析人格

课堂伊始，初读课文，五年级的学生不难概括出课文的主要内容：临死前的严监生伸着两个手指头不肯断气，不是因为两个亲人，不是因为两笔银子，也不是因为两位舅老爷，而是因为两茎灯草。接着抛出的问题是：严监

生是个什么样的人？学生根据自己对内容的理解，很容易说出"吝啬""守财""节约""小气"等。杨老师不是简单地带领学生区分这几个词的含义，而是通过课外拓展资料帮助学生将人物形象立体化。出示《儒林外史》的话：这严致和是个监生，家有十多万两银子，真个是钱过北斗，米烂陈仓，僮仆成群，牛马成行。从家产入手，1两＝600元，10万两＝60000000元，可谓是千万富翁，1两＝1000文钱，1文钱能买两捆灯草。这样透彻的分析，学生很快就明白了严监生是个守财奴、吝啬鬼。借助课外资料来理解课文不失为一个极好的方法，查阅资料也是课标要求五年级必须达到的目标。

二、品读表达，练笔迁移

内容、人物性格搞清楚之后，那便是表达方法的学习与品析。杨老师的引导可谓层层递进，愈挖愈深。

问题1：闭上眼，杨老师说吝啬鬼，你想到了谁？（严监生）杨老师说严监生，你会想到哪个动作？（两个手指头）作者如何写得如此传神？同桌交流后很快得出答案：抓住人物的动作和神态来描写。

问题2：如此经典的文章自有其过人的写作方法。杨老师出示严监生的动作描写的句子，让学生自由读、师生合作读，终于品出了蕴含在摇头、摇手指中的那句话：伸着两个指头。在朗读与品析中得出了第二种写法：反复，作者把一个动作重复写，分层次写，就能将人物写得传神。接着让学生想一想身边的人或自己有没有习惯性的动作。刚开始学生只是说了一个动作而已，在老师的提示和引导下，师生碰撞出了精彩的说话练习。

生$_1$：我特别喜欢摁小手指，我回答完一次问题后开心地摁了一下我的小手指，下课了我飞奔到操场上，就嘎吱嘎吱地摁着我的小手指，在家里没事干的时候我也情不自禁地摁着我的小手指。

生$_2$：我同桌喜欢用两手做个倒八字的那个"完美"的动作。她今天穿了件漂亮衣服，站在镜子前摆个倒八字自信地说句"完美"，到了学校大家都夸她漂亮，她做个倒八字的动作羞答答地说句"完美"，课堂上她回答完老师的问题，轻轻地做个倒八字在心里默默地说句"完美"。

师生的碰撞可谓是火花四射。此时我想再让孩子动笔写一写，本节课就该精彩收官了。然而精彩仍在继续。杨老师继续引导：严监生不肯断气不是这个，也不是那个，更不是这样，而最后是因为两茎灯草，让人恍然大悟，这是什么手法呢？有聪明的孩子说出了"设置悬念"，杨老师顺势说这个在相声里叫"三番四抖"。紧接着就是运用这种手法进行口语交际。杨老师给出的标题是"我的糊涂爷爷"，创设的情景是爷爷的眼镜找不到了，他都会去哪找？最后在哪里找到了？学生们纷纷说道：爷爷去卫生间找，去卧室找，去书房找，最后发现眼镜就在自己手里，眼镜插在自己的衬衣兜里呢，眼镜在头顶呢。我不禁感慨，不禁汗颜，讲授课文，我大多时候是根据以往经验，浅尝辄止，什么时候能如此"掘地三尺"不肯罢休？

　　如此这般，一个伸着两个手指的吝啬鬼形象已经深入孩子们的心中，抓住经典动作，三番四抖的写作手法也记忆深刻，课后的练笔也正可以检验此目标的达成。从杨老师身上我明白，想让学生真正地学有所获，那就得做到"精品细读深挖探底"。

·课堂实录·

《树上的那只鸟》课堂教学实录
执教：虞大明

师：下午好！

生：老师好！

师：没上课，没上课，只是向你们问一声好。孩子们，下午好！

生：老师下午好！

师：能不能自然一点，下午好！不要异口同声，按照自己的节奏好吗？下午好！

生：老师您好！

师：对了，这样自然多了，好听多了。按照惯例，在正式学习之前我们先聊一会儿，好吗？好不好？

生：好。

师：会聊天吗？

生：会。

师：会聊天的请举手？都应该把手举起来，要是有没举手的，我就换一种问法，会说话的请举手？都举手了，不是哑巴的请举手？不是哑巴的请举手？太逗了，好，请大家看一下这一张PPT，看明白了吗？你了解了什么信息？你了解到了什么信息？

生：这是老师的自我介绍。

师：我在向你们介绍我的名字是吗？我叫？

生：虞大明。

师：还获得了什么信息？没了？还获得了什么信息？请说。

生：好像还有一个，是一个父亲和一个孩子。

师：哦，你看到了父亲和孩子，剪影。善于观察，孩子们好，这是我在向你们？

生：问好。

师：虞大明，这是我的名字，这个名字怎么样？

生：很好。

师：好在哪里？这个名字是我爹给我取的，一般长辈给我们取名字，往往包含着对晚辈的什么？什么？期望，对不对？猜猜看，我爹给我取这个名字，他希望我成为怎么样的人？

生：有名的人。

师：大名，不是一般的名气，大大的名气是吧？还有吗？还有要猜的吗？

生：又大方又有名气的人。

师：大方这是大，明，有名气，当然有名气也不是这个"明"啊，你猜？

生：我觉得老师的父亲应该觉得老师长大以后要成为一个心中充满光明的人。

师：心里绝对不能阴暗，一定要光明，是的。继续猜，继续猜，我爹希望我成为一个怎么样的人？

生：我感觉应该是让你的心中充满明亮。

师：你们都挺会说话的，都拣好话说是吧？这个问题啊，我真的问了我爹。我说爹，您为什么给我取这个名字啊？我爹说，这还不简单吗。因为你出生的那一刻是早上八点，那个时候阳光灿烂，天已大亮，现在明白了吗？为什么给我取这个名字？

生：因为老师你出生的时候在早上八点，天亮了，所以叫虞大明。

师：所以叫大明，是吗？谢谢你，得知了这些信息以后啊，我吓了一跳，我为出生在早上的八点而感到庆幸。你们猜，孩子们你们猜，按照我爹取名字的方法，要是我一不小心出生在晚上十二点，我现在有可能叫什么名字了？

生：虞大暗。

师：虞大暗，完全有可能，继续，继续。

生：虞大黑。

师：继续，虞大黑。

生：虞大夜。

师：继续，想说就说。

生：虞大晚。

师：饭碗的碗是吧？

生：晚上的晚。

师：晚上的晚，是不是凡是跟黑相关的字眼都有可能成为我的名字，是吗？比方说虞漆黑，虞黑炭，虞墨水，这些名字，包括你们刚才给我取的这些名字，跟我现在的名字比起来，哪个好听？哪个好听？所以虞大明这个名字还是不错的吧？来，在老师所在的学校，杭州市崇文实验学校。孩子们见到我了，都喜欢这样称呼我，叫我大明老师，我觉得特别亲切，特别自然。你们愿意这样称呼我吗？来，叫一声？

生：大明老师。

师：嗯，好听，同学们好！

生：大明老师好！

师：同学们好！

生：大明老师好！

师：再加快点节奏，同学们好！

生：大明老师好！

师：路上见到我了，叫我？

生：大明老师！

师：嗯，很好，在大明老师所在的崇文实验学校，语文课啊有两种类型，一种呢是二十分钟的短课，还有一种呢是一个小时的长课。你们希望今天的语文课是短课呢还是长课？

生：长课。

师：好，那就赶快做好课前准备，我们开始今天长课的学习。怎么做课前准备啊？做正，脸上微微笑，全神贯注，目不转睛，盯着大明老师看，这才是真正的准备到位，因为大明老师一直认为学语文是非常快乐的事情，我们只有带着快乐的心投入到学习当中去，才能充分享受语文带给我们的快乐，好，上课！

生：起立！

师：吓我一跳，中气挺足的，同学们好！

生：老师您好！

师：请坐！又吓我一跳。有一首歌大家耳熟能详，好多孩子都唱过，《世上只有妈妈好》！唱过的举手？当着爸爸的面唱过这首歌的仍然把手举着，也不少啊，求爸爸的心理阴影面积？《世上只有妈妈好》，你把这首歌唱给你爸听，求你爸的心理阴影面积？求得出来吗？

生：求不出来。

师：求不出来你形容一下，你爸的心理阴影面积？

生：应该很伤心。

师：很伤心，那就是心理阴影面积很大？母爱固然伟大，但是父爱也是很伟大的，所以今天这堂课，咱们只聊父爱，不谈母爱，好不好，行吗？这是我们的约定，只聊父爱，不谈母爱，可以吗？要是让你们对父爱打一个比方，谁来？父爱如？

生：山。

师：还有吗？父爱如？

生：父爱如海。

师：父爱如山，父爱如海，如山如海般的深沉、博大。父爱真的只是仅仅如山、如海吗？相信通过今天这堂课的学习，大家会有新的认识。接下来请大家随着大明老师的讲述走进这个故事。夜晚，一对父子在院子里散步。儿子已大学毕业，在外地工作，好不容易回一趟家。也就是说这对父子，他们俩好不容易才见上一面。想想看，他们俩见面会聊些什么？大胆地想，会

209

聊些什么？

生：会很激动，然后聊聊家常。

师：拉家常，嗯，会聊些什么？

生：我觉得会聊些儿子工作的事情。

师：工作方面的话题。还会聊些什么？

生：我觉得他们父子见面会聊儿子在外面过得好不好。

师：生活上的话题。你说呢？

生：我觉得儿子还会问问爸爸身体……

师：身体方面的问题。不说了好吗？我觉得这样说没意思。会演吗，会演吗？

生：会。

师：会啊，我当儿子，谁来当我爹？演一演，来，大家推荐一位，为我推荐一个爹，谁？哦，我爹太瘦了，是他吗？哪个？他是吗？爹！

生：你好！

师：来咱们聊聊好吗？

生：好！

师：咱们好久没见面了，来，跟我走，我搀着你，因为你已经老态龙钟了。

生：咳咳咳……

师：他还咳嗽呢！爹，好久不见了，你身体怎么样啊？

生：挺好的！

师：爹，上次你说这个高血压，血压又高了，我给你寄了些药来，你吃了吗？

生：吃了。

师：血压怎么样，现在？

生：低了。

师：低了，好好好，爹，你怎么不问我几个问题呢？你问吗？走吧，你问我几个问题啊？刚才不是说了吗，我在外边工作怎么样啊？

生：噢，你在外边工作怎么样？

师：我工作挺好的，我刚被评为优秀员工呢！

生：哎哟，真不错呀！

师：爹，难道您就不想知道您儿子有没有找女朋友吗？你看，把我爹乐的。

生：还行。

师：啥叫还行？

生：小。

师：还小是吧？

生：嗯。

师：你儿子不小了，都28了，难为他了，因为毕竟他还小，没有当爹的经验。孩子们，刚才咱们这番对话，正常吗？

生：不正常。

师：怎么不正常，正常吗？

生：正常。

师：挺正常的，父子俩见面也就聊一些身体啊，工作啊，生活啊，家长里短，是不是？

生：是。

师：今天的故事，这对父子他们好不容易见上一面，他们聊的可不是这些内容，他们聊什么呢，他们聊什么？

生：树上的那只鸟。

师：这是这篇文章也是这篇故事的题目。都说题目是文章的眼睛，透过这双眼睛，我们可以做出判断，他们这次聊天肯定跟鸟有关。究竟是怎么回事呢？走进这篇课文，请默读。看懂了吗？这句话可不敢轻易说，看懂了吗？来说说看，看懂什么了？或者你知道什么了？

生：我知道了儿子的父亲他问儿子，树上那只鸟是什么？然后他儿子连续说了好多次，最后不耐烦了，他就大声地给他的父亲说了，他的父亲听到感觉很寒心又回屋了。

师：你说她看懂了吗？看懂了吗？还不错，谁再说说看，你看懂什么了？

生：我看懂了父亲四次问儿子，树上的那只鸟，儿子不耐烦，于是父亲就转身走了。

师：太好了，她比较懂。你看她，一看就知道，树上那是只什么鸟问了几遍？这是她看懂了，四遍。我特别欣赏她这段话里边用到的一个词，儿子一次比一次不耐烦，"一次比一次"用得太好了，或者说"越来越"。你还看懂什么了？你看到的信息都可以积极地分享，这就是阅读。比方说这位父亲耳朵怎么了？啊？耳朵有点背了，什么叫耳朵有点背了？你说。

生：就是有点听不见了。

师：听力怎么样？

生：下降。

师：明显下降。听力很差，有点听不见了。这就是耳朵有点背了。咱们四（2）班的孩子阅读能力还是挺强的，这番话怎么样才能证实你们是看懂的呢？必须闯过三关，想不想来闯关？

生：想。

师：第一关，你看这番话一共是九段，如果你能把它浓缩成一两句话，说明你基本上看懂了。这个女孩已经看懂了，我不知道其他人有没有看懂。把它浓缩成一两句话，请说。

生：父亲问儿子，树上的那只鸟是什么？儿子连续四次回答，一次比一次不耐烦，父亲就寒心地回屋了。

师：看得比较懂了。你们看懂了吗？能说吗？把它浓缩成一两句话，会说吗？会说吗？来，自由地说说，说给你的伙伴听，开始！开始！发出声音来，说给你的同桌听。嗯，比较含蓄啊，说得不够大声。都说好了吗？

生：说好了。

师：你们刚才那番话当中用到"四次"这个词的请举手？你刚才那番话里边用到"四次"这个词的请举手？好，不错。用到"儿子越来越不耐烦了"这句话的举手？不错，好，第一关顺利闯过。接下来闯第二关，如果你能够准确评价这位儿子，说明你读得比较懂了。你能用合适的词语来评价这个孩子吗？这个孩子你怎么评价他？

生：应该对爸爸没有孝心了。

师：你想用什么词？

生：我觉得这个儿子有点没耐心。

师：你从哪儿读出他没有耐心的？看这番话，什么地方让你读出来这个儿子没有耐心？

生：我从"儿子变得不耐烦了"读出。

师：你从不耐烦这个词读出来的，还能从哪读出来？

生：我从"听到没有，乌——鸦"，从乌鸦停顿这个地方读出来的。

师：他是从儿子说的话当中读出不耐烦的，是不是？来，我们重点关注儿子说的话，儿子说的这番话里边，这个孩子特别关注了一个重要标点，什么标点？那叫什么号？破折号。他从破折号当中读出不耐烦。还能从哪儿读出不耐烦？

生：我从"儿子回答的声音一次比一次大"读出不耐烦。

师：说话的声音回答的声音一次比一次响，读出了不耐烦。还有什么？向这个孩子学习，阅读也得关注标点。你从哪儿读出来？

生：我从"听到没有"这里读出，儿子他已经不再说是只乌鸦，而是说"听到没有"。

师：从"听到没有"这四个字也感受到不耐烦是吗，你还从哪个标点感受到儿子越来越不耐烦？发现的举手，要前后连续着比较着读，你就会有发现。你看儿子说的话，大明老师已经帮你显黄了，便于你们发现。现在已经发现的请举手。你说。

生：老师，就是前两次的时候后面都是句号，后两次的时候变成感叹号了。一般感叹号就是带有一种非常激动，就是比较……

师：比较激动，就读出了不耐烦。前边两次，是什么标点？句号，后边变成了感叹号，你看一共有几个感叹号？几个？

生：五个。

师：五个，孩子们，我们阅读的时候要关注标点，写作的时候如果能够准确运用标点符号，就能很好地体现人物的特点。从刚才的研究，我们可以把前面说的那句话说得更加规范，文中的儿子有什么特点？不是不耐烦，是没有耐心。一开始就没有耐心吗？

生：有。

师：那应该怎么说，怎么说那句话表述得才准确？

生：就是因为父亲问的次数太多了，所以儿子才没有耐心的。

师：一开始有耐心，后来没有耐心。这句话怎么说才准确？

生：儿子逐渐变得没有耐心了。

师：可以，儿子越来越没有耐心了，好！第二关闯过了吗？

生：闯过了。

师：闯第三关好吗？如果能够演好文中的儿子，说明这番话你已经读懂了。能演吗？能演吗？这回我演父亲，你们演儿子好不好？能演吗？好像自信心不足。

生：能！

师：一下子自信心就足了。需要提醒吗？

生：不需要。

师：同桌之间需要提醒吗？作为儿子你们怎么说好这四句话，要提醒吗？

生：不要。

师：要不要提醒？真的不用是吗？好，那就开始，现在我们想象我们头顶有一棵大树，我和你坐在树下，我们在聊天，开始了。"儿子，那是什么？"

生："一只乌鸦。"

师："是什么？"父亲的耳朵近来有点背了。

生："一只乌鸦。"

师："是什么？"

生："一只乌鸦。"

师："儿子，那是什么？"

生："爸爸，那是只乌鸦，听到没有，是只乌——鸦！"

师：声音要越来越响。还有呢，特别是最后一句。

生：最后一句"是乌鸦"要拖长。

师：这个刚才大家都已经拖长了。最后一句说话的速度要怎么样？要快一点。来，最后一句，我们单独来一下。最后一句，"爸爸，是乌鸦，乌——鸦"，预备齐！

生："爸爸，是乌鸦，听到没有，是乌——鸦！"

师：好多了，如果声音再响一点就更好了，再来！"爸爸，是乌鸦，乌——鸦"，预备齐！

生："爸爸，是乌鸦，听到没有，是乌———鸦！"

师：现在再来，好吗？这一遍希望大家能够闯关成功。开始！"儿子，那是什么？"

生："一只乌鸦。"

师："是什么？"

生："一只乌鸦。"

师："你说什么？"

生："是只乌鸦！"

师："儿子，那是什么？"

生："爸爸，是乌鸦，听到没有，是乌———鸦！"

师：我到屋里去了啊，我还用出来吗？

生：不用了。

师：不用了？好，我现在以大明老师的身份再出来好吗？好吗？好不好？

生：好。

师：好，现在走出来的是大明老师啊。哎，这是故事的上半部分，故事如果只是到这，那就不成为故事，能不能猜猜看，这个故事会怎么发展？

生：我想猜就是他父亲回到屋里之后，他儿子也回到屋里，然后父亲就对他说，其实我耳朵没有背，其实我就想考验你一下，你对我还有没有耐心？

师：是父亲故意考验儿子。你是这样猜的，还有不同的猜法吗？谁还想猜？你想猜吗？

生：我觉得儿子会闷气地回到自己的屋里，不再理父亲。

生：我觉得父亲是考验一下，以前的时候父亲对儿子做过的事情，儿子对父亲有什么样的表现？

生：我感觉儿子知道过错了，有可能回到屋里对爸爸道歉，爸爸听了也慢慢地换了脾气原谅儿子了。

师：难为你们了。其实刚才我也在考验你们，为什么会提这个问题呢？因为我发现你们的手上都有课文，对不对？对不对？是不是？来，把课文拿

215

出来看一看,已经读过的举手。那还猜什么?后边都写着呢。这个故事会怎么发展,写得清清楚楚,明明白白,你们刚才还像模像样的,装模作样的猜啊?所以说难为你们了,是不是啊?已经知道故事的发展了,硬要编出一个跟课文不一样的东西,那才叫难。好,不猜了,我以为你们手上没有课文,所以才提这个问题。好,我们看这个故事会怎么发展,读懂没有?

生:读懂了。

师:又说读懂了,要闯三关的啊?闯过三关才算读懂,第一关是什么?还记得第一关是什么吗?

生:用简短的一两句话说出主要内容。

师:把它浓缩成一两句话,这个浓缩起来有点难度,这样吧,我降低一点难度好吧?蓝颜色的这两段,看到了吗?蓝颜色的就是下边这两段,你能把它浓缩成一两句话吗?会吗?那说明没读懂啊,试试看?

生:在25年前,儿子问了父亲25遍那只鸟的名字,可是父亲每一次都是耐心地回答。

师:概括得不错,现在你们都会了吧?自由地说说,大声点好吗?开始!我猜你们这番话里边一定有"25年前",猜中的举手?你们这番话里面一定有"25次",被我说准的,你认为被我猜中的请举手。好,你们这番话一定有"很有耐心"这个词,好,说明第一关闯过了。比较起来一读,什么地方是你万万没想到,能不能说说看,什么地方是万万没有想到的?

生:我万万没想到的是,儿子问了父亲25次那只鸟是什么,叫什么。父亲却耐心地回答他。

师:问了25遍,这位父亲居然还那么有耐心,你以前想到了吗?能想到吗,这是万万都想不到的。第一关算闯过了,第二关,第二关叫什么?还记得第二关吗?忘了,那是第三关,演。第二关是什么?评价谁?这回咱们要评价谁了?评价这位父亲,你想怎么评价这位父亲?

生:我想评价这位父亲很有爱心,很爱自己的儿子,而不是儿子问了25次就没有耐心了。

师:很有耐心。你还想用什么词评价这位父亲?很有耐心,你说,来。

生:非常爱他的孩子。

师：非常爱他的孩子，能读出来，能感受到吗？能感受到吗？

生：能。

师：我们在读这个故事前半部分的时候，是通过研究儿子说的话以及那些标点，对人物做出评价的，是不是？那你看这段话里边有没有对话？

生：没有。

师：没有对话，那你是怎么读出这位父亲是很有耐心很有爱心的？你怎么读出来的？你说？

生：我从"一共问了25次"这里读出了父亲很有耐心。

师：一共问了25次就能够读出父亲很有耐心吗？那只能读出这个儿子很好问，对吧？

生：我还从"一共问了25次，每次我都耐心地重复一遍"读出来的。

师：哪个词？如果让你圈的话你会圈哪个词？

生：每次。

师：是每次呢？还是？从哪儿能够读出父亲很有耐心，很有耐心。你圈哪个词啊？哪个词？你看这个词在这个段话里边就有，是不是？耐心这个词。还能从哪儿感受到这个父亲是很有耐心很有爱心的？

生：我从"反复"这个词读出来了，那个儿子反复问了父亲好多遍，但是父亲还是很有耐心的。

师：反复，那也只能说明这个儿子很好问。请说。

生：我从"每次"读出来了父亲很有耐心地给儿子回答。因为"每次"说明……

师：好了，不要用因为了，这是一个很有耐心很有爱心的父亲，我们特别从这段话里边的两个词感受到，一个是耐心，另外一个是？哪个词？

生：高兴。

师：儿子问了他那么多遍，这位父亲居然还很高兴。一个"耐心"一个"高兴"就可以体现这位父亲是非常爱自己的儿子。孩子们，这就是阅读。抓住关键词，现在你学会了吗？学会了吗？

生：学会了。

师：第三关是什么？

生：演。

师：演，那这回你们演父亲好吗？我演儿子好吧？

生：好。

师：需要提醒吗？

生：不需要。

师：真不需要？好，开始，我是你们的儿子啊，"爸爸，树上那只是什么鸟啊？"

生：那是只乌鸦。

师：你为什么回答这个问题的时候，脸上笑眯眯的？

生：因为父亲很高兴……

师：你就是父亲。

生：因为很高兴儿子能提这个问题。

师：你觉得儿子能提出问题，你觉得你儿子特别的？

生：好学。

师：好学，聪明。好，我知道了，那是只乌鸦。然后我就开始玩了，过了五分钟我又忘了，"爸，树上那只是黑鸡吗？"

生：不是，是只乌鸦。

师：哦，我问了第二遍了，你看他还那么有耐心，你为什么那么有耐心啊？

生：因为儿子吗，几次就会忘记了，必须会反复的。

师：这样儿子才不会忘记是吧？谢谢，那我知道那是只乌鸦，又开始玩了，又过了五分钟我又忘了。"爸，树上那只是黑鸡吗？"

生：不，是乌鸦。

师：你看他还是那么有耐心，脸上笑眯眯的。爸，树上那只是什么鸟啊？

生：是只乌鸦。

师：你看，语气还是那么的平和，可见，你心里是很？

生：很有耐心很高兴的。

师：爸，树上那只是黑鸡呢还是乌鸡呢？

生：是乌鸦。

师：你声音响了。树上那只是黑鸡呢还是乌鸡呢？

生：是乌鸦。

师：爸，树上那只是什么鸟呢？

生：乌鸦。

师：树上那只是什么鸟啊？

生：是只乌鸦。

师：他最像我爹。树上那只是什么鸟啊？

生：是只乌鸦。

师：树上那只是什么鸟啊？

生：是只乌鸦。

师：我还要再问下去吗？还要再问吗？因为刚才只问了七八遍吧，还要再问吗？

生：问。

师：还要再问啊？

生：不问了。

师：不问了，因为我已经知道了。不要说25遍，哪怕我问上50遍，100遍，你们也是同样这样回答我，怎样回答我？

生：是只乌鸦。

师：你们会怎样回答我？

生：是只乌鸦。

师：你们的这番话一定是很有？

生：耐心。

师：你们的心里一定是很？

生：高兴。

师：这就是父亲，这样的对话有意思吗？有意思吗？想不想继续？

生：想。

师：真想还是假想？

生：真想。

师：好，那就开始。爸，我现在知道了，你的那本发黄的日记本里，记载的是你关爱我的点点滴滴，对不对呀？对不对呀？

生：对。

师：爸爸，你的那本日记本里还有许许多多这样的你关心我的、呵护我的点点滴滴对不对啊？

生：对。

师：爸爸，你的日记本里这样的事情还有很多很多，对不对啊？

生：对。

师：爸爸，我还想听，读几次给我听听吧。日记本呢？

生：日记本丢了。

师：怎么可能，你不是拿出来了吗？爸，我还想听？

生：以后再听吧。

师：狡猾，爸爸的手里有这本日记本，你们的手里没有是吧？是不是没有，你心里有吗？

生：有。

师：好，把你心里有的那则日记写出来，现在请大家，你把自己当做这位父亲，你去想象一下，你那本日记本里，还会写上怎么样的你跟儿子之间的事情，能写吗？

生：能。

师：好，帮我发一下，谢谢！每人一张。如果你就是那位父亲，在那本日记本里还会记载上怎样的日记？现在请你开始写，如果你还是写儿子提问题的，写得再好，只能打60分，明白吗？因为你和儿子之间发生的事情是很多很多的，这些事情都体现了你对儿子的关爱，你对儿子的呵护。这一则则日记能够体现出你对儿子的呵护，你对儿子的关心，你对儿子的爱。最后三十秒，这则日记你们心里有，从心底里流淌出来这是非常顺畅的事情，不需要苦思冥想。好，停笔，日记已经有了是吗？是不是？来，爸，我很想听，把日记都讲给我听吧，请！

生：今天天气很不好，可是我们只拿了一件雨衣，于是我把雨衣给了儿子。儿子身上没有淋上雨，而我身上全是雨，儿子说爸爸我爱你，我很高兴。

师：下雨的时候？我记得那件事情，那天下大雨，你把雨衣让给我，结果你自己淋成了落汤鸡，是不是？爸，我爱你！

生：今日天气晴，我和儿子去游泳池教儿子游泳，可儿子一不小心被水呛着了，我见了飞快地游了过去，把儿子抱起来，问儿子没事吧，儿子说没事，我不想学了，刚才把我吓死我了。我说，儿子没事，爸爸陪着你。最后儿子学会了。

师：这件事情印象太深刻了，那游泳池里的水啊可真难喝，对吧？幸亏你鼓励我，要不然到现在我还不会游泳。谢谢你，爸爸！爸，我还想听！

生：今天天气晴，我今天带乖儿子出去玩。

师：我都不好意思，乖儿子，好！

生：突然，儿子发现了一只燕子，就问我那是不是乌鸦呀，一共问了25次，我每次都耐心地回答。

师：我傻呀我？问问题总爱问25遍。这件事情我记得是有，但我记得没有问这么多遍，后来我长大了，我渐渐长大了，我说那是什么鸟？你说那是燕子，我就记牢了呗，你特别开心，那天，对不对？对吧？

生：对。

师：你看。

生：今天天气阴沉，我守在医院里等了七个小时，由于你得了急性阑尾炎，于是我把你送进医院里，做了七个小时的手术，当你出来时，我的心里平静了许多。

师：你够狠的，急性阑尾炎要动七个小时手术啊？但是你看儿子在手术室里，爹心里的那个焦急啊，像热锅上的蚂蚁，是吧？病生在儿子身上，但是疼在父亲的心里。爸，不要再念了，因为你的儿子已经泪流满面了。不要看我的脸，看课文。当父亲读完这页日记后，儿子已经泪流满面了。"爸爸，你让我一下子懂得了许多，原谅我吧！"你觉得这个儿子他懂得了什么？

生：我觉得这个儿子他懂得了父爱，而且他爸爸很关心他。

师：这个儿子明白了什么？他懂得了，他明白了父亲是爱他的。作为儿子他明白了什么？请说，大声点，把话筒给他。

生：我觉得儿子应该懂得了对父亲要有耐心，不应该那么着急。

师：仅仅是有耐心吗？请说。

221

生：父亲对我们的爱，儿子也懂得了对父亲的爱。

师：那就是什么？回报，那就是感恩，这是父亲想让儿子明白的真正道理，希望儿子做一个懂得回报、学会感恩的人。你觉得这位父亲原谅他儿子了吗？

生：原谅了。

师：你从哪儿读懂的？从哪儿读懂的，就是这篇文章的什么？

生：结尾。

师：你觉得这个结尾怎么样？

生：这个结尾很好，因为他写父亲已经原谅了他，但是没有写出来，是用动作表示。父亲伸手紧紧抱住自己的儿子，布满皱纹的脸上有了一丝笑容。感觉父亲有了笑容，就代表原谅儿子了。

师：这个女孩子的写作在班里一定是非常高的，是不是？她将来的水平一定会超过你们在座的大多数，你看，很会赏析。她说这个结尾啊不那么直白，他抓住了父亲的动作来写，哪个是动作？如果让你圈一个字，圈哪个字？

生：抱。

师：一个是抱，然后又抓住了父亲的神情，圈一个字？

生：笑。

师：对，一抱，一笑，传递给我们这样的信息，这位父亲已经原谅他的儿子了，这样的结尾是值得我们学习的。孩子们，学到这里这个故事学完了，我相信大家对什么是父爱有了新的认识。父爱仅仅如山，如海吗？还如什么？请说。

生：父爱如天。

师：如天，还有呢？请说。

生：父爱如地。

师：一个天，一个地，继续说。大胆说，我们经常用父爱如山、母爱如水来形容。其实，大明老师觉得父爱不仅仅如山，有时候也如水。孩子们现在四年级，你们五年级的时候会读到一组课文，是关于父母之爱的，其中有几篇是关于父爱的，我们提前读一读好不好？

生：好。

师：请看大屏幕！美国洛杉矶发生大地震，父亲得知儿子所在的学校化为了废墟，发疯似地跑向儿子所在的学校。请用心读，这位父亲坚持不懈，永不言弃，最终从废墟里面救出了他的儿子。这个故事告诉我们，父爱就是什么？永不放弃！再看，巴迪小时候写的第一首诗，给他母亲看的时候，母亲说精彩极了，给他父亲看了以后，父亲说糟糕透了。后来巴迪在母亲的鼓励和父亲的警告提醒下，成长为著名的作家。这个故事告诉我们，父爱是什么？是严厉的什么？用文中的词语来说，父爱是什么？父爱是什么？所以还要有警告的力量来平衡，父爱是什么？是警告，需要有人时常来提醒你父爱是什么？提醒。大明老师出生在农村，在农村读小学，我记得很清楚，在我四年级的时候，学校组织我们去春游，到杭州春游，父亲给我准备了干粮，还给了我五块钱。请看屏幕，大明老师的这个故事，让你们懂得了父爱是什么。是什么？啊，用文中的词语，父爱有时候是严厉的，是训斥的。前段时间朋友圈流传着一组关于父爱的漫画，据说感动了许多人，据说很多人看了这组漫画以后，当天纷纷给自己的父亲打去了电话，我们来欣赏一下漫画，相信你能从这组漫画当中找到你父亲的影子，如果找到待会儿就举手示意好吗？找到你父亲了吗？找到的举手？你觉得这是你父亲的请举手？继续！是你父亲吗？找到的请举手？多可爱的老爸，那么宽大的床，他却蜷缩在一角，为了他的孩子能够睡得舒坦。找到的请举手。在这个世界上，最难懂的人就是爸爸，他一边教你勤俭节约，一边偷偷地给你零花钱。你爸是这样的吗？是的请举手？他责怪你做错了事，内心却不忍心你被责怪。他从不夸奖你有多棒，内心却早已骄傲到内伤！他爱你最深，却总是脸色严峻不表达。他肩头的担子最重，他心里的压力最大，但是他心甘情愿做你的"马"。他，有时候很风光，其实，他，最孤独！这就是父爱，父爱有时是暖暖的叮咛，有时是严厉的训斥，有时是轻轻的抚摸，有时是紧紧的拥抱，有时是喷香的饭菜，有时是崭新的玩具，总之，父爱无处不在，无时不在。所以，学到这儿，相信大家心底里一定在说这样一句话，我们一起读好吗？齐！

生：父爱如山亦如水！

师：大明老师建议你去准备一本日记本，但不一定是黄色的，从现在开始去铭刻父亲或者母亲关爱你的点点滴滴，将来用你的爱去回报好吗？愿树上的那只鸟永远停留在我们心间，下课！

生：起立！谢谢老师，老师再见！

师：再见！

课后交流

虞大明：语文教育要抓住一些时节、一些重要的节点，我怎么忘了明天是父亲节呢，要是这堂课的最后能带带这一句，我想这是一种非常好的人文关怀是吧？明天是父亲节，今天学这篇课文，然后回去对自己的父亲有所表示，我觉得这是一种最后的教育。我看到今天的安排给我的时间是到四点四十分，现在还有二十五分钟的时间，所以我又要再一次地说，我的时间已经不多了，只有二十五分钟时间，简单聊一聊吧。《树上那只鸟》在所有的教材版本里边都找不到的，他是教材文本之外的，我自己在阅读的时候，我觉得这样的文章太感动人，如果把它引入我们的课堂，一定会有助于每一个孩子健康、茁壮、阳光地成长。我经常做这样的事情，你可以说这是不务正业，但是我不这样认为，工作到现在，像《共有名字》，像《一束白色的栀子花》等这样的文本，像《树上那只鸟》，我总是在平时阅读的时候，留着这样一种心眼，就是为孩子阅读，当我觉得有一些文本非常适合孩子读，非常有价值让我的孩子去读的时候，我就把它引入到课堂当中来。另外一个呢我们不能只做加法，也要做减法，我们杭州崇文试验学校用的是人教本的教材，所以我也经常大胆做一些减法，比如这个单元当中某一篇课文，觉得不咋的，干脆不上了。然后把我准备的文章引入进来，我经常做这样的事情，我想这样做是不是就很好地践行了我们每一个老师是教材建设者，或者说二度开发者。那么有一点要注意，像这样的文本引入到我们的课堂当中来，我一般来说是把它当做略读课文来处理，人教本的教材有精读和略读之分，从三年级开始，到了五、六年级，每个主体单元四篇课文几乎是五五分成，两篇精读两篇略读。近五六年、七八年，我一直在略读课文这个领域，做一些实践的研究，渐渐地对略读课文该怎么教也有了一些想法。我把略读课文的教学取向归结为三个关键词，一是让孩子善读，就是善于阅读；二是让孩子广读，读得多，读得广；三是让孩子好读，就是爱上阅读。我觉得要让略读课文教学承载起这样的使命。我也梳理出了作为语文教师应该有的几个作为，我很愿意跟在座的各位老师分享。

第一条策略，第一个作为是什么呢？我们要重视预习，树立自主之意识，任何的学习，特别是略读课文的学习，要从儿童的自主预习开始，一定要培养儿童这方面的意识。这一步落到实处，孩子们自主学习的意识和能力才能得到培养。那你是不是会说今天这堂课怎么没有预习呀？因为哪怕是四年级的孩子，我觉得今天这样的文本通过电子屏幕的阅读，他们是能够比较顺畅地去获得信息，去读好它，所以今天这堂课，没有安排学生预习。其实也是为了屏幕阅读的一种特殊的文本呈现的方式。在预习这件事情上，现在很多老师都很关注，我相信你在常规教学的时候，明天上新课，今天你肯定会让他们去预习，有很多老师在这方面，我认为做得很有成效。跟孩子们一起来探讨这学期，我们现在四年级，我们的预习应该做哪些事情。很多老师还会把它成文，处理成文打印出来，每个孩子发一张，然后让孩子贴到语文书的扉页上，以后每次预习就按照这样的程序来。我想提醒的是什么呢？这都是常规预习，我们还希望很有意义的是让孩子做一些极具特色的个性化的预习，常规预习加上个性化的预习，才能让孩子爱上预习，这是第一点提醒。

第二点提醒是，既然你让孩子预习了，在课堂当中就要给孩子分享的机会，因为经过预习他肯定有成果，有发现，有收获，你得让他把他所发现的、收获的分享出来，表达出来，交流出来。这个时候，教师做好倾听者、评判者、引领者这样的角色就可以了。略读课文教学应该从整体入手，了解文本之概貌，这其实也是阅读的一般规律，任何阅读都是从整体入手，这样不至于把一个完整的文本破碎化。先从整体入手，概述文本大意，可以是文章的题目，可以是文章的作者，可以是文章的主要内容，可以是文章的主要事件，可以是文章的主要观点等等，这些都是整体概貌，这个环节落到实处了，我相信孩子们在跟文本达成初步对话的过程当中，他的那种整体观，那种大局观，也能得到比较好的培养。

第三点，巧设问题，激活探究的动力。孩子的阅读探究活动当然是由老师的问题开始的，所以老师这个问题设置得好，那么孩子探究的积极性就高。我一直有这样的想法，作为老师你的主导作用体现在你去发挥你的聪明才智，把问题加好，加什么样的问题呢？加到有领导力的问题，它是贯穿整堂课始终的，它是领导一节课的，至少它是领导一个或几个板块的。第二，它是具有探究性的问题，不是零散的浮现的，不是类似于你叫什么名字，今天星期几，这篇课文共有几段，第一段几句话这样的问题。第三，好的问题还是应当有激励性的，就是你这个问题一旦提出，孩子们那种探究的欲望被你迅速点燃。如果你加上的问题具备领导力、探究力、激励性，那你就具备了非常了不起的构筑情境问题或者大任务背景的能力。

第四，要精准聚焦，关注表达的秘妙，或者说关注言语的秘妙，毕竟我们是语文课，语文课不能只纠缠于内容，还得纠缠于语言，还得关注写法，不展开。

第五，圈画批注，习得探究的方法。略读课文教学主要培养学生自主阅读，自读自悟的能力，我一直这样认为，要教给孩子，让他们习得实实在在的圈画批注的能力，那么孩子们的自主阅读，自主探究才能落到实处，我把儿童的实践阅读活动，概括为四个字，圈画批注，圈，圈点重要词语。画，画重点语句。批，写批语。注，做旁注。我们千万不要认为圈画批注十分简单，儿童无师自通，与生俱来，不是这样的，就像一个非常简单的圈，也是需要你在课堂当中实实在在地去训练，去引导，让孩子习得。我在教《麦哨》这一课的时候，里边有一个这样的环节，就是让他们去圈一圈，这篇课文写到了孩子们做的哪些事情，其中里边有一句话是这样的"是谁吹响了那欢快的麦哨"，是谁，吹字在这儿啊，是谁吹响了欢快的麦哨，那他要圈关键词，怎么圈？这个事件叫什么？叫吹麦哨，怎么圈，四年级的孩子，不要以为这是无师自通的事情，所以当你发现有孩子是这样在圈的，如果当你发现有孩子已经这样在圈了，那你就得用你的嘴去放大这个孩子的方法，让一个孩子的好的方法成为所有孩子都掌握、都习得的方法，这叫圈。我在执教《牛郎织牛》这则民间传说故事的时候，里边有一个重要环节叫标注重要情节，我说你觉得哪些情节特别关键特别有意思？请你进行标注。五年级的孩子你们猜得出来的，他用得最多的方法是什么？什么？画横线，因为横线用得太多了，得心应手了，因为画横线来标注重要情节，这种方法可以是可以的，但是肯定不是最佳的，因为比较麻烦，重要情节往往是一段一段的，不是一句话，更不可能是一个词，所以画横线画波浪线会比较麻烦。我就引导孩子，有没有更好的标注重要情节的方法，孩子们说可以在段前段尾加括号，简便多了。孩子们说可以在这段前边加一个特殊符号，比如三角形五角形等，都挺好的。然后，在这个基础上，我教给孩子一种方法，比方说《牛郎织牛》第2自然段，一共有五行，我觉得这一段情节太有意思了，我觉得你看用这样的符号，这是什么？大括号，简便很多。重要情节通常需要拟小标题，小标题可以拟在什么地方呢？拟在这个地方，就像这样的圈画批注的方法，需要我们在课堂的学习当中引导到位，训练到位，这样孩子们才能很好地习得。

第六，旁征博引，拓展内容的广度。一个智慧的老师，一定能够很好地实现文本突围。提到文本突围这个词，现在的课堂当中可能这样的现象很多，就是被一个文本所束缚，实现不了突围，一堂课两堂课，纠缠来纠缠去，翻来覆去，始终在这个文本的框框之内。我觉得这是极大的浪费，所以作为智慧型的老师，你一定要学会实现文本突围。怎么去实现，那就要去旁征博引，拓展性阅读，链接性阅读，链接相似语段，从一篇到多篇，链接出处等等，都是很有益的方法。这个不展开讲。那么这一点其实主要能够体现一个教师的儿童阅读观。我不知道大家赞不赞同我所提倡的儿童阅读观，在我看来，儿童阅读，读得多远比读得深有价值，所以一个文本我们千万不要一个劲地往深里挖，挖得太深是有危险的，煤矿工人为什么很危险，挖得太深对吧？小年轻谈恋爱，用情太深，有时候也是有危险性的对吧？我们小学生读这样的文本千万不要挖得太深，我们可以拓展他的广度，读得广，就像蜜蜂采蜜，采过的花多了，酿出的蜜才甜，一个道理。

第七，借课拓展，延展阅读的长度，一堂课一个文本，阅读的结束应当是孩子们崭新的阅读之旅的开启，如果这样，教师就是儿童阅读的点灯人，儿童的阅读就能由此及彼，从课内到课外，读一篇，读几篇，读几章，读一本，读几本，最后读人。这是阅读地几重境界，我们在课堂当中能够很好地体现它。

第八，解放儿童，体会阅读的快乐。今天我也说了很多遍了，阅读就应当是快乐的事情，你怎么能让儿童在课堂学习的过程当中，享受阅读的快乐，享受语文的快乐。我想，教师首先要有童心、童趣、童味，到现在为止，我所执教的公开课早已经过了1000节，很多老师听了我的课以后，都会有这样的评价，说听大明老师的课挺有意思的，很有情趣的，说是哪怕在炎炎夏日，吃饱中午饭以后的那段时间听大明老师的课也不容易打瞌睡。很接地气的评价，但是我很享受，我也很感谢这些老师给我的一贯的支持一贯的鼓励，我们服务的是天真烂漫的儿童，教师就应当是这样的，充满童心、童趣、童味。我在教《牛郎织女》的时候，这个里边很有意思的就是学着讲这个故事的时候，运用到了什么？回音，回音讲故事法，神仙出场，老牛说话了——牛郎，一般是这样讲的，但是如果你加上一点回音，孩子觉得挺有意思的。我模仿一下，这个"牛郎——牛郎——牛郎"，有没有这种感觉？老牛最后那句话，"千万别错过了这个机会呀——机会呀——机会呀"，是吧，回音讲故事法，孩子们一听挺有意思的，讲故事还可以这样讲啊。陶老师，我在跟他聊天的时候，我们也聊到《牛郎织女》这个课堂实录，编印在那本书里边就有，以这个回声讲故事的方法，其实也是满足儿童这方面的需求，像今天的这堂课，里边有几次情景模拟的对话，一开始让那个学生演我的父亲，其实有时候也是为了满足儿童的一种需求，让他们觉得课堂是快乐的，课堂是充满吸引力的地方。

最后就是略读课文教学应当淡化朗读，提升阅读的效度，略读课文教学主要是培养学生通过默读、浏览、跳读、扫读、快速默读、快速浏览，用这样的阅读方法，迅速提取文本的重要信息，提炼重要信息并加以运用，是这样的能力，我相信大家都是清楚的。如果略读课文教学的价值取向这样，你肯定不可能用很多的时间朗读，朗读是干吗的？培养愉感，内化情感，外化情感用的，对于提取信息，朗读往往是比不过默读的，所以略读课文教学我们可以淡化一些朗读训练，可以强化的是默读、浏览，快速默读、快速浏览，跳读和扫读。借这十几分钟的时间，向各位分享我对略读课文教学的一些基本的看法，说得不当的地方恳请得到大家批评指正，再次向在座的各位表示感谢，谢谢！

· 听课回响 ·

走近名师课堂　感受生命厚重

河北省衡水市冀州区信都学校　杨艳荣

2016年6月16日，"第八届名家人文教育高端论坛暨名师课堂研讨会"（第二场）在美丽泉城济南成功举办。这是小学语文界的顶尖盛会，是金字塔的最高部分，引领着当代小学语文教育的方向。我有幸参加了这场盛会，教育专家的精彩报告让我回味无穷，全国名师的魅力课堂令我流连忘返。我收获的不仅仅是专业素养的提高，得到的不单单是心灵的洗礼，更重要的是得到了教育生命的成长。

在参会之前，虞大明老师的大名就早已如雷贯耳，我也在网上看过虞老师的《牛郎织女》课例视频，但听他的课我却还是第一次，真是感到万分荣幸。虞老师执教的是四年级的一篇课外短文《树上的那只鸟》，用他自己的话说这是他在为孩子阅读的过程中发现的一篇能唤起每个人心底对父爱无限向往的文章。课堂上，虞老师用独特的魅力吸引学生，用亲切的语言指导学生，用智慧的方法引领学生。整堂课下来，真正让听者体会到了他在努力践行着"用心成长　享受课堂"的理想与追求。听完课后我有如下几点感受。

一、以生为本，引生入境效果好

在上课前，虞老师十分重视与学生的沟通、交流和互动，目的就是使这些与他并不熟悉的学生在课堂上敢想、敢说、敢做，在不受环境的约束中敢探究、敢争论、敢标新立异，碰撞出智慧的火花，把语文课上到学生的心里。上课之前，他幽默的语言、亲切的谈话、有趣的情景演示，让学生在欢笑中快速消除了隔阂，拉近了师生之间的距离，同时也给学生的课堂学习奠定了基础。学生在老师设计的以父爱为主题的谈话中，不知不觉进入了课堂的学习。我想这就是良师的魅力，这就是名师的风采，这就是大师的智慧。

二、设计独特，重视探究闯三关

《学记》有云："道而弗牵，强而弗抑，开而弗达。"意思就是说，老师教育学生只是引导而不强迫，激励而不压抑，指示学习门径而不代求通达。虞老师就是这样的老师。他善于在课堂上给学生留白，有足够的耐心静待花开。他不是一上课就抛出全文进行教学，而是把课文分成了四个部分来学习。每个部分设置了"三关"：第一关，读。把几个自然段的内容浓缩成一两句话。这是对学生提取信息和概括能力的训练，是学好这堂课的基础。第二关，评。在真正理解课文内容的基础上，抓住文中的关键词，用准确的词语评价文中的人物。第三关，演。师生分角色对话，在学生反复读、教师反复引导的过程中，让学生深入体会文字背后蕴含的感情。在突破三关的过程中，学生们实现了知识与能力的积累、过程与方法的丰富、情感态度与价值观的提升。

三、大胆放手，拓展学生想象空间

这节课，虞老师始终站在学生的角度去设计教学，每一个环节都牵动学生"跳起来够到桃子"，教师的主导作用在这堂课显得尤为突出。他让学生想象久别的父子见面后会聊些什么？因为学生生活经验少，并不能说出来，虞老师就用演的方式既让学生身临其境感受到了父子亲情，又培养了学生丰富的想象力。他还让学生想象父亲日记本上除了课文中的内容还有别的什么内容。无米之炊自然言之无物。随后他安排了学生联系生活实际，把生活中与自己的父亲相处时的点点滴滴写出来。学生有了真实的体验，写出来的东西自然打动人心。这样的设计让学生们回味到父爱的同时又为学会感恩埋下了伏笔，真正凸显了语文工具性与人文性的统一，可谓一举多得。

四、情感细腻，跳出文本挖内涵

"父爱"这个主题在文章中显而易见，虞老师在教学过程中对情感的激发水到渠成。我以为文章的最后通过父亲的两个动作"抱"和"笑"来突出父子和睦的大结局即可彰显文章的中心。如果仅此而已也算完美收官。但名师的高明之处就在于他注重情感的升华和拓展语文的外延。他选取了其他的三个典型片段来让学生深入体会不同形式的父爱。《地震中的父与子》表达的父爱是永不放弃；《"精彩极了"和"糟糕透了"》表达的父爱是警告；《我的父亲》表达的父爱是严厉的训斥。最后在一幅幅有关父爱的漫画中，学生们对父爱的理解达到了高潮，我看到了学生们眼中闪烁的泪花，看到了虞老师真挚的情感流露。在学生齐读"父爱如山亦如水"时，我相信他们每个人的心里都有了对文本、对父爱更深层次的理解。这堂课也达到了理想的育人效果。

"仰之弥高，钻之弥坚，瞻之在前，忽焉在后。"虞老师沉稳大气的风格源于他深厚的文化底蕴，游刃有余的课堂源于他精到的专业素养，平易近人的态度源于他对教育、对孩子的热爱。走近名师，让我觉得语文课堂是真正有魅力的地方，我会在今后的教学中把先进的理念、名师的引领内化为自己的实践，用行动进一步去探索、去领悟语文的真谛。

创新务实　大气灵动

山东省济南市纬二路小学　孙　鹏

非常喜欢虞大明老师的教学风格，学习过他执教的《麦哨》《牛郎织女》等课例。他的课堂教学语言风趣幽默，但更多的是字斟句酌的引导和对学生精彩的评价。他对文本有独特的理解，教学方法不走寻常路，但学生学得扎实有效，课堂中没有一点花架子。他具有深厚的语文功底，语言渲染情真动人，但这一切不是为了展现自己的风采，他的课堂中最出彩的主角永远是学生。他喜欢孩子们叫他大明老师。"创新务实大气灵动"是他孜孜以求的教学风格。这次有机会学习大明老师的《树上的那只鸟》这一精彩的课例，对他的这一教学风格有更深的体会。

一、新——电子阅读的大胆尝试

《树上的那只鸟》一课，可以说是独辟蹊径，大胆尝试了电子课本的教学，整个教学过程的文本呈现都是电子化的。随着现代信息技术的发展和普及，人们获取文本的方式再也不是纸质的书本、报纸、杂志，而是呈现出电子化的发展趋势。电脑、智能手机、电子阅读器都能够极其方便地让人们获得文本资料。这堂课上，大明老师巧妙地运用了电子课本的特点，激发了学生的阅读期待，使文本的价值最大化。

大明老师将课文分拆成了三部分，通过电子课本一部分一部分的呈现。在每读一部分之前，通过创设情境，让学生进行猜读，然后出示文本，让学生的猜想与文本比较验证。设置冲突，让学生对阅读充满期待。

比如第一部分，大明老师创设情境，让学生扮演父亲，教师扮演儿子。"夜晚，一对父子在院子里散步。儿子已大学毕业，在外地工作，好不容易回一趟家。也就说这对父子，他们俩好不容易才见上一面，想想看，他们俩见面会聊些什么？大胆地想，会聊些什么？"通过这一设计让学生体会到这种情况下父子之间的对话，一般都是关于工作和生活方面的。那文本是怎样写的呢？学生们必定十分好奇。

再比如第二部分的阅读前，大明老师这样引导"这是故事的上半部分，故事如果只是到这，那就不成为故事，能不能猜猜看，这个故事会怎么发展？"于是学生有了各种猜测，猜爸爸生气了，儿子怎样道歉等等。文本会是这样写的吗？调动起了学生的阅读积极性。

假设学生一口气通读下整篇文章，应该也能被父亲感染，被文章感动。但因为大明老师巧妙地运用了电子课本的特点，学生获得体验就不仅仅是感动，而是一种震撼，因为这种震撼也是每个听课老师的感同身受。这就使文本的价值得到最大化的发挥。

二、实——紧扣语言文字的运用

语文教学，需要关注情感态度价值观目标的达成，但语文教学的本位——学习语言文字的运用更是不能缺失的。本节课上，大明老师将关注重点词句及标点、边读边悟作为训练的重点，发展学生的阅读能力。

如第一部分中，体会儿子的没耐心，学生很容易就找到了"不耐烦"这个词。另一个学生答道：我从"听到没有，乌——鸦"，从乌鸦停顿这个地方读出来的。大明老师敏锐抓住这个契机，顺势引导道："这个孩子特别关注了一个重要标点，什么标点？那叫什么号？破折号，他从破折号当中读出不耐烦，还能从哪儿读出不耐烦？"经过这一引导，学生们发现了儿子的回答前两次作者用的是句号，后两次变成了感叹号，而且是一连五个感叹号。接着大明老师总结道："孩子们，我们阅读的时候要关注标点，写作的时候如果能够准确地运用标点符号，就能很好地体现人物的特点。"

又如第二部分中，大明老师引导学生紧紧抓住"耐心""高兴"两个词，边读边悟，感受父亲对儿子的爱。通过创设情境，让学生扮演父亲，老师扮演儿子，在反反复复的师生对话中，不断强化加深学生对"耐心"和"高兴"两个词的感悟。由此，学生走进了父亲的内心，真切感受到了那份如山似水的父爱。这样的对话不仅学生们意犹未尽，要求老师还要继续问下去。就连听课的老师们也沉浸其中，仿佛每一遍对话，自己对父亲的情感都会加深一层。

除了以上两个教学片段，大明老师还运用了想象、补白等教学策略，都是直指语言文字的运用训练。整堂课下来，给人的感觉就是扎实有效，不是告诉，更不是说教，而是一步一步，精心设计，用语文的方法，让学生真学，真写，真感悟，真感动，从而让学生取得真进步，获得真成长。

三、大——化繁为简的教学设计

大明老师的课堂中很少有刀凿斧砍的痕迹，常可见他整体设计的大气流畅、行云流水。这堂课也不例外，整堂课的结构异常清晰。整体上分两大部分，学习文本和拓展阅读。

文本学习中，每一部分都是闯三关。分别是：挑战一：能将这一部分浓缩成一两句话，概括地说，就说明你基本读懂了。挑战二：能用合适的词评价文中的人物，说明你读得比较懂了——哪些描写让你有这样的感觉？挑战三：演一演，能扮演好文中的人物，说明你完全读懂了。这样的课堂结构，有层次有梯度。上课过程中，大明老师没有零碎的问题，所有的提问都是指向目标和训练重点。

拓展阅读中，大明老师创造性地使用教材，将五年级的《地震中的父与子》和《"精彩极了"和"糟糕透了"》两篇课文引入。还拓展了漫画欣赏和大明老师自己的散文《我的父亲》。这篇散文包含着大明老师自己对"父亲"形象的理性认识，融合着他的人生经验都传递给学生。

整节课的设计体现了大明老师在教授此类课文中的教学取向，那就是三个关键词：一是让孩子善读，就是善于阅读；二是让孩子广读，读得多，读得广；三是让孩子好读，就是爱上阅读。

四、灵——机智的应对小插曲

灵动是大明老师课堂随处可见的"特色音符"。潇洒幽默的课堂应对，贴切精妙的课件辅助，富有层次的作业设计……时常让人眼前一亮。还有在课堂上，时常可见学生发生"状况"时，大明老师从容应变，那似乎不经意的教学动作中透出的是难能可贵的教育智慧。

可能老师们都有这样的经历，那就是面对学生的"拆台"怎么办？这堂课中也发生了一点小插曲。学习完文本的第一部分过渡到第二部分的学习时，大明老师是这样引导的：

师：我到屋里去了啊，我还用出来吗？

生：不用了。

师：不用了？好，我现在以大明老师的身份再出来好吗？好吗？好不好？

生：好。

师：好，现在走出来的是大明老师啊，哎，这是故事的上半部分……

我猜想大明老师本意是想借助黑板，营造父亲落寞地回到屋中，拿了日记本再次出来的情景。但没想到学生直接回答：不用了。如果我遇到这种情况可真会犯难了，你们让父亲不用出来了，那这课可怎么往下进行啊！没想到大明老师迅速找到了应对之法，那就是角色的再次转换，父亲不让出来，但老师得让出来吧，从而机智地化解了这则小插曲，使课得以继续进行。

整节课比较明显体现了大明老师"创新务实大气灵动"的教学风格。正像大明老师在结课时的语言一样，"愿树上的那只鸟永远停留在我们心间"，我想那只鸟也会永远停留在每一位听课教师的心间。

· 课堂实录 ·

《诗经·小雅·鹿鸣》课堂教学实录

执教：陈　琴

师：主持人这个溢美之词，让我非常的惶恐啊！你们听了主持人的介绍后该怎么称呼我呀？

生：陈老师！

师：好！同学们好！

生：老师您好！

师：好，有三个同学已经知道了，同学们早上好！

生：老师早上好！

师：真不错！有大半同学的思维能够跟上了。接下来我们要上课，这节课可能要比你们平时上的课时间长一点。我先调查一下，你们希望我上长一点还是短一点？

生：长一点。

师：那会很累的，因为我讲课的速度会很快，涉及的内容会很多，你们跟着我可能就很累，中午吃饭都要吃多一点的。我班上的同学都说，陈老师，您的课最好不要放在第四节，因为第四节我们都不想下课，到吃饭的时候，食堂的饭都不够。所以他们都要求我，从早上早读连堂给他们上。今天你们体验一下，回去吃饭时，看是不是比平时吃多了，如果哪一个同学的饭量大了，到时候就给我发微信，说明这节课上得很投入，我也有了成就感。好不好？

生：好！

师：来，读题目《诗经·小雅·鹿鸣》，你读懂了什么信息？

生：这首诗来自《诗经》。

师：《诗经》的内容分三大块。我看你们的老师给你们做准备工作很充分。前面有老师问我说，陈老师，要预习吗？我说不用，她说要不要读一下？我说可以读一两遍。但是我发现你们做了好多准备工作，是为这堂课而来的吧？还是之前就学了很多《诗经》的诗？

生：老师，我之前是学过很多《诗经》。

师：哦，学过很多《诗经》中的诗，没有很多"诗经"，因为诗经只有一本。三千多年前，中华民族的大地上，流传着很多的诗歌。孔子从别人整理过的三千多首诗里面选了三百零五首诗，把它编成一本诗歌总集，它的名字就叫什么？对，《诗经》。但是在孔子那个时候不叫《诗经》，它只是叫什么？《诗》，是到汉朝之后，人们觉得这《诗》太棒了，应该是所有诗里面的经典，所以就给它取了个名字《诗经》，明白了吧？《诗经》有三大块内容，第一块是什么？"风"，十五国风。第二块是什么？

生：雅。

师：第三块是什么？

生：颂。

师：我们今天学的是属于哪一块里面的？

生：雅。

师："雅"，雅分"大雅"和"小雅"。《鹿鸣》是"小雅"里的。这首诗陈老师为什么要教大家呢？因为在中国古代呀，有一个规定，凡是入学的孩子，六岁开始入学，他要学的第一首诗，一定是小雅里面的《棠棣》，第二首诗就是《鹿鸣》，第三首是《皇皇者华》。为什么要学这个呢？有一句话"小雅肄三，官起始也"，什么意思？就是小雅中的诗歌你反复去读，目的是为了

237

学交流，学跟人家怎么对答，所以"鹿鸣"是跟什么有关系的？从它的主题来说跟什么有关系？

生：交流。

师：对，交流。如果你是一个外交官，你不会《鹿鸣》这首诗，人家就会笑你。

现在我们来学这首《鹿鸣》。你们预习时读了几遍？四遍是吧？好，那我现在看看你们读得怎么样？你们喜欢集体读，还是一个个读？这边说一个个读，那边说集体读，赞成集体读的举手？哦，全部集体，人多力量大，是这个意思吧？我还问一下，你们之前读了《诗经》中的哪些诗？读过最熟的？他说"桃之夭夭"，那你们读一遍给我听听。能背吗？"桃之夭夭——"大声的，我发现你是总将领，站起来，集体读，对。你站起来领头，桃之夭夭——开始！

生：桃之夭夭，灼灼其华。之子于归，宜其室家。桃之夭夭，有蕡其实。之子于归，宜其家室。桃之夭夭，其叶蓁蓁。之子于归，宜其家人。

师：好简单一首诗，对吧？却读得不太熟。听老师读：灼灼其"华"（一声），不读灼灼其"华"（二声），知道吗？

生：桃之夭夭，灼灼其华。

师：好，我通过这一首诗，我就知道其实你们对《诗经》里的诗，并不是非常了解，看得出来，读错了好多字音。现在我来看，《鹿鸣》这首诗你们读得怎么样？来试一下，《诗经·小雅·鹿鸣》——预备齐！

生：诗经、小雅、鹿鸣。呦呦鹿鸣，食野之苹。我有嘉宾，鼓瑟吹笙。吹笙鼓簧，承筐是将。人之好我，示我周行。

呦呦鹿鸣，食野之蒿。我有嘉宾，德音孔昭。视民不恌，君子是则是效。我有旨酒，嘉宾式燕以敖。

呦呦鹿鸣，食野之芩。我有嘉宾，鼓瑟鼓琴。鼓瑟鼓琴，和乐且湛。我有旨酒，以燕乐嘉宾之心。

师：让我意料之外的是，这一首诗你们比《桃夭》读得准确，有个字本来是很多人都会读错的，承筐（kuāng）是将（jiāng），很多人会读成承筐（kuāng）是将（jiàng），对，你们都读对了，说明你们确实做了工作。只是有一个地方你们还是错了,就是"和乐且湛",这个字读第一声,不读 dàn,和乐且湛,和乐且湛,像我这样的节奏读两遍,来,预备齐!

生:和乐且湛,和乐且湛。

师:能不能跟我一样的节奏,不是和乐——且湛,我是和乐且湛,和乐且湛,来,读!

生:和乐且湛,和乐且湛。

师:对,我看读得都动起来了。知道我们班的孩子读书是怎么样的?陈老师教了二十六年书,所有的孩子读书都是手舞足蹈的,都不会是正襟危坐,都有很强的节奏感。你们能不能换一个节奏,稍微快一点,比如说像这样读,呦呦鹿鸣,食野之苹——把声音打开来,好不好?我带一遍,预备齐!诗经·小雅·鹿鸣,走!

师、生:诗经·小雅·鹿鸣。呦呦鹿鸣,食野之苹。我有嘉宾,鼓瑟吹笙。吹笙鼓簧,承筐是将。人之好我,示我周——行。

呦呦鹿鸣,食野之蒿。我有嘉宾,德音孔昭。视民不恌,君子是则是效。我有旨酒,嘉宾式燕以——敖。

呦呦鹿鸣,食野之芩。我有嘉宾,鼓瑟鼓琴。鼓瑟鼓琴,和乐且湛。我有旨酒,以燕乐嘉宾之——心。

师:太棒了,你看我最后两个字,每一节的最后两个字我都怎么样?我都延长了,其实这就是节奏的一个变化,为了你记忆,现在会了吗?能不能再来一遍?好,你们读,这次我不带,你们能不能读好?等一下我们跟下面的老师比赛,看他们的节奏好还是你们的好,好不好?来——

生:诗经·小雅·鹿鸣,呦呦鹿鸣,食野之苹,我有嘉宾,鼓瑟吹笙。吹笙鼓簧,承筐是将。人之好我,示我周——行。

呦呦鹿鸣,食野之蒿。我有嘉宾,德音孔昭。视民不恌,君子是则是效。我有旨酒,嘉宾式燕以——敖。

呦呦鹿鸣,食野之芩。我有嘉宾,鼓瑟鼓琴。鼓瑟鼓琴,和乐且湛。我有旨酒,以燕乐嘉宾之——心。

师:这一次读得确实好多了,对不对?要流畅!陈老师读书有两个方法,一个是按文章的意思读,这个读意思的方法在中国古代有一个特殊的名字,叫吟诵。还有一个适合记忆的方法，这个记忆的方法就是把你读的文字都变成你的肌肉记忆。第二个方法在中国古代叫疾读，实际上就是怎么读？慢读还是快读？

生：快。

师：快读，那么这个快读法陈老师把它改了一下，现在很多朋友都把它叫做"陈琴歌诀乐读法"。所有的文字都可以这样读，我们来试一下，歌诀，诵读，怎么读呢？看看老师班上的孩子是怎么读的，很长的文章，像《论语》啊，《逍遥游》啊，《老子》啊，他们全部都用这种方法读。（播放相关视频）不能继续看了，他们背过的东西很多，《大学》《中庸》《老子》《论语》，七十多篇散文，几百首古诗词，像"鹿鸣"这样的诗，一节课他们要学三首，哗哗哗就全部出来。比如说《滕王阁序》，我现在都不能在班里说，王勃啊，写了一篇文章非常著名，他们马上就齐声背：豫章故郡，洪都新府。星分翼轸，地接衡庐。襟三江而带五湖，控蛮荆而引瓯越。物华天宝，龙光射牛斗之墟；人杰地灵，徐孺下陈蕃之榻。……如果你让他们把整本《论语》背一背，他们也是这么背，《老子》《孟子》也是这么背下来，这个有效的记忆法，要不要学？

生：要。

师：要，那我们现在就来试一下，用这首诗来试一下。听我来读第一遍，注意你的耳力，耳朵很重要，知道吧？对，你看这个孩子他就领会我的意思。在中国古代，如果一个孩子的耳朵一生下来就听不到声音，我们就给了他一个充满悲悯的医学名词，叫做"失聪"，也就说他失去了获得聪明的机会，因此在古代中国所有的读书人，在课堂上都会专心练自己的耳力。老师读书只读一遍，你就会照着去读，老师说我把这首诗的意思读一遍，或者说我把这首诗记下来，学生就要按照他的节奏来读。试一下，我读一遍，注意，把你的左手拿起来，我们会有节奏，看到刚才大哥哥们有节奏吗？你们是几年级啊？

生：四年级。

师：他们也是四年级哦，跟你们也是一样的。节奏一、二、三、四，左手，为什么是左手？左手对应你的右脑，右脑发达的人创造力都很强，注意啊，经常用你的左手，一、二、三、四，呦呦鹿鸣，食野之苹。我有嘉宾，鼓瑟吹笙。吹笙鼓簧，承筐是将。人之好我，示我周行。会吗？这个快，会不会？来，试一次，齐！

师、生：呦呦鹿鸣，食野之苹。我有嘉宾，鼓瑟吹笙。吹笙鼓簧，承筐是将。人之好我，示我周行。

师：最后一个我要把它干吗？拉长，表示一段已经怎么样啊？完了，结束了，好，这个会了没有？会了，现在不准看，眼睛看着我，如果你实在不会的，偷偷瞄一眼，看能不能把它背下来。呦呦鹿鸣，开始，预备齐！

生：呦呦鹿鸣，食野之苹。我有嘉宾，鼓瑟吹笙。吹笙鼓簧，承筐是将。人之好我，示我周行。

师：能不能声音再大一点，让最后一位老师都听得到，能不能？

学生：能。

师：来，我们试一下，呦呦鹿鸣，预备齐！

生：呦呦鹿鸣，食野之苹。我有嘉宾，鼓瑟吹笙。吹笙鼓簧，承筐是将。人之好我，示我周行。

师：示我周——行。

生：示我周——行。

师：对，你读书的时候要怎么样啊？不要憋着，要把小肚子打开，小肚子的气要打开。来，咱来试一次。呦呦鹿鸣，预备齐！

师、生：呦呦鹿鸣，食野之苹。我有嘉宾，鼓瑟吹笙。吹笙鼓簧，承筐是将。人之好我，示我周行。

师：太棒了，基本上都会了是吧？好不好玩？好，再来试一次，下一个，如果你把第一段跟第二段混淆了，怎么样做到不会把它混淆？谁能找到？找到规律，聪明的孩子能够察言观色，能够微观，最细微的东西他都能够看到。你看陈老师有没有在黑板上给你提示，有没有？哪个提示啊？我用什么东西提示了你？对，颜色，红色的字读一遍！

生：蒿 昭 恍 效 敖。

师：它们的韵母都是什么？你发现了没有？实际上它们的韵母都相同，对不对？除了这个"效"我们今天不押韵的以外，其他都是押韵的，押韵就

241

是韵母相同,声调相同。古代的人认为押韵不仅仅是韵母相同叫押韵,还包括它的声调,声调包括什么呢?就说它的平声或仄声,那么也就是说如果它都是一、二声的字,都是同样韵母就押韵,如果一个第一声跟一个第四声的字,押不押韵?如果一个恌、一个效,押不押韵?它就不押韵,因为它们的声调不同,明白吗?所以押韵有两个条件,第一个是什么?韵母相同,第二个是什么?声调相同。那么这个声调相同,不是按我们今天的一、二、三、四声,而是按平仄声,有没有听说过平仄声?没有是吧?好,那我等一下会教,现在它的韵母相同,所以它给了你记忆提示。你读过去,也用刚才的节奏,这一次我不教,看看你会不会挑战难度,试一下。呦呦鹿鸣,开始,预备齐!

生:呦呦鹿鸣,食野之蒿。我有嘉宾,德音孔昭。视民不恌,君子是则是效。我有旨酒,嘉宾式燕以敖。

师:哦,有一点点不太有感觉,君子是则是效,对不上了,这个气跟不上,对不对?好,我们试一下,跟我走,来!预备齐!呦呦鹿鸣,食野之蒿。我有嘉宾,德音孔昭。视民不恌,君子是则是效。我有旨酒,嘉宾式燕以敖。掌握节奏没有?好,来,再来一次,呦呦鹿鸣,预备齐!

生:呦呦鹿鸣,食野之蒿。我有嘉宾,德音孔昭。视民不恌,君子是则是效。我有旨酒,嘉宾式燕以敖。

师:太棒了!这一段过了吧?好,下一段,试一下,呦呦鹿鸣,预备齐!

生:呦呦鹿鸣,食野之芩。我有嘉宾,鼓瑟鼓琴。鼓瑟鼓琴,和乐且湛。我有旨酒,以燕乐嘉宾之心。

师:好,最后一句,还有一个同学读成湛(dàn),和乐且湛(dān),好,最后一句来一次,我有旨酒,以燕乐嘉宾之心。预备齐!

师、生:我有旨酒,以燕乐嘉宾之心。很好,连起来一段,呦呦鹿鸣,食野之芩。预备齐!

生:呦呦鹿鸣,食野之芩。我有嘉宾,鼓瑟鼓琴。鼓瑟鼓琴,和乐且湛。我有旨酒,以燕乐嘉宾之心。

师:对,不要担心,你要放开,一定要把小肚子打开来。好,这些音都会了吧?读通了吧?读通了是不是就会了呢?整首诗我们就不用教了,还要学什么？哦，意思没懂？所以我们必须要怎么样啊？除了会读它的音我们还要怎么样？懂它的意思，那么《诗经》是这样子读懂它的意思的，你看陈老师用诗来译诗，好，你只读它的意思，我不用读原文，看看它的译文是什么的？读出来。

生：鹿儿呦呦山野鸣，呼朋引伴食青苹。我有满座好宾客，乐师鼓瑟又吹笙。

师：这个字不读乐（lè）师，读什么？乐（yuè）师，所有从事音乐创作的人我们都把叫做什么？乐（yuè）师，中国古代所有宫廷里，还有大户人家，会养着一批专门演奏音乐的人。好，这一句话怎么理解？就是我有嘉宾，怎么理解？找到吗？没有找到它的译文吗？对了，你看原文，黑板上都打给你看了，我有什么？

师、生：我有满座好宾客。

师：好，鼓瑟吹笙什么意思？

生：乐师鼓瑟又吹笙。

师：容不容易理解？读懂一首诗，非常简单。现在陈老师要告诉你下一段，也是这么理解的？"簧"是什么意思？

生：捧着。

师："将"是什么意思？

生：奉上。

师：奉上，懂奉上是什么意思吧？换一个词，不说奉上，可以说什么？献上，敬献，这个字不仅读"将（jiāng）"，它还可以读什么？"将（jiàng）"。它还可以读另外一个字的音，读什么？知道吗？读将（qiāng），你们学过《将进酒》没有？《将进酒》没学是吧？李白的一首诗，君不见，黄河之水天上来，谁读过？四年级的孩子还没有读这首诗，很可惜啊，非常遗憾，你知道吗？这是李白的一首普通老百姓都会的，我们一年级的小朋友都会把这首诗背得滚瓜烂熟，所以我一看这个字，他们有时候会读将（qiāng），说老师这个字在这里读将（qiāng），还是将（jiāng）啊，我说你为什么要读将（qiāng）啊，他说李白在《将（qiāng）进酒》里面就读将（qiāng）啊，我说怎么读啊，他就马上说"君不见，黄河之水天上来，奔流到海不复回。君

243

不见，高堂明镜悲白发"，像什么？

生：京剧。

师：好。这一个读书法就是刚才我跟你们讲的，要把意思读懂，我们就用这个方法，现在我们已经会读它的意思了，先把译文读好，来，乐师吹笙又鼓簧，预备齐！

生：乐师吹笙又鼓簧，快把礼筐来献上。诸位宾客惠爱我，示我治国大方向。

师：好，不是读诸（zhù）位，是读什么？诸（zhū）位，还有一个"示我周"什么，这个字，在这里？行（háng），你们没有读行（xíng），我在全国各地上过可能十几节这个课，一般的孩子都会读成行（xíng）。周行（háng）是一个特殊的词语，它读周行（háng），不读周行（xíng），表示什么呢？就是周朝自定的礼仪这个规范，后来的人都照着他的样子去实行，这个周行（háng）实际上就是政治方向，就是好的政治，以周朝为典范，所以呢，这个叫治国大方向。明白它的意思吗？好，示我周行（háng），把它的意思读出来？嘉宾们就是来告诉告诉我怎么样治理国家。你觉得来的宾客都是什么人？是国师，嗯，还可能是个什么人？你们有没有读过孔子的《论语》，《论语·学而》读过没有？学而篇第一，子曰，学而时习之，不亦？

生：乐乎。

师：有朋？

生：自远方来。

师：不亦？

生：乐乎。

师：人不知，而不愠？

生：不亦君子乎？

师：孔子说，有好朋友从远方来，我内心是多么快乐啊！想象一下这个来的朋友是一个什么样的人？孔子在第一句里面说，"学而时习之，不亦说乎？"我不断地学习，我不断地实践，我内心很愉悦，因为我不断地学习，我的才华提升了，我的人品提高了，所以这个朋友从很远很远的地方来看我。他来看我是为什么呢？是不是像我们今天这样，我们到KTV唱一场，我们去喝一顿，我们去玩了一下？不是，他是来跟我切磋学问，探讨人生的大道。《鹿鸣》里不仅仅是探讨人生的大道，来的人还来跟我探讨什么？治国的大道，治国的政策、良策，对不对？所以说来的是不是一般人？

生：不是。

师：不是一般人，而且他对我好不好？

生：好。

师：对我非常好，如果对我不好，他就不会把这种治国大方向告诉我，对不对？所以来的人是鸿儒还是白丁？听不懂是"鸿儒""白丁"啊？你们学过《陋室铭》没有？山不在高，有仙则名；水不在深，有龙则灵。斯是陋室，惟吾德馨。有没有学过？

生：没有。

师：没有。那陈老师告诉你，什么叫"鸿儒"呢？"鸿儒"就是"非常有学问的、道德品质很高尚的、诗书满腹的人"，跟它相对应的一个词，老百姓都知道，叫"目不识丁的人"，这种人我们把他叫做"白丁"。那你告诉我，今天来的这个宾客，是"白丁"还是"鸿儒"？

生：鸿儒。

师：对。《陋室铭》要去读一读好吧？好，下一段"呦呦鹿鸣，食野之蒿"，读译文，预备，齐。

生：山野鹿儿呦呦叫，呼朋引伴食青蒿。我有满座好宾客，品德高尚名声好。教导百姓不轻佻，正人君子皆仿效。我有陈年飘香酒，嘉宾畅饮乐陶陶。

师："德音孔昭"这四个字，是比较难理解的，是什么意思？哎，以后你形容一个人，说你在你的文章里面写，哎，我们班有谁谁谁，他的品质特别好，他乐于助人，他的思想境界很高，这种话你都不用讲，你就用一个成语，就四个字，哪四个字？

生：德音孔昭。

师：德音孔昭，"孔"就是十分，非常的意思，"昭"就是像太阳一样，耀眼大地，也就说他的"德"，他的音容笑貌，都像太阳一样照耀着别人，所以这样的人，是特别高尚的人，就给他一个词叫什么？"德音孔昭"，写一下

245

这四个字，把它写下来。对，很棒，有积累本啊，以后记住这个词要用会，用在你的作文里面。能二十秒写完的孩子，特别好。

学会快速记东西，在课堂里面要抓紧时间，对，很棒，写好了吗？举手！嗯，好，那么会用吗？以后用会这个词吗？好，下一句，下一段。呦呦鹿鸣，食野之苓。什么意思？鹿儿呦呦，读！

生：鹿儿呦呦不住鸣，呼朋引伴食青苓。我有满座好宾客，乐师鼓瑟又弹琴。

师：乐师鼓瑟——

生：又弹琴。

师：大声念过去，酣（hān）畅，这个词读酣（hān）畅，就是特别舒畅的意思，和乐酣（hān）畅宜相亲，我有陈年——

生：飘香酒。

师：饮宴欢愉——

生：贵宾心。

师：好，陈老师要讲一下一个词，我想问一下，你看看，食野之苹，这个鹿，这一首诗一开头就用了"呦呦鹿鸣，食野之苹"，他为什么不一开头就说"我有家宾，远方而来"？所以我就怎么样啊？鼓瑟吹笙，他为什么一开头"呦呦鹿鸣，食野之苹"，每段都要用这样子的开头，你知道吧，这里面有告诉你的意思的，你说？

生：我认为这应该是，主人把宾客叫来，就是来做客。

师：宾客是自己来的，不一定是叫的，当然也可能会邀请。你说？

生：我觉得这是为了衬托出这个主人的友好，说出了这个主人的心。

师：你们不觉得此处应该有掌声吗？

（生鼓掌）

师：再看，"呦呦"这个词你觉得美不美，是什么的叫声？鹿，而且它吃东西的时候，你有没有发现，它吃东西怎么吃的？成群结队，中国有一句话说：鹿不独食！鹿是不独食的，它有东西都会怎么样？一棵树上很嫩的一大片叶子，它一定只会吃这一边，剩下一边给谁吃啊？

生：同伴。

师：友好，对不对？还有你看它的叫声怎么样？呦呦，你知道我们中国有一个刚刚获得诺贝尔奖的，知道谁啊？对，山东有一个文学家，叫莫言，获得了诺贝尔文学奖，获得诺贝尔医学奖的人大名叫什么？

生：屠呦呦。

师：对，屠呦呦，你看她的名字起得多温顺，鹿给人的感觉就是非常温顺，对不对？很友好，所以开头用了"呦呦鹿鸣，食野之苹"友好的氛围开场。款待嘉宾时，我有什么酒？

生：旨酒。

师：旨酒，旨酒是什么样的酒？

生：陈年的好酒。

师：陈年的好酒，跟它对应的不太好的酒，是什么酒？叫做"浊酒"，当年陶渊明喝酒的时候，他因为家里很穷，结果呢？只能喝浊酒，就是很混浊，里面酿的粮食，甚至都会有些糠壳，还有一些粮食没有变成酒，它里面有很多酒糟，所以旨酒一定是过滤过的，非常美的酒，相当于我们今天的？

生：美酒。

师：美酒，五粮液啊，是不是？葡萄酒有很多，有好的，也有不好的吗？也有混浊的，这个混浊的酒就叫做浊酒，跟旨酒相对应，你说？

生：老师，我有个问题。

师：你说？

生：就是，为什么开头先要说动物，然后再说的是？

师：这个问题，陈老师用一句话就能给你回答。但我先要表扬你，大家看看，他很会问问题啊！你这么思考，你以后对《诗经》肯定很有感觉，你看其他人都不问这个问题。我本来不讲的，忽略过去算了，既然你问了，我就把这个问题告诉你。中国文人有一种写作方法，很奇怪，他本来要直接说一件事情，但不说。本来说今天的太阳多么美，他不说，他却说小草多么可爱，柳树多么美，摇曳着嫩绿的枝叶，借一种东西先来说，然后再引出要说的情感或事情，这样的一种说法叫作"兴"，"高兴"的"兴（xīng）"，在这种表现手法里叫作"兴（xīng）"，意味"兴（xīng）起"，就是先把它怎么样啊？先把它引出一个点子来，跟它看起来似乎没关系，但实际上又有关系，

247

你看"呦呦鹿鸣"在这里，跟这个主人宴宾客有没有关系？

生：有。

师：但实际上没关系，鹿在外面吃东西。在外面叫，跟我有什么关系啊？但是诗人却不一样，诗人就喜欢这样，就没话找话说，所以你要成为一个大作者，成为一个诗人，必须要学会怎么样？没话找话说，而且说的还要让人家喜欢听，而且觉得你很了不起，道是无情却有情，这种关系叫做兴（xīng），这是一种写作手法，明白吗？

就像我刚才说李白的《将进酒》，他明明是讲，哎呀，我多么忧愁，我多么难受，但他却不讲，突然来一个"君不见，黄河之水天上来，奔流到海不复回。君不见，高堂明镜悲白发，朝如青丝暮成雪"。不说其他的，本来他表达的"举杯消愁愁更愁"，但是他却不直接说，他怎么样？引很多别的话。比如，今天我们要写一个我们的课堂纪律，你直接说今天我们的课堂纪律非常好，老师不在的时候，我们静悄悄地写作业，没有一个人说话……这种文章，如果按100分，最多只给你多少分？知道吗？10分，假如你不这样说？你说：知了声传进来，还有风吹柳树的声音传进来；我们的教室里面温暖如春，我如沐春风，静心阅读……你看你的老师读到你的文章会怎么样？保证很惊奇，啊！这个孩子的文笔真好。诗歌也是如此，绕着弯，发现美，旁通他物，这种创作方式叫文学笔法。现在，你明白为什么要先写"呦呦鹿鸣"了吧？

生：嗯，明白了。

师：以后写文章要怎么样？

生：没话找话说。

师：对，高标准！好，现在来看还有一个地方大家要理解的，就是这里有几个词，这个鹿啊在食苹、蒿、芩，这些东西是什么呢？实际上就是一种草，你们一定见过的，看看，这个东西看过没有，很像艾，是不是？但它不是艾，它是可以吃的，叫什么东西？白蒿，就是苹，芩和这个蒿都是指这个蒿，只是换个名字的说法，山东人会吃这个。你们吃过没有？

生：吃过。

师：吃过，是吧。（看图片）几千年前，我们中国人就吃这个，像草一样的蒿。这个鹿能吃，我们也能吃。再来看一下，下面的这一个是什么？"鼓瑟吹笙"，这是笙，笙是用来干吗的？是吹的还是弹的？

生：吹的。

师：吹的。好！还有一个，这个是什么？

生：古筝。

师：古筝，现在叫古筝，以前的人叫瑟。那么琴是什么呢？琴就不是这一个了，看一下，琴就是今天的这个样子，知道吗？这是什么？知道吗？古琴，古琴是汉民族自己发明的乐器，其他的乐器都受了西域音乐的影响，或者是现在西方音乐的影响，比如说我们的二胡，我们的古筝，我们的扬琴，都是受西域音乐的影响，但是唯有古琴是我们汉民族自己发明的，几千年流传下来。古琴的历史是很长的，可以说是乐器中的活化石，因为从伏羲时代就开始有了。以前的读书人啊，他们不管到哪里，家里面有钱的，甚至没什么钱的，他们都会带两样东西，这读书人的潇洒就在这两样东西里面体现出来，哪两样？猜一猜，肯定猜到，对，琴，还有一样是什么？知道吗？书？书不是带的，书是装在肚子里面的，满腹诗书走天下。还带的一样东西叫剑，因为古代的读书人都是男士，所以他们有一句话就是"一琴一剑走江湖"。今天的读书人有这个雅气吗？要不要学一下，对，以后要学这一个，一琴一剑走江湖，你想想看，背着一把琴，还揣着一把剑，全天下闯下去，也就是说能文能——

生：能武。

师：能武，对，读书人是能文能武的。好，现在能背了吧？

生：能。

师：不准读这一段了，我们来背一遍，好不好？看着我的提示，诗经·小雅·鹿鸣。节奏出来，预备齐！

师、生：诗经·小雅·鹿鸣。呦呦鹿鸣，食野之苹。我有嘉宾，鼓瑟吹笙。吹笙鼓簧，承筐是将。人之好我，示我周行。

呦呦鹿鸣，食野之蒿。我有嘉宾，德音孔昭。视民不恌，君子是则是效。我有旨酒，嘉宾式燕以敖。

呦呦鹿鸣，食野之芩。我有嘉宾，鼓瑟鼓琴。鼓瑟鼓琴，和乐且湛。我有旨酒，以燕乐嘉宾之心。

师：好，你们的节奏慢了，我们再来快一点，这样子的快。呦呦鹿鸣，食野之芩。我有嘉宾，鼓瑟吹笙。能不能快？加多0.02秒的速度，行不行，来，试一下啊，男生跟女生比赛，预备齐！

生：呦呦鹿鸣，食野之苹。我有嘉宾，鼓瑟吹笙。吹笙鼓簧，承筐是将。人之好我，示我周行。

呦呦鹿鸣，食野之蒿。我有嘉宾，德音孔昭。视民不恌，君子是则是效。我有旨酒，嘉宾式燕以敖。

呦呦鹿鸣，食野之芩。我有嘉宾，鼓瑟鼓琴。鼓瑟鼓琴，和乐且湛。我有旨酒，以燕乐嘉宾之心。

师：你们基本上跟上我了，很好，这个叫肌肉记忆，要快的时候，要记忆的时候这么读。但是人家说你把这首诗朗读一遍，你能不能这样读，不能，那你要怎样读？呦呦鹿鸣，食野之苹。我有嘉宾，鼓瑟吹笙。吹笙鼓簧，承筐是将。人之好我，示我周行。

呦呦鹿鸣，食野之蒿。我有嘉宾，德音孔昭。视民不恌，君子是则是效。我有旨酒，嘉宾式燕以敖。

呦呦鹿鸣，食野之芩。我有嘉宾，鼓瑟鼓琴。鼓瑟鼓琴，和乐且湛。我有旨酒，以燕乐嘉宾之心。

对，你这个就叫朗诵，对吧？但是这还不能，如果有一个人到你家里来，你要接待他，他一进来你要欢迎他，想用这一首诗里面的哪一句话来欢迎他？大声说？

生：我有旨酒，以燕乐嘉宾之心。

师：来了一个大吃大喝的，要吃要喝的，还有吗？有没有其他的？哦，你说？

生：我有嘉宾，鼓瑟吹笙。

师：我来到了一个文雅之士的家庭，来到一个高尚人的家庭，但是如果我这样欢迎这个宾客，我一打开门，他一进来，而且你看他带了好多礼物来，承筐是将啊，对不对？我的乐队出来，我怎么跟他说呢？呦呦鹿鸣，食野之苹。我有嘉宾，鼓瑟吹笙。吹笙鼓簧，承筐是将。人之好我，示我周行。

呦呦鹿鸣，食野之蒿。我有嘉宾，德音孔昭。视民不恌，君子是则是效。

我有旨酒，嘉宾式燕以敖。

呦呦鹿鸣，食野之芩。我有嘉宾，鼓瑟鼓琴。鼓瑟鼓琴，和乐且湛。我有旨酒，以燕乐嘉宾之心。

这种读法叫吟诵。你以前有没有听过我吟诵？

生：没有。

师：没有啊，那这个同学怎么会用这种方法呢？他会跟着来？再想想，刚才陈老师这么读的时候，会不会比你用朗读的方式读"呦呦鹿鸣，食野之苹"更能打动来客？

生：会。

师：会，对！吟诵的方法是怎么样的？陈老师今天要教大家这个方法。把手打开，不要僵硬地坐着，不要把自己包得紧紧的。刚才陈老师是怎么读的？你听起来像唱歌对不对？其实它就是一种唱歌，只不过它很特殊，它不是随便唱的，它是有规律的，跟我们汉语的音调有关系。中国古代的汉语分四个声部，哪四个，读出来？不读上（shàng），读上（shǎng），三声，平上（shǎng）去入，很快读出来？

生：平上（shǎng）去入。

师：那平上（shǎng）去入是怎么回事呢？平就是平声，平声里面有阴平和阳平。阴平就是普通话的第一声，你能不能找到一个第一声的字？呦，对了，你看"呦呦"这是第一声，好，阳平就是第二声，能不能找到第二声的字？鸣，对了，太聪明了。好，鸣和呦都是属于什么声？平声。还有一个声部叫仄声，把它写一下，一个人躲在一个角落里面，逼仄得很啊，太窄了，所以叫仄，写下来，仄声分三个声部，一个是上（shǎng）声，不读上（shàng），我刚才说上（shǎng）声是第几声？第几声？

生：第三声。

师：第三声，去声就是今天普通话里面的第四声呢？第四声，明白吗？好，入声字，有一个入声字，入声字在今天普通话一二三四声里面都有。入声字很难读，山东话很少读到入声字的，但是现在有入声字字典，网上也可以查。比如说我对这个字不熟悉，比如说一二三四五六七八九十，广东人怎么说这十个数字？他说一二三四五六七八九十，所以十，他读"萨"，就是入

251

声字，往里面吞的。六七八它也是入声字，六七八，往里面吞的。比如"白日"也是入声字，你看，白日，就是入声字，以前叫李白，我们今天说李白，以前的人叫李白怎么叫知道吗？对，李白，李白，这样子叫。所以一下把它拉回来，很短，不舍得你走，李白，拉回来了。来，把口诀读一下。

生：一二声为平声，三四声为仄声，入声散在一二三四声里。

师：那怎么读呢？看符号，平声读得怎么样？

生：长。

师：太棒了，我都不说这个字，他就理会到了。这同学以后是做科学家的，很会观察。很长，仄声要读得怎么样？

生：高。

师：不是高，你看，是怎么？短，入声字我用了一个感叹号，你觉得是读得长还是读得短，还是读得很急促？

生：急促。

师：太聪明了。平长，仄短，入声促，这就是诵读的规则。读一遍，平长，仄短，入声促，预备齐！

生：平长，仄短，入声促。

师：平声读？

生：长。

师：仄声读？

生：短。

师：入声字读得？

生：促。

师：促，很短促，对，记住了吧。好，那么怎么读呢？按照声调来读，你看，一二声是平声，三四声是仄声，仄声里面还有一个声部叫什么？入声，入声读得很短促，现在你来看一下，呦呦鹿鸣怎么读？平长仄短，呦—呦——鹿！鸣——"鹿"是一个入声字，广东人说鹿，"食"也是一个入声字，我们今天"食"是一个什么字？是平声还是仄声？食，食，是平声还是仄声？食，食，平声对吧？但是在古代的人它是入声，广东人说吃饭，他怎么说？我们今天说吃，要慢慢地吃对不对？以前的人认为，食这个动作是很短的，

252

不能拿着筷子夹着一口饭，半天还没放到嘴巴里边去。凡是表示短暂、急促的字，一般都是入声字，比如说像失落，我们今天说失落，失了半天还没失，人家失是什么？失落，失落，一下就丢了，找不回来了。失落，这样子，"落"也是入声字，所以表示短暂。所以这个食野之苹的食，也是入声字。那么我们来读一下，看一下，之是什么声，之，什么声？平声还是仄声？好，苹呢，食野之苹，苹是平声还是仄声，平声。太聪明了，刚才复习一遍，平长仄短入声促，好，那怎么读？呦呦，两个都是什么声？

生：平声。

师：平声，两个都是平声，哪个要读得更长一点？你们想想，第几个？第一个还是第二个？如果第一个读得这么长，你说呦——呦，你就没气读了，是不是？应该第几个读得长？

生：第二个。

师：为什么第二个？因为我们的汉语啊，很奇怪，双音词中第二个基本上是重音，比如我们说开门，重音在哪里？

生：门。

师：读书？

生：书。

师：说话？

生：话。

师：对，你看走路？

生：路。

师：对，重音都在第二个字，这叫双音构词法，逻辑重音在第二个，所以一般第二个字你要怎么样？强调，你既然强调，你就把它拉长，所以我们读"呦呦鹿鸣"怎么读？举起手，平声这样读，二声上去读，三声绕着读，四声打下来，入声字怎么读呢？入声字这样，看到吗？顿一下，好，我们来试一下，预备齐！呦呦鹿鸣，就读这一个，预备齐！呦呦鹿鸣，食野之苹，怎么读？食野之苹，食是顿的，马上再读野，食野之苹，你也可以连起来，比这个野短一点就行了。来，预备齐！食野之苹，好，为什么我不读食野之苹，我为什么读成食野之苹，因为你读音的时候是怎么读？呦呦鹿鸣，食野

253

之苹，对不对？你就这么读的，你们有没有听过谷建芬老师的一首歌，叫春眠不觉晓，处处闻啼鸟。

生：夜来风雨声，花落知多少？

师：你看，它是怎么唱的？春眠不觉晓，它怎么唱？春眠不觉晓，变成春眠（miān）了，对不对？不是春眠（mián）不觉晓，它读成不觉晓，这是唱歌可以这么唱，唱歌可以不按字音的本音来唱，但读书你必须不倒字音，如果读书你也说处处闻啼鸟，那考试的时候我就写，出去的出，闻啼鸟，一出去就是有问题的鸟，那个老师就按照这个样子来。所以你读书的时候，应该怎么读？春眠不觉晓，应该怎么读？春眠不觉晓，处处——

生：闻啼鸟。

师：夜来风雨声，花落知多少？最后一个字要把气全部吐出来，每一个最后押韵的字音都要全部吐出去，叫做荡气回肠，明白吗？这叫依字行腔，就是按照本来的音发音的。比如广东人以前读书的时候他不按普通话读，他按照他们的方言读，他也要依字行腔，如果他读成春眠不觉晓，别人就会笑，读得啥？听不懂，他一定这样读，春眠不觉晓，处处闻啼鸟，夜来风雨声，花落知多少？你们有没有自己的方言？有没有地方方言？有吗？就是你的老奶奶、老外婆、老爷爷说的话，不是像你们现在的普通话，你有吗？你奶奶，你会说吗？

生：我不学。

师：你不学，哦，陈老师告诉你，你回去一定要学一门方言，很重要，因为学会方言你会懂好多很多普通话中没有的词汇。我们中国的文字是先由方言过来的，而不是现在的普通话，明白吗？所以方言要保留，你老奶奶以后说话的时候，你不要笑她，因为她说的是中国古代的地道的语言，我们都要保留，这也是我们的文化，明白吗？好，现在会了吗？来，往下看一下，我有嘉宾，读一遍，我有嘉宾怎么读？"我"什么声？平声还是仄声？

生：仄声。

师："有"什么声？

生：仄声。

师：仄声，"嘉宾"什么声？

生：平声。

师：你反应非常快，好，鼓瑟吹笙，这个瑟是什么声？陈老师打了感叹号？入声，对，鼓瑟吹笙，古是什么声？

生：仄声。

师：仄声，好，那怎么读呢？我有嘉宾，来读一次，能不能读成：我有嘉宾，行不行？我有一瓶矿泉水你怎么读？我有，我就是我吗，我有一瓶——

生：矿泉水。

师：对，这就是吟诵知道吗？好简单，我有嘉宾，怎么读？来！预备齐！我有嘉宾，鼓瑟吹笙。会了没有，两句连起来，呦呦鹿鸣，预备齐！呦呦鹿鸣，食野之苹。我有嘉宾，鼓瑟吹笙。太棒了，我试一下下面的老师们会不会，好不好？

生：好。

师：来，看看老师们，如果他们不会，你们要帮忙的。准备了，呦呦鹿鸣，我们按照平长仄短，预备齐！

旁听的老师：呦呦鹿鸣，食野之苹。我有嘉宾，鼓瑟吹笙。

师：这是我见过最优秀的老师。我本来以为他们一点都不会，结果一下就会了，等一下看他们会不会把这首诗背下来。好，一起来一遍，预备齐！呦呦，预备齐，老师们可以跟着孩子一起来，依字行腔啊。我有一杯矿泉水，不要读成，我有一杯矿泉水，就要读成我有一杯矿泉水。我是一个大好人怎么说？我是一个大好人，就不要说我是一个大好人，那就错了，一起来，呦呦鹿鸣，预备齐！

师、生：呦呦鹿鸣，食野之苹。我有嘉宾，鼓瑟吹笙。吹笙鼓簧，承筐是将。人之好我，示我周行。

呦呦鹿鸣，食野之蒿。我有嘉宾，德音孔昭。视民不恌，君子是则是效。我有旨酒，嘉宾式燕以敖。

呦呦鹿鸣，食野之芩。我有嘉宾，鼓瑟鼓琴。鼓瑟鼓琴，和乐且湛。我有旨酒，以燕乐嘉宾之心。

基本上都会了，太棒了，给点掌声，这首诗可难学了，很棒！那么整一首诗我们一起来一遍，好不好？这一次我要求你一定要跟着节奏，就是平声一定要这样读，按照普通话的一二三四声读。来，举起手，一声这样读，二声这样读，三声绕着读，四声打下来。你要很快知道哪个字是什么声，我就看你的手，摄影师一定会摄你的手的，看看谁反应快，再来一遍。开始，呦——呦——鹿！鸣——预备齐！

师、生：呦呦鹿鸣，食野之苹。我有嘉宾，鼓瑟吹笙。吹笙鼓簧，承筐是将。人之好我，示我周行。

呦呦鹿鸣，食野之蒿。我有嘉宾，德音孔昭。视民不恌，君子是则是效。我有旨酒，嘉宾式燕以敖。

呦呦鹿鸣，食野之芩。我有嘉宾，鼓瑟鼓琴。鼓瑟鼓琴，和乐且湛。我有旨酒，以燕乐嘉宾之心。

师：注意：我的气还在这里，我想把它全部收回来，我就再回一次，我有旨酒，以燕乐嘉宾之心。会了吧？你们是最厉害的，我觉得这节课已经上得很累了，不要再学了，好不好？

生：不好。

师：已经饿了？这么厉害，早饿了，那不要再学了好不好？

生：要继续。

师：要继续啊？我都很饿了，我觉得下面老师都很饿了。我看有没有东西学，还有啊！那讨论一下：为什么诗歌会以田野上的麋鹿呼朋引伴来觅食开头？刚才我们已经说过了，已经说过一遍了，是不是？好，陈老师给它总结一下，这里体现了中国一种特殊的文化，叫什么？

生：鹿文化。

师：好，既然是鹿文化，你看鹿的特征有这么多，它的长相柔和，性情温顺，而且以食草为主，结伴群居，有食就怎么样？相呼，群而不党。党是什么？小团体，跟所有的人做好朋友，但是没有小团体，所以这就叫鹿文化。那如果他一开始说，他不是说呦呦鹿鸣，他这样说，他说什么？嗷嗷或者啸啸虎叫，行不行？哦，不行，不能作为宴宾客的。你看看，《鹿鸣》以仁求其群，鹿鸣求其友，也就是说凡是要跟好朋友相聚，我们都可以用一首诗，叫什么？鹿鸣，那么陈老师现在想问你，假如有一幅图，上面写着鹿鸣，你要拿到你的新居里面去挂，应该挂在哪里？

生：客厅。

师：能不能挂在厨房？

生：不能。

师：能不能挂在卧室？

生：不能。

师：不能，好，为什么？

生：因为客厅才是招待客人的地方。

师：这也叫文化，知道吗？所以我们生活中有很多文化都可以这么用，好，还有像这首诗学多了以后，怎么用？看《短歌行》，有没有学过？你有没有发现什么？谁写的知道吗？

生：曹操。

师：曹操你们总知道了吧。

生：知道。

师：你看曹操这首诗，如果用在今天，我们叫他抄袭，知道什么意思吗？就是抄的，他有好多话都是从别人那里抄来的。月明星稀，乌鹊南飞，这都是抄诗经里的诗，青青子衿，悠悠我心。也是诗经里的，而且他一整段抄，抄什么？呦呦鹿鸣，食野之苹。我有嘉宾，鼓瑟吹笙。但是为什么我们觉得曹操不叫抄？叫什么，叫引经据典！对，你以后写文章，你也要这么引经据典，大段大段地把它组合起来。你看组合成自己的一首诗，如果你的老师说，哎，你怎么抄的？你说曹操也是这么抄的，不仅曹操这么抄，而且陈老师告诉你，杜甫、李白，很多人的诗都是照抄《诗经》和屈原的《楚辞》中的名句。我们后来学的很多诗歌原句都在《楚辞》和《诗经》里，还有在一些古歌谣里，所以你敢不敢去抄，问题是你有没有本领抄。你不能说我要写文章的时候，我赶快把诗经拿过来翻一翻，我看一看哪一句能抄到我的文章里，那你这种抄叫做蹩脚的抄。人家曹操的抄叫什么，知道吗？哦，信手拈来，引经据典，叫高明之抄，懂吗？所以就可以给他最高分。你说？

生：老师我问个问题。

师：说。

生：那么屈原的辞是从哪抄的？

师：哦，对，屈原的辞从哪抄的呢？这个问题我应该叫大家研究一下，我知道屈原的诗，第一，他读了很多很多的诗，包括《诗经》里的诗，你们想想屈原读过没有？读过，对，一定，因为屈原是战国时期，到战国末期的时候，《诗经》已经出来了，经过孔子的整编，当时全国各地已经在流传《诗经》的诗。另外，屈原所在的楚国，可是中国的文化大省啊！有一句话叫什么？唯楚有才，这个地方历来就是文人的集居地，所以这个屈原的诗，一是他吸纳了别人的诗；第二他自己创作。你读过屈原的诗没有？

生：读过。

师：读过什么？挺长，那就是他的《离骚》，最长的就是他的离骚，两千多字，你是读了这个吗？两千七百多字。你来一句？帝高阳之苗裔兮，朕皇考曰伯庸。不会，我们班的孩子可以从第一句背到最后一句，他们三年级都会了，帝高阳之苗裔兮，朕皇考曰伯庸。摄提贞于孟陬兮，惟庚寅吾以降。我读的你们都不懂，我觉得好悲哀哟，我这在对——？

生：对牛弹琴。

师：你们自己说的，我可不敢说。我觉得你们一定要去读大量的书，如果你们再不大量地读书，你看看全国的小朋友已经都满腹经纶了，我知道我们陶老师的外孙女，就已经满腹经纶，以后你们要跟他们在同一个时代，身边都是鸿儒，而你是什么？

生：白丁。

师：哎哟，那就悲哀了，好不好？这就不好，所以即使不会，可以像曹操这样，先读了以后，学着别人怎么样？都会偷，敢于来偷，所有的这些文化都有。好，我们下课吧，真的下课，我觉得你们都应该累了吧？是不是？

生：不累。

师：又不累，那你们说一首诗，我读。

生：吃完了饭还学。

师：天，放过我吧，吃完了饭还要来学？我可不来了，你们能说一首诗吗，我读一遍就给你们听，好不好？

生：好。

师：说？忘了。

生：两千七百多字的。

师：两千七百多字的，我要读半个小时，你们真要把陈老师读趴下是不是啊？我是说你们说一首，你们会的。你们不会的，我读了不是白读吗？对不对？你说？

生：《春江花月夜》。

师：《春江花月夜》，你们会背吗？

生：不会。

师：春江潮水连海平，海上明月共潮生。滟滟随波千万里，何处春江无月明！你看又不会，又不跟我，你说？

生：《静夜思》。

师：背《静夜思》啊，这个，好，我背一下《静夜思》，你们跟着我，平长仄短跟着一起来。床前明月光，开始，预备齐！

床前明月光，疑是地上霜。举头望明月，低头思故乡。李白写这首诗的时候，悲痛欲绝，一定不是像你们这么笑嘻嘻的，床前明月光，疑是地上霜。

生：举头望明月。

师：我以为是望文章了，原来还知道是望明月，下课！

生：起立，谢谢老师，老师再见！

师：同学们再见！回去常常学吟诵哦，好，下课！

课后交流：

陈琴：还有简短的二十来分钟，跟老师们分享一下读书的心得，关于诵读经典的课程，我已经做了 24 年，从 1993 年开始到现在，反复的实践已经证明，所有接受过诵读经典课程的孩子，第一，每个学生都很阳光；第二，每个人都会在他人生的道路上，不会有心理障碍，他们面对所有的人生境况都能淡定从容，真正达到庄子所说的大汗金石流、土山焦而不热。学生的心态和价值判断力是我最关注的，至于学业成绩我一直相信是顺应心态而来的。我的每一个孩子到了中学，不会因为小学语文基础没有打扎实而耽误学科。我们的孩子目前要处于一个怎样的状态才能够在 21 世纪活下去，有 72 位诺贝尔奖获得者，他们于1987年的巴黎发表了一份宣告说，说人类要想在21世纪生存下去，必须要回到孔子时代去寻找智慧。我们是孔子的后人，但我们的孩子为什么有问题？我做教育这么多年，一直关注学生的灵魂是怎样养成的。正因为是这样，我才发现我越不去关注他们的成绩，他们的学科成绩却总是优异于那些未曾受过经典训练的学伴们。这真是像老子所说的道法无为！那我今天要讲的一个，简单的一个主题，就是这一个词"书声"。我们的课室里没有书声，我们孩子的气质就养不起来。气质是中国人要论述的最重要的元素，中国人所有的文化元素可以只归结到一个字，就是"气"。因为我们的先人在孩子六岁左右的时候就告诉他，通过一本书叫《幼学琼林》，告诉他混沌初开，鸿蒙始奠，气之清轻上浮者为天，气之重浊下凝者为地，连天和地都是气，通过气你能看到什么东西？他们这样子来培养孩子的气，要求每一个孩子都能气宇轩昂，要求每一个人对人格的审判都不要离开这样的一个词叫"气"。气节，骨气，所有生活中常见的种种相都可以归为一个词叫"气"，就是你在一个什么样的气场里面，说什么样的话，在什么样的气场里面，表达你怎样的思想，你看气韵，气势，还有一个老百姓都知道，人活一口气，但是这口气是有分别的，有俗雅之分，我们都希望养成儒雅之气，我们都希望即使像孔乙己这样的人，他站在我们面前，我们依然觉得他是一个读书人。中国人的读书量是全世界属于倒数的，我们的人口是全世界最多的，我们的阅读量居然是倒数的。

你看看，没有书声，没有这种儒雅之气的养成，何来孟子所抵达的那个境界？你的浩然之气根本就不可能有，也就不可能有文天祥那样的正气。所以气的质地差别是怎么形成的？黄庭坚说的，读书变化一个人的气质。一个人如果三日不读书，就变得俗不可耐，面目可憎。但是，怎样的文能变换我们的气质，《尚书》里面就已经规定了，我们不能用随随便便的文字充斥孩子的生命磁场。我们孩子的读书生命是有期限的，书到今生读已迟，《学记》里面说，时过然后学，勤苦而难成，你怎么努力都达不到。所以当年武丁问他的宰相傅说，我要办一个学校，以什么样的东西给孩子读？傅说告诉他，建国军民，教学为先，那么教学为先，教什么呢学校里面？傅说又告诉他，念终始典于学，自始至终要学典，要向经典学习。所以孔子才会说自己信而好古，敏而好学，述而不作。所以老子才会说，执古之道，以御今之有。能知古始，是谓道纪。我们只要把人文学科的这一块，把老祖宗留给我们的所有的智慧，让我们的孩子能在这些智慧的园地里面走一遍，我们的孩子已经是满腹经纶了。所以像这样子的文字，它就是经典，《老子》第三十六章，知人者智，自知者明，胜人者有力，自胜者强，知足者富。强行者有志。不失其所者久，死者不亡者寿。我们二年级的孩子把《老子》第一章背到第八十一章，倒背如流，他尽管还不太懂，但是有一天他跟别人打架，他孔武有力，这个时候说，你打败了别人，把人打痛了有什么了不起啊？老子是怎么告诉你的？叫胜人者有力，你仅仅是一个孔武有力的人而已，最重要的是你战胜你的暴力脾气，叫自胜者强，你才是强者。强者才可以获得内心的光芒。看这个：不失其所者久，死而不亡者寿。有一天他读到臧克家纪念鲁迅的《有的人》，他才明白为什么臧克家说有的人死了他还活着，有的人活着他却已经死了，这来自于哪里的哲学智慧。老子告诉你的，死而不亡者寿，真正长寿的人是死而不亡的人啊，因为有了这样子的智慧，他的精神家园就不会丢掉。所以把《黄帝内经》这样的文字读下来，八个字可以相伴孩子终身：精神内守，病安从来？这才是最重要的东西，我们的孩子读过很多的文字都没有进入到他的灵魂深处，所以我们就出问题了，看看给我们人生打底色的十四本书，你读了多少？很多年轻的教师见到我说，陈老师我要拜你为师，你有什么要求？我说没有要求，你把这十四本书从头到尾读一遍，你能把其中的一两本背下来就够了。你首先要自己丰满，才能让你的课堂丰满，你才能跟你的孩子，翱翔在我们这个时代，能悦纳所面对的种种福报和磨难，要不然你就会成为什么？孔子说只有君子才能久处乐，也只有君子能久处贫，小人是怎么样的？小人不能久处贫，也不能久处乐，一个小人他的内心是不丰满的。孔子所说的小人并不是说品质低下的，而是包括没有接受教育的，唯小人与女子难养也，为什么他难养啊？这个养是教养不是饲养，不是养动物的养，是教养。因成年人没有接受过教育，你再来跟他讲大道理已经讲不通了，所以唯小人与女子难养也，因为他们没有教养，你跟他讲高深的东西不懂。孔子还说过，中人以上可以语上也，中人以下不可以语上也，只有智慧在中等以上的人你可跟他说话，你才有对话的权利，你才有对话的频道，如果他的智力接受不了大"道",他始终处于人的始初阶段、本能阶段,他的人生一直都没有向上攀爬,他的精神世界一直都是处于动物阶段,那么这样的人你怎么跟他讲老子的智慧。我们的先人比我们做得好,一个孩子,像王勃这样的人,才十四岁就可以把《滕王阁序》写得这么漂亮,以前我一直认为他是个高中生,十八岁的时候写,现在事实已经证明是十四岁,豫章故郡,洪都新府。星分翼轸,地接衡庐。襟三江而带五湖,控蛮荆而引瓯越。你看看让一个孩子写滕王阁,我们会怎么写?我们把孩子带到滕王阁边,然后孩子就说,我拾级而上,面对的是一座宏伟的古代建筑……人家王勃怎么写?把滕王阁放在宇宙中的中轴线来写,仅仅是一段小小的文字,就已经把滕王阁的天文地理人文典故概括得恰到好处,还是那么富有诗意的文字!今天的孩子做得到吗?所以中央电视台的《中国诗词大会》真是做得太好了,唤醒了一代的国民。我们真的要让文化回归了,要唤醒它,不能再让它沉睡在典籍里面。还有,像《圣经》这样的书也值得读吗?它也是经典吗?我们读一遍《圣经》中这段话:爱是恒久忍耐,又有恩慈——预备齐!

群读:爱是恒久忍耐,又有恩慈。爱是不嫉妒,爱是不自夸,不张狂,不做害羞的事,不求自己的益处,不轻易发怒,不计算人的恶,不喜欢不义,只喜欢真理,凡事包容,凡事相信,凡事盼望,凡事忍耐。爱是永不止息。

师:我当年读《圣经》的时候,读到这一段话,就觉得他这一段话讲得太好了,但是比他讲的更简练的更好的是什么?我们的《老子》第八章,上善若水,水善利万物而不争。你要包容,你不要整天去争夺,只有你的心里无限宽广,你才有包容心,狭隘是没有包容心的,所以狭隘的人不懂忍让,没有恩慈。爱是恩慈,爱是不做害羞的事,就像上水一样,像水一样,而且你看他还非常会做事,居,善地,居住在任何一个地方,就像当年的舜一样,居于陶,则陶土可以全部拿来做陶器,居于河滨,这里也很快成为市场。所以居善地,心善渊,包容全世界。与,善仁,给予别人的东西都是仁义的。言,善信,还要怎么样?说出来的话都是可信的。政,善治,给你一方领土,你都能够治理的好。像苏东坡、白居易这样子的文学青年,你给他一个地方他都能治理得非常好。我经常讲一个笑话,我说你看白居易,当年西湖建成了以后,所有的树都种死了,这个林业局的局长都头疼得要命,说为什么这些树种在这里都死了,白居易给他写了一首诗,告诉他怎么种树,从此以后这些树都活了。他怎么说,他说所有的树你不应该乱种,你要间夹桃树间夹柳,种一棵桃树,种一棵柳树,你看看这里的树一定会活。今天的西湖桃红柳绿,就是从白居易那里来的,人家是一个文学青年啊,今天的文学青年你给他一个地方,他能治理得清明吗?古人读书,完整背下来的,所有的读书人十三经必须都要通,高考的题目,就是从十三经里面拿一个词语来做题目,你都不知道这个词来自于哪里?就像王阳明当年考状元的时候,给他出的一个题目就叫《志士仁人》,这些仁人最先来自于哪里?从十三经里面翻,翻出来,在你的记忆里面,十三经多少字?64.3万字,就是中国的一个普通的要参加高考的学生必须倒背如流。64.3万字这还不算,还要背什么,高头大注,包括朱熹集注,你得从第一个字背到最后一个字。因为从宋朝之后,历代的高考题目都要考朱子的集注,你不会背你行吗,看看《黄帝内经》这样的,多少?两千多年前留下来的文字,像白话文一样,我们竟然说读不懂,你看看今天的人,哪一句是读不懂的?今时之人不然也,以酒为浆,以妄为常,醉以入房,以欲竭其精,以耗散其真。不知持瞒,不时御神,务快其心,逆于生乐,起居无节,故半百而衰也。这种话读不懂吗?读了这种话怎么样?对他养生也有帮助,我经常说我自己,就是不时御神,不按时间来怎么样啊?驾驭我的神灵,我经常半夜三更才睡觉,所以我这个人就是半百而衰,我们所有的病都可以在《黄帝内经》里面找到根源,及是有原因的,所以这样子的文字,要早一点进入孩子的童年,早一点进入孩子的视野。

  接下来跟老师们分享一个就是我最近在思考的一个问题,就是这么多年,我们一直在创新课改,但实效不显著。今天我们又提核心素养,我们到底要给孩子什么东西,就是教育的终极目标是什么?我们来回忆一下,从1949年开始到1979年,我们提出双基。双基,三十年我们都在做什么?基础知识和什么?基本能力的训练,为什么那个时候提双基啊?他为什么不直接说核心素养?提不出这样的词语,因为新中国刚成立,我们需要一些懂知识的人,我们连知识都不懂,多少人都是白丁,多少人都是文盲,所以我们必须要有这样的东西。接下来,1979年之后,恢复高考,我们突然出来了个智力,这时候谁的智力特别高就崇拜谁。那个时候一直到1982年,你看我们的整个中国大地,突然间呼唤能人啊,有智慧的人啊,特别的强调,有的人说把眼睛蒙起来可以用鼻子识字,有的人用耳朵识字,我们呼唤了一些特异功能的人,最后发现这是反智力的。事实证明一样一样都是错的,都是不对的。接着我们经过这四年以后,突然来了个情智,我们要讲究,养孩子的什么?要有情有智慧,经过这七年到1989年,突然提出来。1989年过去之后,发现整个国民听风就是雨,出现问题了,所以发出来一个素质教育,提倡素质教育时代。这一个时代经过了二十五年,到2014年我们提出了一个核心素养时代,今天是核心素养时代,为什么要这样?为什么要提核心素养?核心素养到底是什么?今天全国各地从上到下都在提核心素养,核心素养到底是什么东西?我们北师大的林崇德教授列了一个表格,核心素养包括多少块?九大块,七十多项内容在里面,我全部给他解读了一遍,发现我找不到核心素养是什么。有人知道吗?家国情怀,什么?认知能力,各种各样的,这么多东西看起来都是素养,但核心呢?你找不到了。我认为核心素养最终指向就是这一个,心智。其实就是孔子、老子时期的常识,一个心智不成熟的人,世界一定会出问题的,比如说像药家鑫,大家都知道吧,是不是?这个世界,这个人的情商高不高?绝对高,他的智力高不高?也高,他钢琴那么厉害,读大学的时候就出去教人家钢琴。他出了件什么事啊?他撞倒了一个人,一个青年妇女,按照心智成熟的人,你出了车祸你就赶快报警,哪怕出了再严重的事情,你报警你最多也就承担法律责任,不会枪毙你,对不对?但是他干了什么?拔出刀来连着九刀把对方捅死。我们复旦大学这个投毒事件,研究生啊都要读博士了,这个人智慧不高吗?智力不高吗?这两个人都是属于高智商的人,但是出什么问题,心智不成熟啊!所以,我们要让我们的教育回归常识。不知常妄做凶,老子怎么说?在十六章说,致虚极,守静笃。万物并作,吾以观复。夫物芸芸,各复归其根。归根曰静,静曰复命。复命曰常,要遵守你的命才是常态,知常曰明,懂得常识的人才是明白人,知常曰明,不知常妄做凶,丢了常态的东西你就会做凶了,所以知常容,容乃公,公乃全,全乃天,天乃道,道乃久,没身不殆。你只要在道上,你一生都不会消殆的,老子给了我们很多的智慧。所有的教学行为,最终都要指向这一个,我把它叫做灵性,心与智的结合就叫灵。如果一个孩子灵性不好,就绝对不行。传统教学法里面有很多优秀的东西，今天我展示了三个环节，哪三个环节？我们今天教语文教得这么辛苦，实际上是不对的，教语文是很简单，就是带孩子把书读好了，正音正形，正音都会了，然后就读意，古代的人读意思的时候说，我把这首诗的意思读一遍给你听，他读的不是今天的译文，他怎么读呢？比如说像《木兰辞》，他就这么读：唧唧复唧唧，木兰当户织。不闻机杼声，惟闻女叹息。问女何所思，问女何所忆……先生听过后，先生问哪个会读了？有个孩子站起来说，先生我会读，我读给你听，唧唧复唧唧，木兰当户织。不闻机杼声，惟闻女叹息。问女何所思，问女何所忆。先生马上说，停停停停停，你刚才耳朵怎么听的？你有没有发现我第一遍跟第二遍哪里不对？惟闻女叹息，中间要干吗？拖音——要让学生学习：明句读，一个自然段是读出来的，不是告诉学生从第几句到第几句为一个自然段，每一个自然段完结了之后，要把气给它吐完，叫做一个韵部完整，这就叫韵味。押韵的味道那个字要读出来。好，那么第三步就干吗？就开始练背诵，就是疾读。以前的疾读跟我今天的疾读不一样。我今天的疾读是在我外婆教我的基础上，我把它改成为普通话的疾读。我们所有的孩子背文章的时候都爱用这个方法。他们六年的时间不加一节课，背诵量一般是在十万字到十三万字，有的孩子能达到十五万字的背诵量，有了这些背诵量，到了中学的时候，已经不需要去担心他的语文学不会了。好，吟诵，今天也没时间讲，可以关注一下吟诵，吟诵真的是我们中国优秀的读书法，只是因为我们失传了，但是我们是可以学的，现在有中国吟诵网、中国吟诵协会，所有的诗都是可以去学过来的，吟诵了之后还要学会让孩子去怎么样啊？背诵。要用歌诀乐读法背诵更好。到目前为止，还没有一个人觉得这个方法不好，而且很多人在用。

今天陶继新老师的报告特别感动我！我好久没听他的报告了，我觉得这是我们这个民族的大士，是弘毅之士！我们这个民族因为有像陶继新老爷子这样的人，我们才觉得心里面温暖而有希望，你看他做了多少事？他不放过任何一样跟他相遇的美好事物，包括他认为的一切美好的人。所以我用席慕蓉的《一棵开花的树》送给陶老师和在座的所有朋友，多少个经典文字向我们迎面而来，可是，有那么多人错过。那些般若文字在近几代中国读书人的身后落了一地的，也如同花瓣雨幻化成凋零的心，我们却黯然无声、默默地错过了，这是我们的不幸，也是我们经典的不幸。时间已经到了，我把这首诗读给大家听听：

如何让你遇见我，在我最美丽的时刻

为这　我已在佛前求了五百年

求佛让我们结一段尘缘

佛于是把我化做一棵树

长在你必经的路旁

阳光下　慎重地开满了花

朵朵都是我前世的盼望

当你走近　请你细听　那颤抖的叶是我等待的热情

而当你终于无视地走过

在你身后落了一地的

朋友啊　那不是花瓣

是我凋零的心。

到了六年级毕业，我们所有的孩子，所有学科老师在毕业晚会上都被孩子们感动得一塌糊涂，低下他们温柔的头颅，因为每一个孩子都跟他的老师这样说：

最是那一低头的温柔，

像一朵水莲花不胜凉风的娇羞，

道一声尊重，道一声珍重，

那一声珍重里有蜜甜的忧愁，

沙扬娜拉！

道一声尊重，

道一声珍重，

那一声珍重里有我期待的相逢，

沙扬娜拉。

谢谢聆听！我所有的感慨、所有的想法都来自于我个人的课堂实践，都是一言之谈。因此，我知道我所说的一半都是废话，但是我说出来，为的是你能领悟另一半！

· 听课回响 ·

呦呦鹿鸣　悠悠古韵

河北省衡水市冀州区信都学校　师兰宁

《诗经·小雅·鹿鸣》这堂语文课上，陈琴老师穿越时空的古诗吟诵，恍若远古平野上传来的呦呦之声，引来了一群天真烂漫的孩童，更引来了一批仰慕名师、倾心课堂的教育追梦人。我很荣幸能成为其中一员，与陈琴老师有了这次弥足珍贵的相逢。她的吟诵教学令我沉醉不已，久久回味。

一、古诗吟诵，"读"辟蹊径

陈老师开创的"歌诀体乐读法"，独树一派，自成一家。课堂上，她将这一教学方法应用得酣畅淋漓，古诗吟诵贯穿始终。起初，歌诀诵读，连读三遍。在陈老师的带读下，这种新鲜而富有韵律的读诗方式，一下子点燃了孩子们的兴趣，他们雀跃不已，纷纷模仿，轻击着节拍，读得兴致勃勃。继而，《诗经》韵译，文白对读。没有详尽枯燥的讲解，陈老师只是逐段出示韵译的白话文，合辙押韵，通俗易懂，津津有味地读上一遍，孩子们就轻轻松松地疏通了诗意。然后，吟之舞之，弦歌不绝。依字行腔，宛如天籁，高亢的歌喉，激情的手势，陈老师无与伦比的吟诵，把每位听者仿佛带到了另一个世界，在那里欣闻久违的读书声。学生在这样的诵读中，因声入境，由声入情，依稀看到古代君王宴请群臣的画面，触碰到其间的和乐温度。师生抑扬顿挫合度、疾徐轻重有致的吟诵，充满了艺术的感染力，激荡起一波又一波的情感涟漪，直抵孩子们的心灵深处。

《学记》有云："善歌者使人继其声，善教者使人继其志。"陈琴老师用诵读引领课堂，循序渐进，步步莲花。

二、浸润经典，滋养生命

教学古诗，点缀经典，浸润文化，滋养生命。在《诗经·小雅·鹿鸣》的教学中，陈老师并不限于教一首诗，她站在传承民族文化的教育高度，以打好学生生命底色的深邃目光，适时播撒经典的种子，让课堂变得厚重丰盈。课堂伊始，她用聊家常般的话语告诉孩子们《诗经》的由来，《鹿鸣》的地位，使同学们增长了国学常识。揣测"我有嘉宾"可能为何许人，她联系《论语》中的"有朋自远方来"，孩子们猜度或为谋士，或为学士等。鼓励学生时，她希望人人要做《陋室铭》中的鸿儒，不要成为白丁。了解多音字"将"，她不禁纵情吟唱起《将进酒》。提倡写文章可以引经据典，她例举曹操的《短歌行》。在她口中所提到的，是孔子、屈原、李白这样的大家；在她口中所讲到的，是德音孔昭、满腹经纶这样的雅事。这样的课堂熏染，提高了学生生命的趣味和格调，提升了学生的生命质量。

陈老师这堂课结束的时候，我的耳畔还在萦绕着那呼朋引伴的呦呦鹿鸣，赏心悦耳的诵读古韵。其实，陈琴老师的课何尝不是一杯陈年佳酿？品之，有简简单单教语文的纯净，有清吟胜管弦的爽畅，更有余音袅袅的绵长。陈琴老师以古诗吟诵酿旨酒，燕八方教育嘉宾，我心怎不乐之？

士不可以不弘毅

湖南省长沙市诺贝尔摇篮小学 胡庆永

曾子曰："士不可以不弘毅，任重而道远。"

宋代大儒张载说："为天地立心，为生民立命，为往圣继绝学，为万世开太平。"

古往今来，无数志士仁人，上下求索，让中华文化生生不息，代代传承。

陈琴老师，在我的心目中就是一位传道的志士。

2016年4月,泉城济南,在第八届名家人文教育高端论坛暨名师课堂研讨会上,再一次聆听陈琴老师传道授业解惑。

一、士不可以不弘毅　任重而道远

有缘千里来相会,无缘对面不相逢。

海内存知己,天涯若比邻。

陈琴老师是"诺贝尔摇篮"的老朋友,因为传统文化,大家志同道合,一路同行。

早在十六年前,2000年"诺贝尔摇篮"创办伊始我们就认为,中国人至少有两个母亲,一个是生我们肉体的物质母亲,一个是给我们灵魂的精神母亲——中华文化。中华文化就是每个中国人的精神母亲。

没有母亲,何来我们?没有文化,何来教育?百善孝为先,孝敬母亲,天经地义;孝敬中华文化,天经地义!

所以,"诺贝尔摇篮"在创办之时,就将自己视为中国文化托命之人,就将自己视为中华文化的布道者、传道者,并将张载的"为天地立心,为生民立命,为往圣继绝学,为万世开太平"作为座右铭,印在了每个"诺贝尔摇篮"人的名片上。

从2000年创办伊始,"诺贝尔摇篮"就大力倡导家长、老师、孩子诵读经典,学习中国传统文化。从幼稚园开始,孩子们就开始诵读《三字经》《弟子规》《论语》《大学》《老子》、唐宋诗词……

来到"诺贝尔摇篮"教育集团6年,我也曾有幸前前后后见过陈琴老师六次之多。2015年冬天,中华经典海读第四届研讨会在浙江富阳召开,我们还专程到陈琴老师的班上听课,见证她和孩子们创造的神奇。

她的学生,个个手不释卷、饱读经典,《大学》《中庸》《论语》《孟子》,更不用说唐诗宋词,举凡名篇名句,他们大多能出口成诵,滔滔不绝,左右逢源;语文课的学习更是举重若轻,挥洒自如,令人惊叹。

"背下十万字,读破百部书,写下千万句。"陈琴老师创造了中国小学语文教育界的奇迹!

陈琴老师率先把经典"素读"的理念引入当下的小学语文课堂，创设了能被移植的经典"素读"课程。

然而陈琴老师的逆流而行却饱受争议，困难重重。只追求素读，学生的成绩怎么办？将来升学怎么办？一个学期教一本教材都教不完，怎么能背这么多内容？……当小语界众多才华横溢的青年才俊出现在公开课的舞台时，她的课堂从没有引起同行的关注。

正如陈琴老师在她的书《经典即人生——文字是修正灵魂的良药》的引子中写到："窗外暴雨如泼，整个校园此刻只剩下我一个人独坐，不知为什么，忧伤袭来，仿佛听到一个声音穿越雨帘，在天地间回荡，睁眼望去，无限的惆怅，知道南山并不悠然……"

但是，"士不可以不弘毅，任重而道远"，陈老师默默无闻，却悠然自得地在属于她和孩子们的课堂里读书，放声读，或静静地读，不急不躁。

"有志者、事竟成，破釜沉舟，百二秦关终属楚；苦心人、天不负，卧薪尝胆，三千越甲可吞吴。"多年的坚持，多年的教学实践，证明陈老师的做法是对的，母语教学，一定要遵循汉语的规律。可喜的是，经典"素读"课程在全国已经得到了大面积的推广。

二、汝果欲学诗　功夫在诗外

"呦呦鹿鸣，食野之苹。我有嘉宾，鼓瑟吹笙。"课堂上，陈琴老师和孩子们的吟诵，浑然一体，如同天籁，余音绕梁，三日不绝。身在会场，心却回到先秦的宫廷盛宴，推杯换盏，把酒言欢，其乐融融。

听陈老师的课是一种享受，畅快淋漓。俗话说：行家一伸手，便知有没有。陈琴老师往台上一站，便让人感觉出一种强大的气场。陈琴老师就像一位内功深厚的武林高手，将一套太极拳，打得行云流水，形神兼备，一意贯穿，延绵不断。

杜甫在《观公孙大娘弟子舞剑器行》说："昔有佳人公孙氏，一舞剑气动四方。观者如山色沮丧，天地为之久低昂。"陈琴老师的课堂就有这种气势，"来如雷霆收震怒，罢如江海凝清光"。她的随意点染、任意挥洒，尽得母语教学之妙，赢来多少人的叹服。

陈琴老师又讲又诵又唱，经典诗文信手拈来，脱口而出，那份自信，那份热烈，那份激昂，把会场气氛拨弄得热气腾腾。

陆游晚年给他儿子陆遹写的一首诗中说："汝果欲学诗，功夫在诗外。"冰冻三尺，非一日之寒。台上一分钟，台下十年功。功夫是时间的积累，那么陈老师的功夫又是怎样炼成的呢？

曾任《山东教育》杂志执行主编，现任《当代教育家》总编辑，北京十一学校亦庄分校校长李振村在文章《陈琴，你行走得并不孤独》中写道：

熟知她的人都称其为"才女"：四百多首古诗词烂熟于心，就连"四书五经"中的《大学》《中庸》《论语》《孟子》《易经》以及《学记》《老子》等名家名篇也是滚瓜烂熟。这位才女的"根"，来自于中国的传统文化，来自于诵读童子功：她的外婆在她五六岁时教她诵读经典，从此让她的一生与经典结缘、与读书结缘。

陈琴读书，已经达到了痴的境界：在家做家务，她嘴里会念念有词背诵古诗词；出差在外，她同样是手不释卷；就连平常走路也会一卷在手，时不时低头扫视一眼；她甚至利用点滴时间读字典、词典……

当记者询问陈琴如此读书的动机时，她不假思索地回答："没有别的，就是喜欢啊！读书已经如同我的呼吸，没有办法和生命分开了。而读的书越多，越感到'学浅难为师'，越要抓紧时间读书，这也算是良性循环吧。"

苏霍姆林斯基说："只有当教师的知识视野比学校教学大纲宽广得不可比拟的时候，教师才能成为教育过程的能手、艺术家和诗人。"

陈琴老师，是我们学习的典范。

三、路漫漫其修远兮　吾将上下而求索

公开课后，陈琴老师又做了一个简短的讲座，讲座虽短，却字字珠玑，发人深省。

语文，是什么？我们需要的到底是什么？

正如陈琴老师自己所说：多少回洗耳恭听大师们的慷慨激昂，多少回彻

夜埋首苦读卷卷宝典指南，多少回虚怀若谷要法乎其上，为的是窥视到——语文教学，敢问路在何方？

是啊，路漫漫其修远兮，吾将上下而求索。最终，陈琴老师经过苦苦求索，明白了语文之道：老师读书，再教学生读书。

语文，教给孩子的不单单是零碎的字、词、句、章，她背后传递的是一种文化，一种精神。"真正的名师传授的绝非匠术。佛家有衣钵传人之说，任何一个接受衣钵的弟子都不会觉得那仅仅是要饭的家什而已。他必知接过的是沉甸甸的历代宗师之精神。"

语文，是通过文字，传递给孩子人生的道理。语文即人生。

没有人能够再成为第二个陈琴，但是陈琴精神却可以学习借鉴。当我们都能够像陈琴老师一样思考，一样去实践，我们的语文教学，必将迎来崭新的春天，我们的文化也必将复兴，我们伟大的中华民族也会因为教育的振兴而实现伟大复兴！

填词一首，引以为结：

踏莎行

独钓孤舟，乱山残雪，凭栏满目皆萧瑟。
九州生气恃风雷，萌蛰惊处寒冰裂。

雪破冰融，山青水澈，神州万木争春切。
待得春绿柳梢头，百花齐放千山悦。